HISTÓRIA DA GUERRA CIVIL RUSSA
1917 – 1922

Proibida a reprodução total ou parcial em qualquer mídia
sem a autorização escrita da editora.
Os infratores estão sujeitos às penas da lei.

A Editora não é responsável pelo conteúdo deste livro.
O Autor conhece os fatos narrados, pelos quais é responsável,
assim como se responsabiliza pelos juízos emitidos.

Consulte nosso catálogo completo e últimos lançamentos em **www.editoracontexto.com.br**.

JEAN-JACQUES MARIE

HISTÓRIA DA GUERRA CIVIL RUSSA
1917 – 1922

Tradução
Janyne Martini
Patrícia Reuillard

Histoire de la guerre civile russe 1917-1922
Copyright © Éditions Autrement, 2005
Éditions Tallandier, 2015

Direitos de publicação no Brasil adquiridos pela
Editora Contexto (Editora Pinsky Ltda.)

Foto de capa
Cadetes em Petrogrado, 1917 (Anônimo)

Montagem de capa e diagramação
Gustavo S. Vilas Boas

Preparação de textos
Lilian Aquino

Revisão
Mariana Carvalho Teixeira

Dados Internacionais de Catalogação na Publicação (CIP)
Andreia de Almeida CRB-8/7889

Marie, Jean-Jacques
História da guerra civil russa: 1917-1922 / Jean-Jacques Marie ;
tradução de Patrícia Reuillard e Janyne Martini. –
1. ed., 3ª reimpressão. – São Paulo : Contexto, 2019.
272 p.

Bibliografia
ISBN 978-85-520-0019-8
Título original: Histoire de la guerre civile russe: 1917-1922

1. Rússia – História 2. Guerra civil – Rússia 3. Rússia –
História – Revolução, 1917-1922 I. Título II. Reuillard,
Patrícia III. Martini, Janyne

17-0920   CDD 947.0841

Índice para catálogo sistemático:
1. Rússia – História – Revolução, 1917-1922

2019

EDITORA CONTEXTO
Diretor editorial: *Jaime Pinsky*

Rua Dr. José Elias, 520 – Alto da Lapa
05083-030 – São Paulo – SP
PABX: (11) 3832 5838
contato@editoracontexto.com.br
www.editoracontexto.com.br

Sumário

Introdução à edição brasileira...9
Jaime Pinsky

O cenário e os personagens...13

Os primórdios da guerra civil...25
A Ucrânia em chamas...39
O cerco da fome e dos complôs...63
As oscilações da Ucrânia e os Exércitos "Verdes"...107
Da Sibéria a Petrogrado...135
A caminho de Moscou...143
O decisivo mês de outubro de 1919...169
De Varsóvia a Duchambé...179
O penúltimo ato...185
Insurreições camponesas e Exércitos Verdes...197
Os últimos sobressaltos...243

Cronologia...249
Dados biográficos dos atores principais...259
Glossário dos principais grupos, movimentos e instituições...265
O autor...271

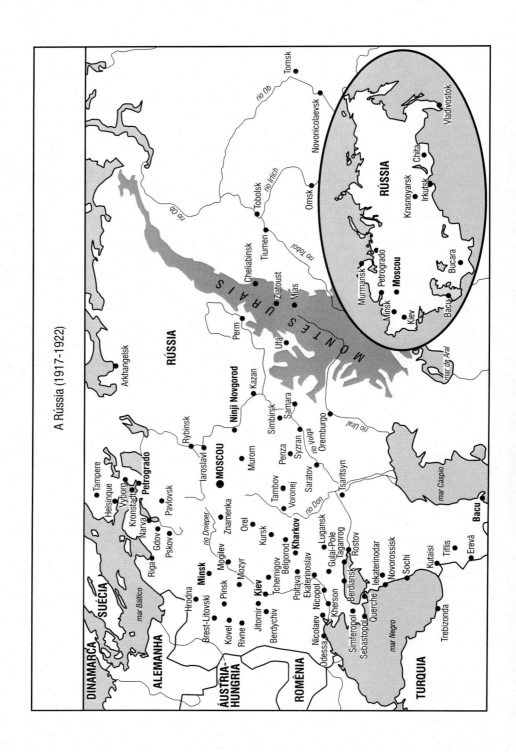

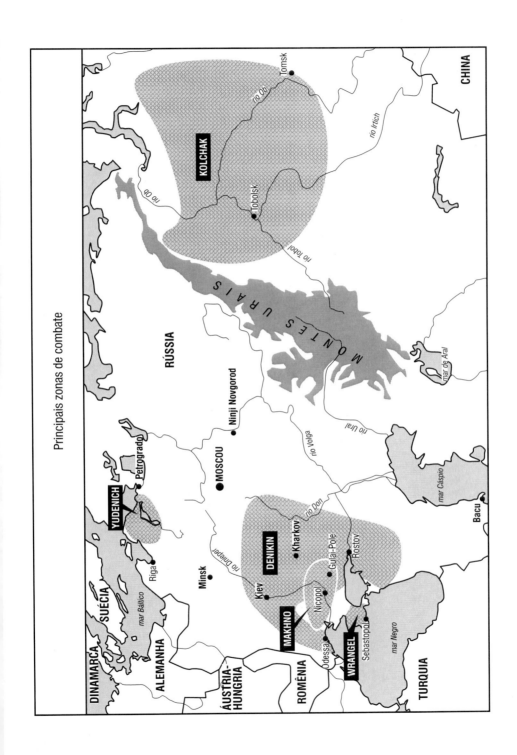

Principais zonas de combate

Introdução à edição brasileira

Jaime Pinsky

A Revolução Russa começou com a deposição do czar em fevereiro de 1917. Em outubro do mesmo ano, os bolcheviques chegaram ao poder, sob a liderança de Lenin. Mas o Estado soviético só se consolida depois de uma guerra fratricida que durou até 1922 e causou milhões de mortos. O fato, escondido pelo stalinismo, é que até o fim da guerra civil o poder bolchevique foi contestado dentro das fronteiras do próprio Estado. Em diferentes pontos da então Rússia europeia, como a Ucrânia, assim como na Rússia asiática, importantes setores da complexa sociedade russa se ergueram em armas, e por diversas vezes estiveram a ponto de ameaçar o poder dos bolcheviques, como esta *História da guerra civil* conta, com riqueza de detalhes, baseada em farta documentação.

Este livro é uma narrativa séria e equilibrada dessa guerra que abalou o país, dividiu sua população e contou com a presença direta e indireta de várias potências estrangeiras. É também uma fina análise das partes nela envolvidas. Fruto de cuidadosa reconstituição histórica, esta obra do historiador francês Jean-Jacques Marie traz documentos até agora inéditos para quem não conhece a língua russa. Entender essa guerra civil ajuda a compreender o Estado soviético, algo inconcebível sem que se conheça os atores, o cenário e os acontecimentos que são apresentados neste livro.

História da guerra civil russa

Problemas recentes no atual império russo, como a luta dos chechenos contra o poder central, assim como o conflito contra os ucranianos, só fazem sentido se conhecermos o que se passou na região há um século. Feridas abertas ao longo da guerra civil russa, que matou ao menos quatro milhões e meio de pessoas (há quem fale em mais de dez milhões), ainda não foram adequadamente cicatrizadas. A leitura deste livro revelador é, pois, essencial para todos os que desejam compreender o processo que levou a Rússia a um regime fechado, personalista e cruel, embora baseado em ideais de abertura, coletivismo e solidariedade.

Alguns lerão, talvez pela primeira vez, a respeito dos Brancos, adversários dos Vermelhos (bolcheviques). Para a maioria, mesmo para iniciados nos acontecimentos do período, surgirão outros grupos importantes, como os Verdes. O autor mostra que no decorrer de 1919 a indefinição ainda era muito grande: os revolucionários foram obrigados a contar com dezenas de generais do czarismo na luta contra os... czaristas, uma vez que nem Trotski, o chefe supremo do Exército Vermelho, nem qualquer de seus assessores diretos entendiam qualquer coisa de assuntos militares, já que nenhum deles tinha qualquer experiência no assunto! Com frases feitas e *slogans* não seria possível vencer soldados experientes como os cossacos ucranianos, por exemplo...

Alguns episódios são quase surreais, como aquele em que algumas centenas de chineses se oferecem para atuar como "voluntários" em troca de roupas, alimentação, calçados e um soldo fixo para o grupo todo, inclusive para aqueles que morressem em ação. Afinal, alegavam, as famílias precisavam continuar a receber o dinheiro, fundamental para a manutenção delas. E os adversários, para quem tinham trabalhado, não estavam pagando em dia. O custo para a população foi imenso. Não só os mortos e os feridos por balas perdidas, mas os saques de que camponeses e habitantes das cidades eram vítimas constantes. O plano dos Vermelhos era o de retirar do campo apenas o excedente, deixando para os agricultores os grãos necessários à sua sobrevivência e ao plantio da safra seguinte, mas nem sempre essas boas intenções foram respeitadas, uma vez que as tropas também precisavam de alimento, e, às vezes, de lugar para dormir. Já os Brancos não estavam muito preocupados com delicadezas desse tipo: privavam a população civil de seus bens, sua comida, de seus animais e carroças, e, com frequência, praticavam a tortura e o estupro. Com as mentes envenenadas pela propaganda czarista e por uma igreja antissemita (mais uma vez o mito do povo deicida), não era

Introdução à edição brasileira

raro que, sem motivo aparente, aproveitassem a ocasião para assassinar os judeus que encontrassem pelo caminho. Não é por acaso que a emigração desse povo, que vivia na região havia sete séculos, sofreu um incremento nesse período, particularmente para a América e a Palestina.

Não se pense, contudo, que o autor apresenta os Vermelhos como os mocinhos do filme. Nada disso. Para começar revela as divergências políticas e pessoais que já se apresentavam no início dos anos 1920, opondo, por exemplo, Stalin e Trotski. Como sabemos o primeiro viria a se tornar o ditador socialista de todas as Rússias, quando estendeu seu braço assassino que alcançou e matou Trotski no seu refúgio mexicano, em 1940. O livro mostra também, embora não seja este o seu objetivo principal, a oposição entre a teoria socialista e o socialismo real, aquele que em vez de construir a sociedade mais avançada do mundo, viria a criar o culto à personalidade, os serviços secretos utilizados para destruir inimigos reais ou imaginários dos detentores do poder, as perseguições em larga escala, os crimes de opinião e o Terror, pura e simplesmente. O ovo da serpente estava crescendo e se mostrando já nessa guerra civil, como pode ser inferido por um leitor habilidoso.

O impressionante neste livro do historiador Jean-Jaques Marie é que ele não se preocupa em exibir erudição, embora seja um expert em História Russa e comunismo e domine a língua russa, razão pela qual trabalha com documentação vasta e variada. Além de livros, utiliza cartas, diários, relatórios, memórias, tanto de oficiais quanto de soldados e até de pessoas comuns. Como ainda é um excelente contador de histórias, cria um texto vivo, ágil, que ora fala de batalhas encarniçadas, ora nos conduz por uma floresta de coníferas, ora nos emociona com tragédias (massacres, doenças, ferimentos, estupros), ora fala de estratégias e táticas militares, de trens blindados, cavalos valentes, soldados saudosos de casa e da família lutando para sobreviver.

Este é um livro que se lê de modo apaixonado, tal o ritmo dos episódios narrados, o colorido dos personagens descritos, a acuidade da análise praticada, o equilíbrio crítico do autor, além da elegância da escrita e da quantidade e importância das revelações.

A ele, pois.

O cenário e os personagens

A guerra civil começou a devastar a Rússia soviética em 26 de outubro de 1917 e suas últimas convulsões sacudiram a Sibéria extremo-oriental no verão europeu de 1922. Portanto, ela durou mais de quatro anos e meio. Quando terminou, o país estava totalmente arruinado, exangue, esgotado, faminto. Como uma terrível seca assolou o sul e o leste do país no verão de 1921, as destruições e os danos da guerra civil provocaram uma grande fome que ressuscitou o canibalismo e resultou, no inverno de 1921-1922 e na primavera de 1922, em centenas de milhares de mortos no sul do país, na região do baixo Volga.

Ao falar da guerra civil, os historiadores citam dados alucinantes de mortos, vítimas das operações militares, das epidemias (tifo e cólera) e da fome que ela provocou: o historiador russo Viktor Danilov calcula 8 milhões de mortos; o alemão Manfred Hildermaier, entre 9 e 10 milhões; o historiador russo Leon Poliakov, cerca de 13 milhões; já o jornalista Vadim Kozhinov estima em 20 milhões o número "das vítimas da revolução" (na acepção ampla desse termo).

Todavia, os métodos empregados para fazer esses cálculos requerem prudência. Vadim Kozhinov baseia seus cálculos sobretudo na cifra de 7 milhões de *bezprizorniki* (crianças abandonadas e órfãs de pai e mãe) e dela deduz que os pais dessas crianças morreram durante a guerra civil. Além de o número de *bezprizorniki* ser de 4,5 e não de 7 milhões, havia na Rússia czarista 2 milhões de crianças abandonadas ou, mais raramente, órfãs, que vagavam pelas ruas das cidades e vilarejos às vésperas da Primeira Guerra Mundial, em 1913. A proletarização acelerada multiplicava o abandono de crianças sem raízes. Os anos de guerra civil, as migrações e a fome decuplicaram os abandonos de "bocas inúteis". Os cálculos se baseiam, em seguida, nas comparações entre os dados da população em 1913 e em 1922. Porém, durante a guerra civil, mais de 2 milhões de cidadãos deixaram o Império Russo sem passar pelos serviços soviéticos e, portanto, sem deixar nenhum registro.

Na realidade, segundo os cálculos do demógrafo mais confiável, A. G. Volkov, a população da Rússia soviética, entre o início de 1918 e 1922, diminuiu 7 milhões. Eliminando desse número 2 milhões que emigraram e a diferença de cerca de 400 mil entre as entradas e saídas de prisioneiros e fugitivos diversos, chega-se a uma cifra de 4,5 milhões de mortos durante a guerra civil, ou seja, um pouco mais de 3% da população. Segundo Zdorov, essa cifra é, percentualmente, da mesma ordem de grandeza que a da Guerra Civil Americana. As perdas militares representaram, então, 1,96% do número de habitantes, sem contar as pesadas perdas civis, jamais calculadas.

Ainda segundo ele, os dois principais campos historiográficos tinham interesse em inflar os dados das perdas da guerra civil:

> Na historiografia soviética, o aumento do número de perdas provocadas pela guerra civil e pela intervenção (estrangeira) ajudava a justificar a crise econômica do início dos anos 1920, o desmoronamento do sistema de "comunismo de guerra" e a passagem à Nova Política Econômica. Entre os defensores contemporâneos do sistema deposto pela revolução, a majoração das perdas serve para provar o caráter vicioso e criminoso da revolução enquanto tal.

Suas consequências políticas são igualmente importantes: confrontando todas as forças do país em um combate implacável até o fim, a guerra civil excluiu toda forma de neutralidade, aniquilou qualquer força intermediária e, assim, engendrou o sistema do partido único. Ao final de uma guerra mundial que reduziu o valor da vida humana a zero, essa guerra civil também se revestiu com frequência de formas muito cruéis. Em um debate na revista russa *Novy Mir*, de agosto de 2001, um antigo dissidente, Grigori Pomerantz, discutindo com um sacerdote ortodoxo monarquista e violentamente anticomunista, declarava a seu interlocutor: "O senhor afirma que a amplitude do terror vermelho era terrível e incomparável com o terror branco. Todos dizem isso, inclusive o general Grigorenko;[1] no entanto, este levanta uma questão: por que os habitantes do seu vilarejo que haviam sofrido os dois terrores tomaram o partido do terror vermelho e condenaram o terror branco?"

De fato houve terror branco, terror vermelho e, deve-se acrescentar, terror verde contra os Brancos e mais ainda contra os Vermelhos. Por que, entre os três, a população, na maioria camponesa, pendeu finalmente para os Vermelhos? Pomerantz descarta de saída uma explicação que atribui a causa disso à violência:

> Acreditem em um soldado da guerra: jamais uma batalha foi ganha pelo terror. O terror é um recurso auxiliar no combate; o fator decisivo é o entusiasmo. Os Brancos estavam dispostos a dar a vida sem reservas, mas os Vermelhos também estavam dispostos, os primeiros pela santa Rússia, os outros pelo poder dos sovietes, por um mundo sem mendigos e sem enfermos.

Por fim, esse conflito estava no centro de uma "guerra civil internacional", que envolvia muitos governos (alemão, inglês, francês, americano, japonês, tchecoslovaco, polonês, romeno, grego, italiano) e, como aliados dos Vermelhos, húngaros, chineses, alemães e coreanos. Churchill resumiu a situação com a seguinte fórmula: "Matar o 'bolchevique' e beijar o huno". O governo inglês armou e abasteceu o almirante Kolchak e seu Exército Branco na Sibéria; o governo francês, o Exército Branco de Denikin e, depois, de Wrangel, no sul. A guerra soviético-polonesa da primavera-verão europeia de 1920 é um símbolo disso: o ataque polonês e o "milagre do Vístula", que empurra por quase 400 quilômetros a contraofensiva até então vitoriosa do Exército Vermelho, são organizados com o controle diário do estado-maior francês, representado pelo general Weygand e pelo capitão De Gaulle.

Essa guerra civil social e internacional, no país das revoltas camponesas de Stenka Razin e de Pugachev, foi feroz e impiedosa. O monarquista cristão Oleg Volkov, cujo pai dirigia uma grande fábrica de armamentos, lembra-se com horror: "Das profundezas das massas populares, elevava-se algo aterrorizante, que despertava a lembrança das revoltas vivenciadas por nossos antepassados." Um banqueiro declarou, na época, a seu pai: "Perto do incêndio que se alastra na Rússia, a revolta de Pugachev e as insurreições de 1793 parecerão distúrbios insignificantes."

Outubro de 1917 é o produto desse movimento irresistível e descontrolado que brota, como diz Volkov, "das profundezas das massas populares" e que, decuplicado pelos sofrimentos e destruições da guerra, varre com uma violência inaudita a velha ordem social, suas instituições e seus representantes. A palavra de ordem "todo o poder aos sovietes" responde a tal ponto às aspirações de milhões de homens que, durante a guerra civil, os camponeses, descontentes com as requisições de trigo e com a proibição do comércio livre dos grãos, revoltam-se nos quatro cantos do país contra o governo bolchevique, opondo sistematicamente o poder de seus próprios sovietes aos sovietes dos comunistas.

Trotski, que comandou o Exército Vermelho e as operações militares durante toda a guerra civil, escreve em 1938, em *Nossa moral e a deles*: "A guerra civil é a mais cruel das guerras. Ela não existe sem violências contra terceiros e, considerando a técnica moderna, sem o assassinato de velhos e de crianças." Se uma guerra entre Estados confronta dois adversários e termina com um tratado mais ou menos leonino em detrimento do vencido, que, em geral, não coloca em jogo sua existência (perda de territórios, reparações de guerra), em uma guerra civil, o adversário está em todo lugar, pois as forças sociais em luta se encontram de cada lado de uma linha de frente sempre móvel; o final dessa guerra encarniçada é a vitória ou a morte. A derrota significa a aniquilação do vencido, como mostrou a Comuna de Paris, cuja história trágica fora estudada minuciosamente pelos bolcheviques. Na Rússia, nutrida por um ódio selvagem dos camponeses-soldados ao "senhor das terras", imagem simultânea do proprietário rural e do oficial, a violência vem primeiro de baixo. Isso ocorre, por exemplo, em Rostov do Don, no final de janeiro de 1918, quando os soldados abatem cerca de 3.400 oficiais e, alguns dias depois, aproximadamente 2 mil em Novocherkassk, ao passo que Trotski buscará utilizar os oficiais czaristas para enquadrar o Exército Vermelho. Em Sebastopol, um pouco mais tarde, os marinheiros, enfurecidos, cortam a genitália e as mãos de várias centenas de oficiais suspeitos de terem

O cenário e os personagens

pertencido em 1905-1906 às cortes marciais que enviaram à forca dezenas de marinheiros revoltados.

Trotski acrescenta: "A guerra é tão inconcebível sem mentira quanto uma máquina sem lubrificação." Ela exige o emprego de técnicas múltiplas para enganar e desmoralizar o adversário, mesmo potencial. A propaganda é uma arma de guerra e, evidentemente, todos os campos em luta recorreram a ela. Em uma guerra civil, mais ainda do que em uma guerra entre Estados, a palavra é uma arma: o panfleto, o cartaz e o jornal são instrumentos de guerra. Na primavera de 1921, quando os bolcheviques esmagam a insurreição camponesa de Tambov, não utilizaram apenas canhão e metralhadoras. Para tentar separar a massa dos camponeses – majoritariamente semianalfabetos – dos revoltosos, eles editam 326 mil exemplares de 10 panfletos, 109 mil exemplares de 11 brochuras, 2 mil de uma bandeirola, 15 mil exemplares de cada um dos 12 números do jornal O *Agricultor de Tambov* e 10 mil exemplares de cada um dos 16 números do jornal especial da direção política do exército. O material de agitação e propaganda, independentemente de sua origem, é um documento histórico, mas deve evidentemente ser examinado com prudência, já que é, acima de tudo, um instrumento de combate político.

Quando o cineasta húngaro Miklos Jancso rodou seu filme sobre a guerra civil, deu-lhe o nome de *Vermelhos e Brancos*. O subtítulo da primeira edição do filme era *Exércitos camponeses vermelhos, brancos e verdes*, porque a guerra civil confrontou não somente os Vermelhos e os Brancos, mas também dezenas de exércitos de camponeses insurgidos, chamados de Verdes, que se opuseram a estes e àqueles e até mesmo entre si. Porém, com o tempo, seus vestígios foram se apagando quase completamente na História. Contrariamente ao que afirmam certos historiadores, esse fenômeno não foi ocultado nos primeiros anos após a guerra civil. Na década de 1920, por exemplo, quem quisesse aderir ao Partido Comunista, devia indicar, em um questionário, se havia servido durante a guerra civil no Exército Vermelho, Branco ou Verde. Os historiadores soviéticos dessa década se debruçaram sobre essa realidade, como no número de agosto-setembro de 1924 da revista de História *Proletarskaia Revoliutsia*, que inicia com três artigos sobre o Exército Verde: "A Insurreição de Ijevsk-Votkino" do verão de 1918, "O Exército Verde e a região do mar Negro" e "Os partidários verdes"... Quando Stalin passou a se ocupar da História, em 1929 – depois de assumir o poder no Partido após liquidar a oposição de esquerda "trotskista" e a oposição de direita buhkariniana –, ele apagou a existência dos Verdes em um relato da guerra civil manipulado e maniqueísta, sem nuances. Além disso, definiu Trotski e a maioria dos comandantes do Exército Vermelho (Tukhachevsky, Primakov, Yakir, Vatsetis) como os melhores aliados dos Brancos, ao passo que, na verdade, eles os haviam combatido e vencido.

Esses Exércitos Verdes, locais ou regionais, vão do pequeno destacamento volante de 500 a 600 homens até verdadeiras divisões armadas de canhões e de metralhadoras: a divisão de Grigoriev reúne 15 mil homens; o exército de Makhno, na Ucrânia, de 25 a 30 mil e chega a ter, em 1919, mais de 50 mil homens; o de Tambov, comandado por Antonov, varia de 18 a 40 mil conforme o período. O "exército popular" da Sibéria ocidental reúne cerca de 100 mil, em 1921, e obedece, assim como o de Antonov, a comandantes diversos, ciosos de sua autoridade local e obstinados em defender suas prerrogativas e títulos. São formados por camponeses, movidos por uma dupla rejeição:

- a rejeição à conscrição decidida pelos diversos exércitos (pelo Exército Vermelho a partir de junho de 1918, pelos Exércitos Brancos ou pelos efêmeros exércitos "nacionais populares" criados aqui e ali por coalizões antibolcheviques). Os desertores formam bandos de saqueadores, acolhidos com mais ou menos simpatia pelos vizinhos, que lhes dão comida. Quando são da região, eles ajudam os camponeses na semeadura ou na colheita. Quando vêm de outro lugar, são rejeitados e denunciados pela população, que saqueiam para se alimentar;
- a rejeição às requisições dos "excedentes", até mesmo de quase toda a colheita, ordenadas pelo governo de Moscou para alimentar o exército e as cidades, que padecem de fome; a revolta contra os comitês de camponeses pobres, que se apossam frequentemente de tudo que cai em suas mãos, e contra os destacamentos de requisição e seus métodos em geral expeditivos diante da recusa maciça dos camponeses de fornecer o trigo, já que a cidade, onde a indústria funciona quase que só para o Exército Vermelho, não tem mercadorias para lhes dar em troca; a rejeição ao monopólio estatal do comércio engendrado

O cenário e os personagens

pela guerra civil; a rejeição às "comunas" (fazendas coletivas, futuros *kolkhozes* ou *sovkhozes*); a revolta contra a "ditadura comunista", contra o "regime dos comissários e dos judeus", a favor dos sovietes (camponeses) sem comunistas.

Os bolcheviques chamam esses Exércitos Verdes de "bandos" e de "bandidos" e os qualificam, sobretudo na Ucrânia, de "*anarcokulaks*", ou seja, representam os interesses de uma camada remediada de camponeses que recusa a lei do Estado. Volin, o historiador anarquista do exército de Makhno, esclarece:

> No decorrer das lutas internas na Ucrânia – lutas confusas, caóticas e que desorganizaram completamente a vida do país –, abundavam formações armadas, compostas de elementos simplesmente desclassificados e ociosos, guiados por aventureiros, saqueadores e "bandidos". Essas formações recorriam a uma espécie de camuflagem: seus partidários usavam frequentemente uma fita negra e se diziam "makhnovistas".

Bandos desse tipo existem em todo lugar e assumem, em geral, cores políticas revolucionárias: exército popular, exército camponês revolucionário etc. É muitas vezes imprecisa a fronteira entre grupos de camponeses revoltados que requisitam ou roubam para se alimentar e bandos de meros saqueadores que brandem a bandeira vermelha ou negra para justificar suas exigências. Nem sempre a população tem como saber a diferença.

Alguns desses grupos ou exércitos de partidários, ainda que preocupados com sua autonomia, integraram por um período o Exército Vermelho antes de romper e se opor a ele: foi o que aconteceu, em especial, com as tropas dos ucranianos Makhno, Grigoriev, Zeliony e Grebionka.

Desses Exércitos Verdes, somente o de Makhno, que se dizia anarquista, permaneceu na memória. Os camponeses ucranianos de seu exército tinham uma aversão profunda ao Estado, aos seus representantes e à cidade que os acolhia, que viam como parasitas que se alimentavam às suas custas. Makhno deu uma forma brutal e peculiar a essa aversão. Foi o único chefe verde a sobreviver à guerra civil; conseguiu fugir da Rússia e se instalou em Paris, onde escreveu memórias bastante incompletas parcialmente traduzidas para o francês.

Os outros chefes verdes desapareceram sem deixar lembranças, como o jovem socialista-revolucionário Antonov, que comandou a insurreição camponesa da região de Tambov em 1920-1921, antes de ser morto em junho de 1922. Deve-se incluir Boris Savinkov, ex-chefe-adjunto do governo provisório, Kerensky, socialista-revolucionário, ex-terrorista, grande criador de complôs antibolcheviques de 1917 a 1924, autor de *Memórias* e que, em 1920, comandou por um tempo um pequeno exército de camponeses que qualificou de "verde". Embora seu recrutamento tenha sido "verde", Savinkov era um autêntico "Branco". Cabe contar também, entre os exércitos "verdes", os movimentos nacionalistas, como o dos *basmachi* da Ásia central? Do mesmo modo que os Exércitos Verdes ucranianos, eles conjugam aspiração nacional (contra Moscou e os russos) a aspirações sociais (o protesto dos camponeses, no mínimo remediados, pela liberdade de comércio e contra a ditadura da cidade).

Esses líderes de exércitos locais ou regionais efêmeros não puderam escrever suas memórias antes de desaparecer; portanto, para evocá-los, é preciso recuperar os relatos de seus adversários – e vencedores – Vermelhos e Brancos, definidos pelos "Verdes" como bandidos. Hoje, a partir dos arquivos das ordens do dia, pode-se acrescentar a esses relatos proclamações, declarações e apelos de líderes verdes. Embora esses textos não tenham o aspecto vivo que as memórias apresentam, tampouco têm seu caráter de autojustificativa tão frequente.

Este resgate da guerra civil não pretende fornecer um relato completo nem mesmo de seus episódios importantes. Ele visa apenas, por meio dos depoimentos e documentos dos diversos protagonistas, fornecer uma imagem verdadeira da guerra, reconstituir alguns de seus acontecimentos essenciais e restituir a atmosfera de uma guerra civil, caleidoscópio de cargas de cavalaria com sabre em punho, trens blindados, salvas de canhão, execuções de reféns e de prisioneiros, em meio à pilhagem, fome, frio, cólera e tifo, que arrasam cidades e vilarejos e dizimam os exércitos, sem contar a gripe espanhola que se abateu sobre a Europa a partir da primavera de 1917 e deixou milhões de mortos...

* * *

O cenário e os personagens

Antes de iniciar esse relato, lembremos que os bolcheviques dividiam os camponeses em três categorias de fronteiras mais ou menos imprecisas e com definições variáveis: *grosso modo*, os camponeses pobres, sem terras ou com um lote pequeno demais para garantir a subsistência da família (os Brancos os apresentam sistematicamente como preguiçosos e bêbados), os camponeses médios, que possuem uma propriedade de tamanho suficiente para prover sua subsistência, podem dispor de alguns excedentes comercializáveis e utilizam apenas mão de obra familiar sem nenhum empregado assalariado, e o camponês rico ou *kulak* (palavra utilizada desde antes da guerra na Rússia czarista), definido por possuir uma propriedade que emprega mão de obra assalariada e cavalos de tração, alugados em parte às categorias inferiores de camponeses, e recursos mecânicos diversos (um moinho, por exemplo, que aluga aos outros). Às vezes, há uma categoria intermediária entre o camponês médio e o *kulak*: o remediado.

As forças políticas que combatem entre si ou que desempenham um papel na guerra civil são essencialmente as seguintes:

- os cadetes, membros do Partido Constitucional-Democrata, partido monarquista liberal fundado em 1906 e que deve seu nome às iniciais em russo (KD). Continuou participando dos diversos governos provisórios, e seus principais dirigentes são Miliukov, Nabokov – o pai do autor de *Lolita*, Vladimir – e o cientista Vernadsky;
- os grupos monarquistas situados à sua direita, que se esforçam desde o mês de agosto, e mais ainda a partir de outubro de 1917, para constituir diversas organizações mais ou menos conspiradoras, frequentemente efêmeras e que ressurgem com outros nomes. É difícil avaliar sua força real;
- os Socialistas-Revolucionários (SR), grupo fundado em 1903, participaram do governo provisório a partir de maio. Esse partido influente no campesinato recebe 44% dos votos nas eleições para a Assembleia Constituinte de novembro de 1917. Mas esse resultado é um tanto enganador, pois, desde o estabelecimento das listas eleitorais, o partido se dividiu. Em julho, constituiu-se uma ala esquerda de SR internacionalistas. Durante o 2º Congresso dos Sovietes, em outubro de 1917, a direção dos SR decide abandoná-lo em protesto contra a tomada do

21

Palácio de Inverno, sede do governo provisório, pelos destacamentos bolcheviques. Os 176 delegados de esquerda que permaneceram no congresso são excluídos e fundam o partido dos SR de esquerda, dirigido por Maria Spiridonova, Prochian, Kamkov e Natanson, que reúne cerca de 70 mil militantes, ou seja, um décimo do partido SR, não elegíveis nas listas SR anteriores.

Os SR de direita, majoritários, são liderados por Victor Chernov, ministro da Agricultura do governo provisório, e por Mikhail Gotz. Favoráveis à continuação da guerra ao lado das potências aliadas e hostis à divisão das terras pelos camponeses antes de uma reforma votada pela Assembleia Constituinte, eles consideram a Revolução de Outubro uma contrarrevolução e qualificam o bolchevismo de "despotismo asiático", "oligarquia militar-burocrática", "tirania de caserna reacionária", "sistema policial odioso". Victor Chernov define o regime soviético como um sistema plebeu que marca a ascensão da "multidão" (*okhlos*, em grego) em detrimento do "povo" (*demos*) e que repousa em uma mistura de jacobinismo e anarquismo, de voluntarismo político e gosto desenfreado pelo poder. Os SR contrapõem aos sovietes a legitimidade da Assembleia Constituinte de janeiro de 1918, única, em sua opinião, detentora legal do poder;

- os mencheviques, originalmente ala direita do Partido Operário Social-Democrata Russo, cuja denominação eles mantêm, dividem-se em uma direita favorável à continuação da guerra e uma esquerda, liderada por Martov, internacionalista, contrária a isso. Para eles, a Revolução de Outubro é uma aventura; pensam que a Rússia, dado seu atraso econômico, deveria sofrer uma revolução democrática burguesa, que abolisse os resíduos de feudalismo e instaurasse uma república parlamentar; o bolchevismo força, portanto, o rumo da história. Porém, para os mencheviques de esquerda, o sistema oriundo da Revolução de Outubro deve ser defendido por suas reformas democráticas (separação da Igreja e do Estado, instauração de um registro civil e direito ao divórcio civil estabelecido pouco depois, fim da guerra, terra para os camponeses, nacionalização da economia). Desse modo, a maioria dos mencheviques se recusa a aderir ao campo dos Brancos monarquistas, exceto por um membro do comitê central,

Ivan Maisky, excluído por essa razão. Julius Martov fica no Soviete de Moscou até partir para a Alemanha em 1921. Outro grande líder, Fedor Dan, serve como médico no Exército Vermelho. Ao mesmo tempo, eles organizam algumas greves, e a maioria tenta permanecer neutra entre os campos em disputa;

- o Partido Bolchevique, originalmente ala esquerda do Partido Operário Social-Democrata Russo, constituiu-se em outro partido em janeiro de 1912. Ascende ao poder em outubro, após uma batalha permanente entre as palavras de ordem "todo poder aos sovietes" e "pão, paz, liberdade". Todos os seus líderes na época, até mesmo Stalin, o futuro pai do "socialismo em um único país", veem na Revolução de Outubro uma etapa de uma revolução mundial impulsionada pela guerra mundial, convulsão mortal de um capitalismo que chegou ao estágio supremo do imperialismo, conforme o título da obra publicada por Lenin em 1916, *Imperialismo, fase superior do capitalismo*;
- por fim, existem grupos de anarquistas em várias dezenas de cidades da Rússia, particularmente em Kronstadt e Moscou. O único com um papel efetivo na guerra civil será o exército insurrecional camponês de Nestor Makhno.

Nota

[1] Dissidente soviético.

Os primórdios da guerra civil

Quando começa de fato a guerra civil? Na noite de 25 de outubro, quando o Palácio de Inverno, sede do governo provisório, cai nas mãos dos soldados vermelhos bolcheviques? No primeiro combate militar? Em 29 de outubro, na primeira e irrisória contraofensiva dos partidários desiludidos com o governo provisório, conduzidos pelo atamã Krasnov, chefe cossaco, às colinas de Pulkovo? Em 30 de outubro, quando as tropas do governo deposto fuzilam trezentos soldados vermelhos no Kremlin? Em 7 de dezembro, com a fundação da Checa? Na Batalha de Rostov do Don, entre soldados vermelhos e brancos, iniciada em 9 de dezembro de 1917? Na dissolução da Assembleia Constituinte pelos bolcheviques e pelos SR de esquerda, um dia após a primeira e única reunião, em 5 de janeiro de 1918?

Há tantas respostas quanto historiadores, e cada um deles escolhe uma dessas datas. Alguns adiam o desencadeamento efetivo da guerra civil para o dia 29 de abril de 1918, quando Trotski, Comissário do Povo para a Guerra, intima os legionários tchecoslovacos a depor armas: esses 35 a 40 mil ex-prisioneiros de guerra do exército czarista a caminho de Vladivostok para encontrar a frente franco-alemã pela rota menos difícil se confrontam com o Soviete de Cheliabinsk e o derrotam. Eles rejeitam o ultimato de Trotski e se rebelam.

Deve-se distinguir a guerra civil como fato político e o fato militar que decorre dela. Politicamente, ela surge na constituição, em 27 de fevereiro de 1917, de um Soviete de camponeses e soldados que organiza, em paralelo à Duma czarista e ao governo provisório resultante, uma representação distinta e por natureza antagônica, pois baseada em um critério de classe (operários, soldados e camponeses). Já em 2 de março, ela avança mais na ordem número um adotada por esse Soviete, que prevê a criação de comitês de soldados nas tropas. Tanto o exército quanto a polícia, formas concentradas do aparelho do Estado, não podem existir sem uma disciplina severa em tempos de guerra. Introduzir a democracia em um exército em combate é abrir caminho para sua dissolução e, portanto, para a guerra civil.

A monarquia russa era ligada aos governos francês e inglês, que a haviam seduzido com Constantinopla e com o acesso ao estreito de Dardanelos em troca da promessa de nunca assinar a paz em separado e de prosseguir a guerra até o fim. O governo provisório quer continuar a guerra. Ora, sua continuação arruína o país, paralisa a produção e os transportes e desestrutura a economia e o exército ao mesmo tempo.

De fato, por trás dos discursos inflamados dos oradores da "democracia" revolucionária (os diversos partidos ditos socialistas, com exceção dos bolcheviques), tudo está indo por água abaixo: a produção está desmoronando, inúmeros patrões, furiosos com a imposição do dia de oito horas, com os comitês de fábrica e com as arengas contínuas às portas das fábricas, fecham as portas ou sabotam a produção. A inquietação toma conta dos soldados, cansados da guerra. O governo provisório adia também a resposta às reivindicações nacionais muçulmanas e ucranianas a uma Assembleia Constituinte, cuja convocação, marcada para depois de uma vitória cada vez mais incerta, intensifica todos os protestos.

A Rússia passa então rapidamente de uma guerra civil encoberta a uma guerra civil aberta, que jorra das próprias profundezas da sociedade: desde o final de junho, um número cada vez maior de soldados se recusa a obedecer aos oficiais e começa a desertar maciçamente; os camponeses-soldados queriam a terra há muito tempo e, a partir de junho de 1917, centenas de milhares deles deixam as trincheiras, depõem as baionetas e voltam para seu vilarejo para dividir os bens dos grandes proprietários. Para esses desertores, assim como para os soldados que ficaram nas trincheiras, a paz é a única garantia de participar da divisão da terra. Ora, todas as forças

Os primórdios da guerra civil

políticas, salvo os bolcheviques, lhes dizem: a paz é impossível antes da vitória, a terra, intocável antes da Assembleia Constituinte. Indiferentes aos objetivos da guerra, os camponeses começam a tomar as terras dos grandes proprietários e frequentemente queimam as mansões, com seus livros, quadros e pianos; quebram até mesmo os equipamentos; contra eles, o governo provisório envia destacamentos de soldados cada vez mais reticentes. Uma imensa revolta toma conta da Rússia. Os mesmos camponeses que, em novembro, votarão no Partido Socialista-Revolucionário que se recusa a lhes dar a terra, se apropriam dela contra a vontade explícita do partido. Para o ex-membro do Politburo do PCUS* no governo de Gorbachev, Alexandre Iakovlev, estes são os primeiros tumultos da guerra civil, que polariza as forças políticas nos dois extremos.

A crise é evidente para todos. Em 20 de agosto, no comitê central do Partido Constitucional-Democrata, ou Cadete, o ministro dos Cultos, Kartachev: "Aquele que não temer ser cruel e brutal tomará o poder em suas mãos." Outro líder, Kaufman, evocando a fome que espreita, retoma uma ideia do ministro do Interior do czar, Protopopov, de 1916: "No governo, já se pensa na possibilidade de organizar expedições militares para tomar o pão dos camponeses." O líder cadete Miliukov declara: "O pretexto para isso será fornecido por rebeliões provocadas pela fome ou por uma ação dos bolcheviques, em todo caso, levará a sociedade e a população a considerar que uma operação cirúrgica é inevitável."

Para a União dos Oficiais do Exército e da Marinha, financiada por empresários, "a única saída é uma ditadura militar". Os preparativos se multiplicam à direita: no *front* se constituem perto de trezentos batalhões da morte, cujo chefe SR, capitão Muraviev, declara: "Meus batalhões não se destinam apenas ao *front*, mas também a Petrogrado, quando for o momento de acertar as contas com os bolcheviques." Julho e agosto veem aumentar as formações político-militares de direita que preparam um golpe para breve. Os golpistas têm um candidato, o general Kornilov, que lança suas tropas sobre Petrogrado em 25 de agosto e acusa "o governo provisório de agir sob a pressão da maioria bolchevique dos Sovietes em total acordo com os pla-

---

* N.T.: Partido Comunista da União Soviética.

nos do estado-maior alemão". Ele jura convocar a Assembleia Constituinte "por meio da vitória contra o inimigo", portanto após a guerra, e "considera que a única solução [no presente] é instaurar a ditadura e colocar todo o país em estado de guerra". Promete enforcar todos os líderes do Soviete. Os partidos socialistas se levantam contra ele, os bolcheviques mobilizam os operários e os ferroviários entram em greve. O complô se desfaz.

A tentativa de golpe de estado de Kornilov e seu fracasso elevam ao máximo a tensão social e política. O general monarquista Denikin caracteriza a situação em algumas linhas: "Um cansaço geral da guerra e dos distúrbios; insatisfação com a situação existente [...]. O exército não queria mais saber de nenhum 'objetivo de guerra' e desejava a paz imediata a qualquer preço".

Porém, o governo provisório, submetido ao interesse dos Aliados, insiste em continuar a guerra, que desestabiliza a economia do país, enquanto os camponeses se rebelam por toda parte para tomar a terra: em 13 de setembro, na região de Kishinev; em 14, na de Tambov; em 19, na de Taganrog; em 3 de outubro, nas de Riaza, Kursk e Penza. As expedições punitivas enviadas pelo governo provisório desmoralizam os soldados e levantam os camponeses contra ele.

A fome espreita, os camponeses hesitam cada vez mais em entregar seu trigo em troca de uma moeda que continua se desvalorizando. Em 16 de outubro, o ministro do Abastecimento, Prokopovich, declara: "Decidimos não empregar a força militar, mas se, ao dobrar o preço, continuarmos não recebendo o pão de que precisamos, seremos evidentemente forçados a recorrer à força militar." Os bolcheviques herdarão esse problema, potencializado pela guerra civil.

Quando a guerra civil latente atinge o próprio Estado e derruba o governo, ela se transforma em conflito armado. É o que acontece na noite de 25 de outubro, quando os assaltos desorganizados dos soldados vermelhos tomam o Palácio de Inverno, e o 2º Congresso dos Sovietes elege o Conselho dos Comissários do Povo. O governo provisório, abandonado por todos, cai em Petrogrado como uma fruta madura.

O 2º Congresso dos Sovietes começa em 25 de outubro: os bolcheviques, que tomaram na véspera o controle dos principais pontos estratégicos da capital, são majoritários. Após o anúncio da tomada do Palácio de Inverno e da prisão dos ministros, cerca de 50 delegados SR e mencheviques (de um total de pouco mais de 600) deixam o Congresso. Este adota um "decreto sobre a paz", propondo a todos os beligerantes uma paz imediata e sem anexação, e um "decreto sobre a terra", que confisca e nacionaliza as terras dos grandes proprietários e da Igreja, para reparti-las entre os camponeses. Ele sanciona uma situação de fato largamente estabelecida e assim a amplia. Depois disso, o Congresso elege um novo Comitê Executivo Central dos Sovietes e um novo governo, o Conselho dos Comissários do Povo, presidido por Lenin, cujos telegramas os telegrafistas se recusam a enviar.

Em Moscou, os bolcheviques ocupam o Kremlin, mas sua direção local, hesitante, negocia uma trégua com a prefeitura SR e efetua a desocupação: as tropas governamentais metralham, então, cerca de 300 operários e soldados vermelhos. Os bolcheviques só tomam o controle da cidade após uma semana de combates intensos.

Nesses primeiros dias, a guerra civil parece, no entanto, prolongar os oito meses de assembleia permanente, de fevereiro a outubro, nos quais agitadores bolcheviques, SR, mencheviques e anarquistas debatiam e discursavam sem fim. Dentro e na frente dos quartéis e das fábricas, nos Sovietes, nas esquinas ou nos cruzamentos, eles tentavam convencer milhões de operários, soldados, camponeses, brutalmente acordados para a vida política pela decomposição da sociedade czarista, sedentos de compreender e desejosos de se orientar no turbilhão dos acontecimentos.

Em 27 de outubro, algumas centenas de alunos-oficiais (chamados de *junkers*) tentam uma rebelião logo debelada pelos soldados vermelhos em Petrogrado; em 31 de outubro, cerca de 600 cossacos do general Krasnov organizam uma fraca contraofensiva facilmente repelida nas colinas de Pulkovo. O papel da palavra é tão grande, senão maior, do que os canhões. O bolchevique Dybenko, responsável pelo Soviete da Marinha do Báltico, acompanhado por um único marinheiro, desembarca na noite de 31 de outubro, às três da madrugada, no quartel dos cossacos do atamã Krasnov em Gatchina, a 30 quilômetros de Petrogrado. Convida os que estão acordados a ouvi-lo, apesar da grande hostilidade dos oficiais. Numa sala em que o contorno dos rostos é pouco a pouco apagado pela fumaça dos cigarros, ele resgata a história da revolução de fevereiro até outubro e denuncia a política do governo provisório. Alguns oficiais o interrompem várias vezes, gritando "Cossacos, não acreditem neles!", "São traidores da Rússia!", "Expulsem esses espiões alemães", "Batam neles!", mas ninguém ousa pegar as armas e abater os dois bolcheviques. À medida que Dybenko fala, outros cossacos acordam e vão encher a sala, pequena demais para todos. Eles ouvem atentamente, indiferentes às vociferações dos oficiais, e fazem perguntas. Dybenko responde durante cinco horas, até às 8 da manhã; os cossacos decidem permanecer neutros entre os bolcheviques e Kerensky. É uma vitória da palavra, ou seja, da política.

A guerra civil não se manterá assim por muito tempo. Preso na véspera pelos bolcheviques, Krasnov, liberado mediante a promessa de não combater a revolução, desce para o sul para organizar os cossacos do Don contra os sovietes. Embora o perigo militar seja adiado, o risco político é mais sério. Em Petrogrado, os SR e os mencheviques, apoiados pela direção do Sindicato dos Ferroviários, constituem um Comitê de Salvação da Pátria e da Revolução com cadetes, que, por outro lado, formam seu próprio órgão de combate. Ambos incitam os empregados de todas as instituições do Estado a ignorar sistematicamente as ordens do Conselho dos Comissários do Povo. Certos de que os bolcheviques isolados não conseguirão se manter e seguros de ter aliados entre os próprios bolcheviques, os mencheviques e os SR propõem um governo de coalizão socialista, no qual os bolcheviques teriam apenas 5 assentos de 18, sem Lenin nem Trotski, proibidos de governar – condição que a maioria do Comitê Central bolchevique rejeita.

A continuação e a aceleração da desagregação social, causa da revolução, ameaçam ainda mais gravemente o novo governo. A revolução prolonga a agitação social que a fez surgir. "Todas as estruturas da antiga Rússia", escreve o historiador americano Martin Malia, "entravam em colapso simultaneamente". Os líderes bolcheviques tomam medidas práticas para conter a escalada da desordem, da fome e da contrarrevolução, que se organiza pouco a pouco com o apoio, ainda mínimo, das potências beligerantes. A Rússia soviética logo se transforma em uma fortaleza sitiada que fervilha de complôs, frequentemente mal executados, mas bem reais. Em meados de novembro, o governo bolchevique proíbe a existência do Partido Cadete – ligado ao "Exército Voluntário" contrarrevolucionário, em formação no sul da Rússia –, sua imprensa e outros jornais hostis.

Na metade de novembro, ocorrem as eleições para a Assembleia Constituinte. Quarenta e um milhões de eleitores votam, ou seja, cerca de 80% do eleitorado. Em números exatos, os bolcheviques recolhem 10.889.437

votos (24,5%); os SR de todas as facções e nacionalidades, 19.110.074 (44,1%); os mencheviques, 1.522.467 (3,5%); e os cadetes, 2.180.488 (4,7%). O restante dos votos se distribui entre diversos grupos socialistas (7.030.897 no total, 9,2%). Os bolcheviques, majoritários nas grandes cidades, são minoritários no conjunto do país; os SR são largamente majoritários no campo. Mas esse resultado é parcialmente enganador, pois os camponeses votaram em massa nos SR para conservar a terra que estes lhes haviam prometido antes da guerra, mas que se recusaram a distribuir quando seu líder Victor Chernov foi nomeado ministro da Agricultura do governo provisório, e para rejeitar a guerra, que os líderes SR combateram quando estavam no governo e que agora querem continuar. O voto nos SR reflete mais a influência que tinham no mundo camponês do que sua força social real do momento. Por fim, 83% dos votos válidos (em um território camponês) vão para socialistas declarados, 7,5% para os partidos conservadores e liberais. Esse resultado eleitoral revela um profundo desejo popular.

O início do Exército Branco

A contrarrevolução se organiza. No sul da Rússia, os generais Kornilov, Alexeiev, Denikin e o atamã cossaco Kaledin constituem, em novembro, o Exército Voluntário. Denikin, seu futuro comandante, conta:

> O general Alexeiev, acompanhado de sua ordenança, chegou a Novocherkassk no dia 20 de novembro e assumiu no mesmo dia a organização da força armada que devia desempenhar um papel tão importante na história dos distúrbios russos. Ele propôs utilizar a região do sudeste, em especial o Don, base rica e com forças armadas próprias, para reunir os elementos que resistiam – oficiais, *junkers* –, os combatentes de choque e talvez velhos soldados, e formar com eles um exército, indispensável para restabelecer a ordem na Rússia. Ele sabia que os cossacos não queriam assumir essa vasta tarefa de Estado. Mas esperava que defendessem seus bens e território.

Nem sempre os futuros líderes da contrarrevolução estão de acordo entre si. Denikin continua:

Contudo, a situação no Don mostrou-se extraordinariamente complexa. O atamã Kaledin, tendo tomado conhecimento dos planos de Alexeiev e ouvido seu pedido "de fornecer um asilo ao corpo dos oficiais russos", concordou em princípio, mas, considerando o estado de espírito que reinava no interior, pediu que Alexeiev não ficasse em Novocherkassk mais do que uma semana e que transferisse suas atividades para fora dali.

Assim, os cossacos, decididos a defender seu território e privilégios dos Vermelhos, aceitam compartilhar as agruras dos oficiais russos contrarrevolucionários, mas não ajudá-los. Que se instalem em outro lugar.

Alexeiev se apressa em mandar vir oficiais de Petrogrado, por meio de um telegrama codificado e de uma sociedade de benemerência, precisa Denikin, que esclarece: "Logo recebemos a primeira doação para a 'organização de Alexeiev': quatrocentos rublos, foi tudo que naquele mês de novembro a sociedade russa deu a seus defensores." A modicidade desse auxílio financeiro e o desejo do atamã cossaco Kaledin – ainda que muito hostil à Revolução de Outubro – de ver os impopulares velhos generais russos e seus oficiais deixarem o mais depressa possível o território dos cossacos, o Don, refletem o desatino dos vencidos de Outubro e das classes dominantes. A situação vai mudar pouco a pouco, sobretudo a partir do momento em que os países aliados, desejosos de manter a Rússia em guerra, vão se imiscuir. O Exército Voluntário deverá esperar alguns meses; por enquanto, sua situação não é das melhores.

"Na província do Don", esclarece o general Denikin, "o congresso dos 'oficiais contrarrevolucionários' e de inúmeros indivíduos que têm nomes odiosos para as massas suscitam temor e descontentamento manifestos" (Denikin não cita o nome desses políticos e militares que chama de "odiosos para as massas" e com os quais foi levado a trabalhar). Kaledin pede várias vezes a Alexeiev que acelere a partida de sua organização e que não faça, enquanto isso, nenhuma intervenção pública, mantendo o maior segredo possível de suas ações. O Exército Voluntário constitui o "primeiro governo russo antibolchevique", diz Denikin, que indica as fontes de financiamento: "A plutocracia [sic] de Rostov do Don levantou 6,5 milhões de rublos, a de Novocherkassk, cerca de 2 milhões." E acrescenta: "O exército em formação tinha um caráter de classe". Era um exército de oficiais favoráveis a uma restauração não desejada pela massa dos operários, camponeses e soldados.

Os funcionários do banco estatal se recusam a fornecer dinheiro ao governo bolchevique, impossibilitado, portanto, de pagar os salários dos funcionários públicos, mas pagam a remuneração dos dignitários depostos do governo provisório. No início de dezembro, eles anunciam uma greve geral. Para responder a essa sabotagem, um decreto de 7 de dezembro cria a Checa (Comissão Extraordinária de Luta contra a Sabotagem e a Contrarrevolução), dirigida por Félix Dzerjinski. Os SR de esquerda se associam aos bolcheviques no final de novembro e ocupam cinco postos do colegiado que dirige a Checa. Um ódio inabalável opõe as forças políticas, e mais ainda as forças sociais, antagônicas: operários, camponeses e soldados execram os "burgueses"; as ex-personalidades do regime vencido desprezam e detestam essas massas tenebrosas que saíram da sombra. O general Kornilov declara certo dia: "Mesmo que tenhamos de queimar a metade da Rússia e derramar o sangue de três quartos da população, deveremos fazê-lo para salvar a Rússia, se for necessário."

O governo lança um apelo a todos os países beligerantes para iniciar negociações de paz, ao qual os governos aliados não respondem; os soviéticos assinam em Brest-Litovsk, no dia 22 de novembro, uma trégua de três semanas com o estado-maior austríaco e alemão. As negociações começam em 9 de dezembro, enquanto o exército russo continua se deslocando. Nesse mesmo dia, começa a primeira batalha militar da guerra civil em Rostov do Don, narrada em *O Don tranquilo*, de Cholokhov. Uma semana antes, os soldados vermelhos haviam tomado a cidade, capital do Don. No dia 9, Kaledin lança os 3 mil homens do Exército Voluntário, com alguns destacamentos de cossacos, ao assalto da cidade, tomada após 6 dias de combates confusos. Mas essa vitória dos Brancos é efêmera. Logo precisam evacuar a cidade.

A guerra dos trilhos

Nos primeiros meses, a guerra civil se desenrola de modo rudimentar. Vitali Primakov, futuro marechal soviético condenado à morte por Stalin no processo fraudado de junho de 1937 contra os principais líderes do Exército Vermelho, incluindo Tukhachevsky, descreve-a:

33

Em sua primeira fase, a guerra civil seguia o traçado das ferrovias e dos grandes centros urbanos. As enormes distâncias de nossa república exigiam um deslocamento rápido das tropas, agora coladas às vias férreas e aos trens. Devido a seu pequeno número, as unidades não precisavam de um campo de batalha para estender-se; os combates davam-se em torno dos comboios, perseguia-se o adversário de trem e recuava-se também de trem. Os combates visavam a tomar os grandes centros (ninguém tentava conquistar as aglomerações menores do que as capitais das províncias, com exceção dos nós ferroviários), o que nos ligava mais ainda à via férrea.

Nessa primeira fase da guerra, os trens blindados tinham um grande papel nesse vínculo; os dois adversários, dado o número insuficiente de trens blindados bem equipados, fabricavam novos trens bem primitivos: montavam-se canhões e metralhadoras em plataformas, protegiam-se as bordas com sacos de areia, trilhos, dormentes etc. Esses trens blindados reduziam-se, na verdade, a baterias móveis, mal protegidas e, haja vista a falta de formação dos artilheiros, bastante inofensivas. Mas o barulho surdo dos canhões, a explosão dos obuses e o crepitar da metralhadora agiam psicologicamente sobre o soldado vermelho, não habituado à guerra. Essa era a principal qualidade desses trens.

Vitali Primakov

Os primórdios da guerra civil

Em suma, é o barulho que conta principalmente, dando confiança ao exército de soldados vermelhos, constituído por operários sem formação militar, armados às pressas com um fuzil, que às vezes nem sabiam usar, e que consistiam, durante alguns meses, a única força armada, fraca e desorganizada, do governo revolucionário.

> A tática reduzia-se, em geral, a um esquema simples: o trem blindado ia à frente, seguido de vários comboios; assim que chegava a uma estação, ele abria fogo sobre o trem blindado do adversário ou sobre a estação. Depois, os comboios chegavam. Os soldados vermelhos saltavam dos vagões e partiam ao assalto, alinhados em uma ou duas fileiras, sem reservas na retaguarda. O adversário tampouco sabia manobrar, agia do mesmo modo; e os casos de ataques de flanco na retaguarda do adversário eram raros. Habitualmente, depois de ter metralhado por algum tempo, uma das duas partes se retirava até a estação seguinte, um nó ferroviário ou uma cidade. Com frequência, a audácia de um indivíduo empurrava os outros ao assalto; o combate era muito confuso e as perdas, poucas.

A guerra de início travada ao longo das vias férreas emprega abundantemente esses "trens" pomposamente chamados de "blindados", carregados com algumas metralhadoras e equipados, por vezes, com um ou dois canhões, que transportam companhias de infantes armados de fuzis, prontos a saltar assim que param em algum lugar. O trem que o chequista Fomin é encarregado de construir, em agosto de 1919, para evacuar a cidade de Elisabethgrado, no sul da Ucrânia, cercada pelos Brancos, onde famílias de operários bolcheviques são ameaçadas de massacre, praticamente só pode rodar sobre os trilhos e impressionar o adversário enquanto não é usado, e é tudo. Muitos outros "trens blindados" são assim. Escreve Fomin:

> No depósito encontrei velhas plataformas e uma pequena locomotiva, ligada a um trem blindado que já descarrilhara; cada uma de suas peças precisava ser totalmente consertada. Em uma hora, o trem blindado foi fabricado. Eu o examinei, balancei tristemente a cabeça e fui explicar a Zatonsky que o trem blindado não estava apto para operações militares. Ele me respondeu:
>
> — Tudo bem. Não teremos de combater. Nossa tarefa é tirar as famílias operárias. Nosso trem blindado deve apenas causar um efeito moral, só isso.
>
> — Se for apenas para assustar os outros, tudo bem, mas ele não aguentará um combate e pode até sair dos trilhos...
>
> — Então sairá — respondeu Zatonsky, rindo.

Além disso, em uma guerra em que os exércitos explodem os trilhos e as pontes por todo lado, o trem blindado, embora assuste de início os adversários por sua força de fogo, também pode ser facilmente pego em uma armadilha. Foi o que aconteceu, por exemplo, na Ucrânia, com o trem blindado conhecido como "Tartaruga", da 45ª Divisão do general Iona Yakir. Durante meses, a Tartaruga percorre a Ucrânia em todas as direções com a divisão. Em um dia de outubro de 1919, o trem estaciona perto de um vilarejo. Durante a noite, duas equipes de sabotadores brancos explodem os trilhos na frente e atrás do trem blindado. O regimento que o ocupa, tomado de pânico, foge e abandona à própria sorte o trem e sua tripulação. Impossível mover a Tartaruga: as pontes explodiram, os trilhos foram arrancados dos dois lados. Os Brancos o metralham, e quem tenta sair é imediatamente abatido. O incêndio dura várias horas. Os Brancos pretendem sem dúvida tomar o trem blindado, mas a tripulação, que seria de qualquer forma abatida, decide privá-los dele. As metralhadoras e os canhões atiram até o último carregador e até o último obus. O condutor lança, então, o trem sobre os trilhos sabotados e solta o vapor; o trem passa por cima dos trilhos, descarrilha, levanta e desaba, retorcido, em chamas. Toda a tripulação morre.

A efêmera Assembleia Constituinte

No final da manhã de 5 de janeiro de 1918, entre 40 e 50 mil manifestantes desfilam nas ruas para exigir "todo o poder à Assembleia Constituinte". Um regimento letão, que, ao que parece, acreditava defender a Assembleia dos seus inimigos, atira contra a manifestação, causando oito mortes e dezenas de feridos. No fim da tarde, a Assembleia se reúne e elege como presidente o SR Chernov, ex-ministro da Agricultura do governo provisório. Os bolcheviques propõem que a Assembleia Constituinte ratifique as decisões do 2º Congresso dos Sovietes, de outubro de 1917, mas ela se recusa. O líder bolchevique Nikolai Bukhrin declara: "Enquanto o mundo inteiro se incendeia de repente com o fogo da revolução, do alto desta tribuna declaramos à república burguesa parlamentar uma guerra sem trégua." À meia-noite, os bolcheviques deixam a sessão. Às quatro da manhã, o chefe dos soldados, o marinheiro anarquista Jelezniakov, declara que seus camaradas e ele estão cansados e manda os deputados para casa. Algumas horas mais tarde, os bolcheviques, opondo o "poder dos sovietes" ao parlamentarismo, dissolvem uma Assembleia Constituinte "dominada", ressalta o historiador americano Martin Malia, "pelas mesmas forças que haviam sido incapazes de controlar a situação em 1917". Esse golpe quase não afeta a população, mais preocupada com a paz e com a fome ameaçadora. Os defensores da Assembleia Constituinte conseguem mobilizar poucas tropas, mas ela vai se tornar o ponto de coalizão de todas as forças de esquerda hostis aos bolcheviques.

Devido à separação prevista entre Igreja e Estado, contra a qual o clero tenta levantar os fiéis, a Igreja Ortodoxa se une aos adversários dos bolcheviques. Furioso, o patriarca Tikhon, em uma declaração de 19 de janeiro, qualifica os novos governantes de "espíritos insensatos", envolvidos em um "projeto realmente satânico", e proíbe a todos os fiéis de "manter qualquer relação com esses restolhos do gênero humano".

O prólogo: a revolução massacrada na Finlândia

Em 18 de dezembro de 1917, Moscou reconhece a independência da Finlândia, onde a guerra civil se desencadeia imediatamente. Desde o verão, a burguesia finlandesa organizara "soldados de segurança e cívicos", cujos efetivos se elevam a 40 mil homens aproximadamente. Em oposição, os soldados vermelhos recrutados pela social-democracia finlandesa reúnem 30 mil homens. Em 13 de novembro de 1917, a Central Sindical finlandesa desencadeou uma greve geral de cinco dias, na qual a burguesia finlandesa, aterrorizada, viu um primeiro aviso. Em 31 de dezembro, o Parlamento autoriza o Senado a criar "um poderoso sistema de forças da ordem no país" e escolhe o tenente-general Carl Mannerheim, ex-favorito do czar Nicolau II, para liderá-lo. Em 12 de janeiro de 1918, o Senado atribui aos soldados da segurança o *status* de forças da ordem. Dois dias mais tarde, um primeiro choque opõe em Viipuri, ao norte de Petrogrado, soldados cívicos e soldados vermelhos, que tomam o poder em Helsinque. No dia 15, temendo que os soldados russos apoiem os Vermelhos, os soldados cívicos desarmam as divisões russas estacionadas no norte do país. Os insurgidos constituem um Conselho dos Comissários do Povo, formado por sociais-democratas de esquerda que querem instaurar uma democracia parlamentar à suíça, promovendo a justiça social. No norte, em Vasa, constitui-se um governo branco. O presidente do Senado, Svinhufvud, vai a Berlim buscar apoio e um rei. "Voluntários" suecos se apresentam para ajudar os Brancos.

O general branco Denikin escreve:

> A guerra civil foi ferrenha e obteve sucessos alternados até o governo finlandês pedir ajuda à Alemanha. No meio de março, os alemães enviaram para a Finlândia a divisão do general Von der Goltz, que, com Mannerheim, limpou o país dos soldados vermelhos no meio de abril [...]. O ódio dos finlandeses aos bolcheviques russos se estendeu a tudo que tinha um nome russo. A repressão se abateu sobre toda a população russa, que não passara por nada semelhante no período comunista finlandês.

De fato, no dia 3 de abril, 12.500 soldados alemães desembarcam na Finlândia, com duas divisões comandadas pelo general Von der Goltz. No dia 6, eles entram em Tampere, onde ocorrem violentos combates de rua; tomam de assalto Helsinque em 13 de abril e, duas semanas mais tarde, Viipuri, onde o Conselho dos Comissários do Povo se refugiara. A repressão é maciça e brutal. Em Tampere, os Brancos capturam 11 mil soldados vermelhos e fuzilam a maioria. Cerca de 80 mil Vermelhos são levados para os primeiros campos de concentração da guerra civil: 12 mil morrem de fome e tifo, sem contar os que são fuzilados. Em sua raiva, os Brancos finlandeses abatem várias centenas de soldados russos que eles suspeitam, frequentemente sem razão, de serem Vermelhos ou de apoiá-los, porque são russos. Em Helsinque, fuzilam Boris Jemtchoujine, comissário bolchevique encarregado de garantir o retorno para a Rússia, previsto pelo Tratado de Brest-Litovsk, dos 236 navios russos estacionados nos portos finlandeses.

Tribunais de exceção constituídos em meados de maio de 1918 julgam em alguns meses 67.788 Vermelhos: 90% são condenados à prisão, sem contar 555 condenados à morte, a metade é executada. No mesmo momento, 21 líderes social-democratas de direita lançam um apelo, divulgado pelo exército alemão, convidando os últimos soldados vermelhos a se renderem. Para apoiar essa iniciativa, o governo branco promulga uma anistia que transforma dois terços das condenações em penas com sursis; 40 mil condenados são liberados e postos em liberdade vigiada. Os acontecimentos da Finlândia soam como um aviso para os bolcheviques: se forem vencidos, serão liquidados e massacrados como os operários social-democratas de esquerda finlandeses.

A Ucrânia em chamas

Em 7 de novembro de 1917, a Rada, Assembleia Nacional ucraniana, que conta com uma maioria de socialistas-revolucionários e partidos próximos, proclama a independência da Ucrânia e busca imediatamente o apoio da Alemanha, que a reconhece em janeiro de 1918.

A Ucrânia ainda não tivera uma existência nacional autônoma. Por muito tempo dependente do Estado polonês (até meados do século XVII), era politicamente submissa à monarquia russa e, socialmente, aos grandes proprietários de terras poloneses. Como estes moravam em Varsóvia ou São Petersburgo, quase não visitavam suas propriedades, que eram então administradas por intendentes judeus. O império czarista designava a Ucrânia pelo nome desdenhoso de "pequena Rússia". Dirigentes russos e senhores poloneses desprezavam a língua ucraniana, considerada por eles um simples jargão deturpado de sua própria língua. A industrialização da Ucrânia produziu um proletariado majoritariamente russo ou russófono – particularmente os mineiros do Donets do sul –, apegado à Rússia. A *intelligentsia* das grandes cidades (Kiev, Kharkov, Odessa), essencialmente russa e judia, falava russo, e quase ninguém era muito favorável à independência. A Crimeia comportava uma significativa população tártara turco-falante, voltada para a Turquia. Os camponeses, que constituíam 80% da população da Ucrânia e que nutriam um ódio profundo ao senhor polonês (*pan*) e ao judeu, eram a favor da independência.

Os bolcheviques decidem estender o regime dos sovietes à Ucrânia. No dia 28 de dezembro de 1917, uma insurreição instaura seu poder em Ekaterinoslav, no sul do país, a leste da província de Odessa. Em 30 de dezembro, uma coluna de 1.300 soldados vermelhos, com três canhões instalados em um trem blindado improvisado e liderada por um certo Yegorov – que Stalin mandará fuzilar em 1937 –, chega à estação de Lozovaya. As tropas do governo, chamadas de *haidamak*, abandonam os postos sem combater e deixam a estação vizinha sem nenhuma resistência.

Os soldados vermelhos, comandados por Antonov-Ovseenko – que organizou a tomada do Palácio de Inverno e que Stalin também mandará fuzilar em 1938 –, descem à bacia mineira do Donets, tomada no início de janeiro de 1918. No entanto, logo surgem várias dificuldades: dois regimentos retirados do *front* e enviados para reforçar uma coluna que persegue os cossacos de Kaledin se revelam tão refratários ao combate que precisam ser desarmados em Orel e em Kursk. Dois regimentos da coluna se rebelam e também são desarmados. Parece realmente difícil formar um Exército Vermelho com os restos de um exército czarista, cuja decomposição é inexorável. Por isso, no mesmo momento, em Moscou, Lenin batalha para levar a direção do Partido Comunista a compreender que é preciso assinar imediatamente a paz com a Alemanha e a Áustria: como combater sem exército?

Em 12 de janeiro, em Kiev, 5 mil operários bolcheviques se rebelam para proclamar o poder dos sovietes. O adversário, por sua vez, conta com uma guarnição de 30 mil soldados "petliuristas", partidários do líder nacionalista e socialista Symon Petliura, encarregado pela Rada de organizar o exército nacional. Os rebeldes, acompanhados de um regimento do exército, tomam vários bairros vitais da cidade e constroem barricadas, que os petliuristas vão retomando. Estes não fazem prisioneiros: quem estiver em uma barricada ou atrás dela é imediatamente fuzilado. Os rebeldes recuam até o arsenal da cidade, praça-forte bolchevique. Em 22 de janeiro, o arsenal cai: as tropas de Petliura fuzilam até o último operário rebelde entrincheirado, 1.500 homens. No dia 23, os primeiros destacamentos do Exército Vermelho, comandados pelo coronel Muraviev, membro do partido dos SR de esquerda, tomam de assalto Kiev, finalmente controlada após terríveis combates de artilharia no dia 28. O comunista Alexandre Barmine, secundarista na época, conta:

Uma multidão, quase toda de operários, ocupava a rua central, numa vaga expectativa. O trote dos cavalos ressoou ao longe, um pelotão de cavaleiros sem insígnias, usando os casacões cinza de todos os exércitos e de todos os bandos, surgiu, avançou até a praça e bateu precipitadamente em retirada. Depois apareceu um veículo blindado com duas torretas. Ele parou na praça e dois tipos crestados, com fitas vermelhas nos braços, desceram. "Os Vermelhos! Os Vermelhos!" A multidão os cercou. Mulheres magras e pálidas logo se puseram a dizer: "Vocês sabem o que aconteceu no arsenal? Todos fuzilados!" Nesse instante chegavam cavaleiros. Começou uma manifestação improvisada em volta de um monumento cujo bronze havia sido retirado. Em represália ao assassinato de 1.500 operários do arsenal, 400 oficiais foram fuzilados [...]. Sangue atrai sangue, e estava só começando.

Em 18 de janeiro de 1918, uma insurreição instala o poder dos sovietes em Odessa, porto do mar Negro. No dia 22, os operários de Taganrog, a 60 quilômetros de Rostov do Don, também se rebelam; no dia 28, os soldados vermelhos tomam a cidade. Em 27 de janeiro, a Rada, que deixou Kiev para se refugiar mais a oeste, em Jitomir, decide assinar um acordo de paz separado com a Alemanha e a Áustria, atendendo assim ao desejo dos sovietes de decompor o antigo Império Russo.

No dia 29 de janeiro, ao ser informado de que o Exército Voluntário iria abandonar a cidade de Rostov do Don, conquistada no início de dezembro, e se refugiar nas montanhas do Kuban, mais ao sul, o atamã Kaledin declara, desesperado, ao governo da região do Don:

> O Exército Voluntário está se retirando. Restam apenas 147 soldados para defender Novocherkassk. Nossa situação é desesperadora. A população, ao invés de nos apoiar, é hostil [...]. Em vez de defender a terra natal, os oficiais russos fogem vergonhosamente de um punhado de usurpadores.

Ele renuncia a seu mandato de atamã da região, afasta-se e dá um tiro na cabeça.

No dia 23 de fevereiro, os soldados vermelhos entram em Rostov do Don; em 25, em Novocherkassk. O Exército Voluntário foge para o sul, em um inverno glacial, dando início ao que seus sobreviventes chamarão de "marcha de gelo". Lenin acredita que a guerra civil está terminada, mas ela está apenas começando.

O surgimento do Exército Vermelho

Em 20 de fevereiro, o Conselho dos Comissários do Povo cria oficialmente, por decreto, o "Exército Vermelho" e o Conselho Superior de Guerra (rebatizado mais tarde de Conselho Militar da República e coordenado por Trotski, nomeado Comissário do Povo para a Guerra e para a Marinha). Na falta de quadros militares comunistas competentes, Trotski forma o esqueleto do Exército Vermelho com o corpo dos oficiais do exército czarista. Como o governo soviético confia pouco neles, ficam subordinados a comissários políticos bolcheviques que se encarregam de verificar a validade de suas ordens.

A formação do Exército Vermelho é difícil. Há todo tipo de voluntários: soldados vermelhos e operários convictos e entusiastas, mas sem formação militar, camponeses sem terras, marginais, aventureiros, desclassificados, lumpens. São ignorantes e rejeitam até mesmo a disciplina. Para ensiná-la, os chefes de batalhão ou de regimento não recuam diante de nada. Um

Leon Trotski representado como São Jorge contra o dragão da contrarrevolução.

membro do regimento de Perm, nos contrafortes ocidentais dos montes Urais, recorda um episódio da constituição de sua unidade, enviada para combater no início de fevereiro de 1918 o atamã cossaco Dutov, que devasta a região de Verkhne-Oral, em Oremburgo:

> Quando nos preparávamos para seguir caminhada, um velho camponês e sua mulher procuram o estado-maior e contam que cinco soldados vermelhos tinham entrado em sua casa e exigido vodca. Os idosos não tinham nenhuma, mas, diante da ameaça, conseguiram duas garrafas. Os cinco confessam. Dez minutos depois, o regimento é reunido no cais da estação para ouvir o relato do incidente. Os discursos acentuam a mancha na reputação do soldado vermelho. Submete-se ao voto uma única proposta: fuzilar todos os participantes dessa vergonhosa tentativa de extorsão. A moção, que recebe uma esmagadora maioria de votos, é executada diante de todo o regimento.

O comando branco toma medidas semelhantes por razões políticas evidentes: saquear os camponeses, que representam mais de 80% da população, é a melhor maneira de afastá-los. Porém, as condições de uma guerra civil cada vez mais feroz e a fome endêmica logo reduzem essas resoluções a declarações de intenção que ninguém consegue realmente respeitar. Além disso, os oficiais monarquistas, esqueleto do Exército Branco, sentem pelos camponeses expropriadores uma aversão profunda, até mesmo ódio, e a recíproca é verdadeira. Eles sentem prazer em devastar suas cabanas e em lhes dar coronhadas em público para puni-los por terem tomado as terras. Wrangel, principal líder branco, narra as cenas de saque de seus subordinados ou colegas. Os soldados famintos, Vermelhos na maioria, saqueiam em geral para se alimentar. Já os exércitos camponeses "verdes" pilham as cidades porque odeiam a cidade e, ao mesmo tempo, desejam os objetos que ali existem e que eles não têm no campo. Os Brancos agem para se vingar e porque a intendência não dá conta das necessidades.

Um ex-ajudante do exército de Wrangel, que escapou por pouco da execução em 1921, após a rendição de seu exército, escreve:

> Durante toda a guerra civil, a população sofreu tanto com os Vermelhos quanto com os Brancos; mas, às vezes, nós superamos o adversário pela dimensão dos excessos e das pilhagens, na medida em que a disciplina era mais severa entre os Vermelhos. Isso aconteceu especialmente nas operações

militares na Sibéria, onde, subordinados ao almirante Kolchak – de modo paradoxal, mas infelizmente bem explicável –, monstros como o atamã Semionov puderam manifestar sua agressividade impunemente. Desse ponto de vista, os Vermelhos se mostraram mais inteligentes e mais perspicazes: impiedosos com os "contras" de todo tipo, eles compreendiam a necessidade de entrar em acordo, de tempos em tempos, com o cidadão comum, que constituía 90% da população do país que queriam conquistar.

Os Vermelhos eram movidos pela simples aritmética somada à consciência de classe: de seu lado do *front*, foram essencialmente a burguesia e a *intelligentsia* que sofreram todas suas medidas repressivas e requisições; ora, essas categorias eram quantitativamente insignificantes e não contavam com nenhuma simpatia das camadas populares. Nós, ao contrário, humilhávamos, golpeávamos e enforcávamos – quase na mesma proporção – representantes da maioria operária e camponesa. O povo de baixo não se compadecia das vítimas do terror vermelho; o destino delas lhe era indiferente e, em sua memória, os carrascos foram os Brancos.

Assim, a política interna dos bolcheviques entre os anos 1918 e 1920 era justificada e foi efetivamente sensata, eu diria até que foi moderada.

As exigências alemãs e austríacas logo pressionam o novo governo. Nas negociações de paz que acontecem em Brest-Litovsk, a Alemanha e Áustria, jogando com a debandada do exército russo, tentam impor condições draconianas de paz: a anexação da Polônia e dos países bálticos. Os bolcheviques estão convencidos de que a revolução russa só escapará à asfixia do peso conjugado da intervenção estrangeira internacional e da contrarrevolução russa se a classe operária ocidental, liderada pela alemã, se rebelar e tomar o poder. As exigências alemãs desencadeiam um debate acirrado entre os que querem assinar, os que se recusam e querem desencadear a guerra revolucionária, e os defensores de uma propaganda revolucionária internacional, que rejeitam tanto a assinatura quanto a guerra.

Como o velho exército se desmantela cada vez mais, o comandante em chefe dos exércitos, o ex-ajudante Krylenko, decreta sua desmobilização em 30 de janeiro. No dia 16 de fevereiro (a fim de unir o calendário juliano ao gregoriano, a Rússia passa diretamente de 31 de janeiro a 14 de fevereiro), o alto comando alemão anuncia sua decisão de pôr fim ao armistício no dia 18, ao meio-dia. Nesse momento, o exército alemão assume a ofensiva. Ao vê-lo, os últimos contingentes do exército e os soldados vermelhos fogem. O Comitê

Central do partido bolchevique aceita as exigências alemãs na noite de 23 de fevereiro. O Comitê Executivo Central dos Sovietes ratifica o tratado por uma mínima diferença: 116 votos contra 84 e 26 abstenções. Em 15 de março, os SR de esquerda deixam o governo para protestar contra esse "tratado infame", mas permanecem na direção da Checa.

O exército alemão usa a independência da Ucrânia, reconhecida pela Alemanha no Tratado de Brest-Litovsk, para invadi-la. Os soldados vermelhos, inexperientes e incapazes de enfrentar a Reichswehr, debandam para o norte. Primakov registra esse momento:

> A retirada dos soldados vermelhos lembrou um "grande êxodo". Cerca de 100 mil soldados, acompanhados de suas famílias, abandonaram a Ucrânia. Várias dezenas de milhares de outros se dispersaram nos vilarejos, nas aldeias, nas florestas e planícies da Ucrânia.
>
> Centenas de militantes do Partido ficaram no país para organizar as forças revolucionárias e preparar a insurreição. Seu *slogan* era: "A revolução foi contida, viva a revolução". O pesado fardo da guerra, as violências das tropas de ocupação, a arrogância dos tenentes alemães, o atrevimento dos *haidamak*, a vingança sangrenta dos grandes proprietários, a traição da Rada central e o franco saque do país inflamaram o ódio popular. O governo da Rada central [*Tsentralnaia Rada*] passou a ser chamado de governo da traição [*Tsentralnaia Zrada*].

O Exército Vermelho se forma nessa debandada. O primeiro destacamento, constituído no início de fevereiro na cidade mineira de Lugansk, sul da Ucrânia, e comandado por Vorochilov, futuro marechal e Comissário do Povo para a Defesa no governo de Stalin, ilustra bem esse momento. Ele começou a marcha para o norte, em direção a Konotop, depois de Kharkov. Seus primeiros combates contra os *haidamak* (soldados do governo) e as tropas alemãs logo o levam a recuar.

> Nossos destacamentos militares, desorganizados e pouco disciplinados, não podiam, evidentemente, travar longos combates, e logo precisamos organizar às pressas a evacuação, talvez não muito cautelosa e planejada, de bens de valor, armamento, transporte e força de trabalho em vez de defender nosso território. A situação se agravava porque não tínhamos como pagar os operários. Em inúmeros lugares, os mencheviques e os socialistas-revolucionários se serviram dessa circunstância para impedir a transferência do material das fábricas e outros bens acumulados na república de Donets-Krivoi Rog.

Em resumo, frequentemente os operários se recusam a carregar os vagões de graça. O trem blindado Tartaruga vem proteger essa transferência. A retirada do destacamento, carregado com o material que ele não quer deixar aos alemães, com furgões, equipamentos, mulheres e crianças, prossegue numa desordem inimaginável.

> Em nossa retirada, os operários levavam a família: muitos até carregavam todos os bens em carroças. Além disso, a maioria dos membros do destacamento não sabia usar uma arma e teve de aprender às pressas [...]. Desse modo, não ficávamos muito tempo em nossas posições, já que não havia nenhuma ligação entre nós e que nossa disciplina militar era insuficiente; os destacamentos se moviam por sua própria iniciativa, descobrindo nossos flancos, e a cada minuto corríamos o risco de sermos atacados e cercados, o que aconteceu várias vezes.

A coluna se aproxima da estação de Lisichansk. Uma delegação de operários da fábrica de soldas, quase todos mencheviques, pede fuzis a seu comandante e, dois dias depois, recebe a coluna a tiros. A Tartaruga derrota esse comitê de recepção pouco acolhedor. A coluna continua sua retirada para Tsaritsyn, futura Stalingrado, que controla a navegação no baixo Volga, por onde passa o trigo do sul, e chega à estação de Likhaia.

"Ali reinava a confusão, a desorganização, e a maioria dos comboios se recusava terminantemente a se submeter a qualquer regra [...]. Passamos três dias num caos total, sem saber o que nos esperava na hora seguinte". Em 4 de maio, Vorochilov consegue chegar a Likhaia, pôr um pouco de ordem nesse caos e estabelecer algumas posições, embora por pouco tempo. Likhaia fica repentinamente sob o fogo cerrado da artilharia, alguns comboios incendeiam e obuses explodem. Era quase impossível ficar na estação. Ao final da tarde, muitos comboios conseguem seguir caminho. A noite chega, era véspera da Páscoa ortodoxa.

> Os tiros de canhão recomeçaram logo ao amanhecer. Um obus caiu em nosso vagão e arrancou a perna de um soldado. O bombardeio se intensificou. Pelas oito horas da manhã, soubemos que os nossos estavam abandonando as posições e que o inimigo avançava célere para a estação. Ao meio-dia, a situação era inconcebível. Viam-se passar a toda pressa, em grupos inteiros ou um a um, cavaleiros e infantes artilheiros que, enquanto corriam, cortavam as correias dos arreios, abandonavam seus canhões e

metralhadoras. O que estava acontecendo? Difícil definir quem eram esses desertores e se nossos perseguidores não se misturavam a eles. Obuses caíram em nosso trem, ouviram-se gemidos. Era quase impossível avançar [...]. Tentávamos impedir que fugissem e abandonassem as armas [...]. Depois eu me perguntei por que razão os cossacos e os alemães não continuaram a perseguição até o fim. Nesse pânico indescritível, uma centena de cavaleiros bem organizados teria feito milhares de prisioneiros e se apoderado de uma quantidade enorme de armamentos.

Finalmente, o comboio começa a avançar. Ao longo das paradas, a sensação de sua inutilidade atinge a maioria dos soldados, que o abandonam e se dispersam em várias direções. Os cossacos haviam explodido as pontes, que uma equipe tenta consertar, e sabotado as cisternas. O trem fica bloqueado. Um grupo permanece para guardar o comboio e impedir que todo o material caia nas mãos dos cossacos; ele avança às cegas, apartado do resto do mundo, em meio aos mais fantasiosos ruídos e rumores.

Não tínhamos nem comunicação telefônica, nem rádios transmissores. Qual era a situação? O poder soviético se mantinha em Tsaritsyn? O que estava acontecendo em geral na República e no mundo? Não sabíamos de nada.

Os destacamentos internacionalistas: os chineses

Uma caricatura monarquista, muito divulgada na época da guerra civil, representa Trotski, com o nariz bem adunco e a estrela de Davi no peito, com as pernas sobre o muro do Kremlin; abaixo dele, montanhas de crânios. Sete soldados do Exército Vermelho enfiam suas baionetas nesses crânios. Cinco deles são chineses, facilmente reconhecíveis pelos olhos puxados e pela trança. Os historiadores nacionalistas russos repetem um após o outro que a vitória dos bolcheviques na guerra civil se deu graças aos 300 mil estrangeiros dos batalhões e regimentos "internacionalistas", compostos de chineses, húngaros, alemães – ex-prisioneiros de guerra –, ou coreanos, que haviam fugido de seu país, que sofria uma feroz ocupação japonesa. Em sua xenofobia, incluem frequentemente nesse grupo até mesmo regimentos de basquires e quirguizes, populações que faziam parte do Império Russo havia décadas. Eram tratados como indivíduos de segunda categoria, senão pior.

História da guerra civil russa

Caricatura monarquista antissemita: Trotski representado como um assassino comandando mongóis, chineses e marinheiros.

O primeiro recrutamento de chineses no Exército Vermelho se deu de modo bastante pitoresco. O general Iona Yakir – que Stalin condenará à morte, em junho de 1937, junto com Primakov, Tukhachevsky, Putna e alguns outros – conta como o Exército Vermelho recrutou, na Ucrânia, involuntariamente, 450 chineses fugidos da Romênia. Numa noite de janeiro de 1918, enquanto estava de guarda, ele foi acordado ao amanhecer por um grito.

Esfreguei os olhos; na minha frente, um chinês vestido com uma espécie de capa azul pronunciou uma única palavra:
— Vassiki. Eu sou, eu, Vassiki.
— O que você quer? — perguntei.
— Precisa chinês.
— De que chineses você está falando? — Ele repetiu:
— Precisa chinês?
Eu não estava entendendo o que ele queria...

Duas horas depois, o mesmo chinês entrou em nosso estado-maior e, fazendo sinais, convidou-nos a sair. Saímos e compreendemos: cerca de

450 chineses estavam enfileirados do lado de fora. Atendendo ao chamado de "Vassiki", eles se perfilaram. Os romenos haviam fuzilado três chineses suspeitos de espionagem. Furiosos, os chineses que trabalhavam na retaguarda do *front* em uma indústria madeireira se juntaram a nós.

Nus e famintos, eles formavam um quadro assustador. Éramos poucos e tínhamos muito mais armas do que podíamos carregar e que precisaríamos abandonar. Decidimos que eles se tornariam soldados (e a sequência mostrou que eram soldados formidáveis). Nós lhes demos calçados, roupas e armas. Seu batalhão lembrava soldadinhos de chumbo.

Nas operações contra os romenos e, depois, contra os alemães, morrem 80 deles. Em uma longa retirada que leva essas tropas através de toda a Ucrânia e o Don até a província de Voronej, a maioria desses chineses perece com uma impassibilidade que espanta Yakir. O vizinho, o colega, o amigo ou o irmão tombam, e o soldado vermelho chinês, impassível e imóvel, arma seu fuzil e atira até o último cartucho. Os cossacos não fazem prisioneiros chineses; massacram todos, ou melhor, despedaçam-nos a golpes de sabre.

Iona Yakir

Houve apenas um incidente desagradável. Eles recebiam um soldo de 50 rublos por mês, que levavam muito a sério. Davam a vida com facilidade, mas devíamos pagá-los e alimentá-los corretamente. Um dia, seus delegados vêm me ver e dizem: "O senhor recrutou 530 homens e deve pagar para todos". Eles dividiam entre si o dinheiro dos mortos (nesse combate, tínhamos perdido 80). Discuti longamente com eles, tentei convencê-los de que isso não fazia parte dos nossos costumes. Mas conseguiram o que queriam e me explicaram: "Temos que enviar o dinheiro às famílias dos mortos na China". Nos primeiros meses, tivemos de pagar, mas depois os convencemos a não receber mais.

Os chineses deram origem a um dos boatos mais sinistros da guerra civil. Um historiador russo atual, neto de um oficial branco, Vladimir Tcherkassov-Gueorguieski, acerca do decreto sobre os reféns do governo bolchevique (que ameaçava executar os membros da família de um oficial czarista alistado no Exército Vermelho e que passava para o lado dos Brancos), assegura:

Se um oficial passasse para o lado dos Brancos, todos seus parentes, sua família, inclusive as crianças, respondiam por ele. Os chequistas chineses, por exemplo, alimentavam com seus cadáveres os animais do zoológico de Petrogrado, assim como, nos circos romanos, lançavam-se os primeiros cristãos aos leões.

Nada confirma esse episódio exagerado e fantasioso. Esses boatos permitem justificar os tratamentos infligidos aos milhares de chineses (e coreanos) e aos outros estrangeiros que serviram no Exército Vermelho. Esses soldados, diferentemente dos camponeses recrutados a partir de maio de 1918, nunca ou quase nunca desertavam. Porém, mais do que os outros, eles sentiam os efeitos do conselho dado por Kornilov ao Exército Voluntário: "Logo vocês vão ser enviados ao combate. Deverão ser impiedosos. Não podemos fazer prisioneiros e lhes dou um conselho muito cruel: não façam prisioneiros!"

O Exército Voluntário e a marcha de gelo

No dia 9 de fevereiro, os 4 mil homens do Exército Voluntário, acompanhados por civis em fuga, deixam Rostov do Don e vão para as montanhas do Kuban, perseguidos pelos soldados vermelhos. Esse exército, assim como o mexicano, tem mais oficiais do que soldados; entre eles, 36 generais e 199 coronéis, de temperamento suscetível. Há raros intervalos de sol entre a neve e a geada. Apesar da deserção dos cossacos, que se recusam a abandonar o Don, sua região, o exército vai se reforçando à medida que conquista povoados e vilarejos. Em 28 de março, ele chega à capital de Kuban, Iekaterinodar, que o Exército Vermelho tomara 15 dias antes. Na noite do dia 31, véspera da ofensiva prevista, um obus atinge o QG do general Kornilov, que morre na hora. Ele é substituído por Denikin. Em 1º de abril, o Exército Vermelho captura e fuzila o atamã Bogaevski. Lenin vê em sua captura e execução o sinal de que a guerra civil acabou. Repete isso pelo menos dez vezes. No texto "As Tarefas Imediatas do Poder Soviético", escrito no início de abril e publicado nos jornais *Pravda* e *Izvestia* do dia 28, ele afirma:

> A tarefa que consistia essencialmente em esmagar a resistência dos exploradores já foi cumprida no período de 25 de outubro a fevereiro de 1918 (aproximadamente) ou na capitulação de Bogaevski [...]. Até agora, a resistência dos exploradores tinha a forma de uma guerra civil declarada.

No passado, portanto; e conclui: "A burguesia está vencida entre nós [...] agora acabamos com a sabotagem [...], vencemos pelos métodos de repressão, saberemos vencer também pelos métodos de administração", ou seja, pela reconstrução econômica. No entanto, a Rússia ainda está no começo da guerra civil, que vai recrudescer já no final de maio. Enquanto lutam incansavelmente entre si, os adversários da guerra europeia, os austro-alemães e os anglo-franceses, vão intervir cada vez mais na Ucrânia, invadida em março de 1918 pela Reichswehr, na Rússia e no Cáucaso, com seu apoio político e financeiro às diversas organizações antibolcheviques e, depois, com o envio à Rússia de destacamentos ainda modestos.

Começa, então, o que os Brancos chamarão de "marcha de gelo". O futuro romancista Roman Gul pertence à divisão de Kornilov, que, em seu périplo para Iekaterinodar, toma um a um dos vilarejos. Seu primeiro combate se dá em Lugansk. Vencidos, os sobreviventes do Exército Vermelho fogem, e os camponeses feitos prisioneiros são tirados do vilarejo. O tenente-coronel Nejentsev, braço direito de Kornilov, volta-se para as tropas e exclama: "Quem quer participar do acerto de contas?" Gul se interroga:

> O que isso quer dizer? Esses camponeses vão ser fuzilados? Não é possível. Mas sim, é exatamente isso, vão fuzilar todos aqueles que estão ali nos

campos, braços e cabeças cambaleantes [...]. Alguns oficiais saem de nossas fileiras e avançam para os prisioneiros, perto do moinho; alguns sorriem, confusos; outros avançam lívidos a passos rápidos, cenho cerrado e, enquanto caminham, carregam a arma, destravam a culatra e se aproximam desse grupo de russos que eles não conhecem. Os vencidos e os vencedores estão frente a frente. Os oficiais apoiam o fuzil no ombro, ouve-se um comando e os tiros crepitam secamente, misturados aos gritos e gemidos dos fuzilados, que caem uns sobre os outros em gestos estranhos e interrompidos; os fuziladores, com as pernas levemente afastadas e a coronha bem encaixada no ombro, carregam novamente e atiram. Instaura-se o silêncio ao redor do moinho; os oficiais retornam para o nosso lado; três deles terminam de matar um camponês a golpes de baioneta. Olhando os fuzilados amontoados na grama ensanguentada, penso: "É a guerra civil". [...] Perto de mim, o capitão Rojkov, com o rosto azulado, como se estivesse febril, resmunga: "Se nós agirmos assim, o mundo todo se levantará contra nós."

No dia seguinte, Roman Gul fica sabendo que 500 camponeses do vilarejo foram fuzilados.

Serguei Efron, marido da poetisa Marina Tsvetaieva, alistado no Exército Voluntário, futuro agente da polícia secreta da União Soviética, a GPU, também acredita que a guerra civil está terminada. Ele conta com amargura a odisseia do Exército Voluntário, para ele sem objetivo, em uma carta enviada de Novocherkassk no dia 12 de maio de 1918:

Tivemos de caminhar 700 quilômetros numa lama que até agora eu não conhecia. Fizemos etapas enormes, até 65 quilômetros por dia! E eu fiz tudo isso, e como fiz! Podíamos dormir de três a quatro horas por noite. Durante três meses, não tiramos nossas roupas, caminhávamos no centro de um anel bolchevique, sob o fogo permanente da artilharia. Travamos 46 grandes combates nesse período. Em dado momento, não tínhamos mais cartuchos nem obuses e precisamos tomá-los dos bolcheviques durante o combate. Passamos por vilas fortificadas circassianas, as *auls*, e por localidades rurais cossacas, as *stanitsa*, antes de finalmente retornar para o Don. Paramos a 70 quilômetros de Rostov do Don e de Tcherkassk.

Não chegamos mais perto porque os alemães estão lá. Nossa situação é difícil agora. O que fazer? Para onde ir? Será que todas essas vítimas morreram por nada?

A Ucrânia ocupada

Ao entrar na Ucrânia, o exército alemão finge, primeiramente, apoiar o governo da Rada, liderado pelo socialista Vinnichenko. No dia 14 de março, as tropas austríacas ocupam Odessa; em 16, os alemães entram em Kiev e expulsam o Exército Vermelho. No dia seguinte, começa em Ekaterinoslav o 2º Congresso dos Sovietes Ucranianos, que, no dia 23, proclama uma efêmera República Soviética Popular Ucraniana; em 26, os soldados vermelhos retomam momentaneamente Odessa, mas a abandonam em 7 de abril. As tropas alemãs, que vão expulsando os soldados vermelhos em desordem, ocupam Nicolaev em 20 de março, Poltava em 29, Kharkov em 7 de abril, Kherson e Belgorod em 10, Odessa em 13 e a Crimeia no dia 20; desfazem a Rada em 28 de abril. Os alemães nomeiam um fantoche, o atamã Skoropadski, para comandar a Ucrânia. A Reichswehr ocupa Taganrog em 3 de maio, Rostov do Don em 8, sem nunca encontrar grande resistência. O secundarista Barmine constata, estupefato, os efeitos da ordem germânica em Kiev:

Serguei Efron

No dia seguinte, percebi uma mudança extraordinária na estação. A estação de Kiev estava, desde 1914, em péssimo estado, abandonada, irremediavelmente suja [...]. De repente, equipes de soldados lavavam o chão, as paredes, penduravam cartazes alemães novos. Um cheiro de sabão e uma atmosfera de ordem milagrosa reinavam ali. As pessoas olhavam essa mudança com estupefação. Tinha-se visto muita coisa durante a revolução, mas nada tão surpreendente quanto essa limpeza! [...] Kiev sentiu essa ditadura da ordem: até nossos professores vieram bem barbeados para as aulas.

No campo, a ordem germânica não se limita a essas demonstrações de higiene: para alimentar a Alemanha – abalada em janeiro por greves operárias maciças em Berlim e em várias cidades – e a Áustria, famintas, a Reichswehr requisita o trigo, os ovos e as carnes de aves. Os camponeses resistem. Lembra Barmine:

Os alemães, tão limpos e tão metódicos, faziam requisições impiedosas. No vilarejo de Vissky, a situação acabou de forma trágica. Soldados que rondavam para saquear foram desarmados e apanharam. O *Kommandantur* mandou prender dez camponeses e impôs ao vilarejo uma grande contribuição. Na noite seguinte, uma sentinela foi morta. Os alemães encontraram alguns fuzis de cano serrado com os agricultores. Prenderam mais uma dezena de jovens e fuzilaram todos. *Partisans* combatiam nos bosques que circundavam as propriedades da condessa Brannitskaia, retomadas dos camponeses. Incendiaram um posto de guarda e executaram os soldados que tentavam fugir das chamas. Vinte alemães, dentre eles um suboficial, morreram nesse combate.

As tribulações do cossaco Mironov

O cossaco Mironov é uma das figuras mais estranhas de uma guerra civil que teve muitas delas. Os cossacos formam no sul da Rússia, essencialmente no Don, sua região por excelência, uma camada de camponeses-proprietários que gozam de diversos direitos e prerrogativas (entre eles, a eleição de um chefe, o atamã) em contrapartida de obrigações militares, como um serviço militar de 18 anos. Desde o início do século, a monarquia se serviu sistematicamente deles contra as manifestações e as greves. O Don tem 1,5 milhão de cossacos, quase metade da população; eles possuem cerca de 80% das terras, mas são socialmente muito diferenciados: um quarto de cossacos "pobres", metade de cossacos "médios" e um quarto de cossacos remediados e ricos (ou *kulaks*).

A essa população cossaca se acrescenta cerca de 1 milhão de camponeses autóctones instalados nas fronteiras e que possuem menos de 4% das terras da região. Vinte por cento deles não têm nenhuma terra e 40% têm propriedades de menos de cinco hectares. Encontram-se, portanto, numa situação material muito inferior à da grande maioria dos cossacos.

Os que vêm de outras regiões da Rússia, sobretudo da Rússia central faminta no final do século XIX, constituem um terceiro grupo de um pouco mais de 700 mil habitantes, desprezados e detestados pelos cossacos, que os proíbem de participar da rotação tradicional das terras, restando-lhes apenas migalhas: são arrendatários ou meeiros e nutrem pelos cossacos um ódio recíproco. É entre esses "forasteiros" oprimidos e superexplorados que os bolcheviques desenvolvem sua influência. Segundo uma estatística citada por Denikin, 96,8% dos bolcheviques nas regiões cossacas eram de fora

Semion Budionny

e somente 3,2%, verdadeiros cossacos! É daí que vem Semion Budionny, o chefe bêbado da 1ª Divisão da Cavalaria Vermelha, formada em junho de 1919. Ela se tornou lendária graças ao romance de Isaak Babel, *O exército de cavalaria*, mas merece ser conhecida tanto por suas rapinas, bebedeiras, saques, estupros, violências contra os civis, execuções de prisioneiros, *pogroms* e até mesmo, às vezes, pela caça aos comunistas quanto por suas façanhas de guerra.

Mironov, cossaco nascido na região, de início hostil ao bolchevismo, alia-se a ele em janeiro de 1918 e declara:

> O Partido dos Socialistas Populares diz: "Daremos definitivamente ao povo a terra, a liberdade e os direitos em 50 anos, o partido dos SR de direita promete isso para daqui a 35 anos, o partido dos SR de esquerda, para daqui a 20 anos, o partido dos social-democratas mencheviques, 10 anos"; só o partido dos social-democratas bolcheviques diz "tudo ao povo trabalhador e tudo agora!"

Em fevereiro de 1918, os cossacos do Don se dividem entre o atamã reacionário Kaledin e um comitê revolucionários pró-bolchevique, dirigido pelo cossaco Podtiolkov. Mironov participa da criação e da composição da República Soviética do Don, proclamada em 23 de março de 1918. As tropas alemãs derrubam essa república em 8 de maio de 1919 e colocam no poder o atamã Krasnov, aquele mesmo que comandara a ofensiva derrotada sobre Petrogrado em 27 de outubro e que os bolcheviques liberaram mediante sua palavra. Krasnov liquida as instituições soviéticas, anula todos os decretos soviéticos e do governo provisório. Ele salienta orgulhosamente a ferocidade dos cossacos brancos contra os cossacos vermelhos...

> Os cossacos eram impiedosos no ataque; também o eram com os prisioneiros. Quando, na propriedade de Ponomariov, aprisionaram o famoso Podtiolkov e os 73 cossacos que o acompanhavam, reuniram imediatamente um tribunal militar que condenou Podtiolkov e seus dois comissários-adjuntos à forca e os 73 cossacos de sua comitiva ao fuzilamento. A sanção foi imediatamente executada diante de todos os arrendatários [...]. Os cossacos eram particularmente severos com os prisioneiros cossacos, que consideravam traidores no Don. Nesses casos, o pai condenava o filho à morte e nem mesmo se despedia dele.

Quando os prisioneiros não são cossacos, mas simples soldados do Exército Vermelho, deixam-nos viver e os condenam aos trabalhos forçados: "Mandávamos, conta Krasnov, os prisioneiros trabalharem nos campos e nas minas de carvão, os prisioneiros limparam Novocherkassk e consertaram tudo o que os bolcheviques tinham estragado e sujado. Só um número muito reduzido de prisioneiros era recrutado."

Mironov organiza, em maio de 1918, um destacamento de cossacos vermelhos que luta para defender Tsaritsyn (futura Stalingrado e depois Volgogrado) dos destacamentos de Krasnov. Stalin suspeita dele, assim como suspeita de todo mundo. Em uma carta a Lenin, de 4 de agosto de 1918, afirma que os cossacos de Mironov "não podem, não querem travar um combate firme contra a contrarrevolução cossaca". Trotski não concorda com isso; em 12 de janeiro de 1919, envia a Mironov um telegrama de felicitações por sua "divisão meritória" e conclui assim: "A Rússia inteira conta com vocês."

Budionny serve no 10º Exército, comandado por Vorochilov e Minime, outro bêbado indisciplinado como ele, e é movido pelo mesmo ódio aos ex-oficiais czaristas e comissários políticos comunistas. Os três são grandes amigos de Stalin. Okulov, membro do Conselho Militar Revolucionário do Exército, define a cavalaria reunida pelo trio como um amontoado de "marginais desclassificados, cuja única necessidade é 'trucidar um pouco', mas quem e por que, isso, eles não querem nem saber". É com esses elementos que Stalin conta, os quais galgarão os postos do Partido quando ele estiver no comando. Por isso, perseguirá Okulov com seu ódio e mandará fuzilá-lo em 1937. Esses desclassificados, politicamente ignorantes, qualificam-se de "bolcheviques", mas uma de suas divisas é: "Vamos esmagar os cossacos e depois será a vez dos comunistas". O comandante cossaco Dumenko, que Budionny mandará fuzilar em 1920, tinha avisado, aliás, os instrutores políticos de sua divisão: "Se vocês falarem de comunismo para eles, eles vão matá-los." Estranhos bolcheviques, na verdade.

Tsaritsyn no Volga

Em setembro de 1918, em Tsaritsyn, a Checa, controlada por Stalin, descobre em média um complô por dia. As vítimas são amontoadas numa barca e depois afogadas. Em uma sessão a portas fechadas do 8º Congresso do Partido, em março de 1919, Okulov, membro do Conselho Revolucionário da Frente Sul, lembra essa "famosa barca de Tsaritsyn que trabalhava muito para tornar impossível a assimilação dos especialistas militares", enviando-os à morte. Stalin e Vorochilov, que dirigem a Frente Sul ao redor de Tsaritsyn, dispõem de 76 mil soldados, 50 mil baionetas e sabres e mil metralhadoras; o adversário tem apenas 26 mil soldados e 100 metralhadoras; no entanto, seu exército patina e até recua. Vorochilov admite: a Frente Sul teve 60 mil mortos e feridos. Ele compensa essas perdas com ordens do dia inflamadas, como a seguinte:

> Enquanto o Exército Revolucionário da Ucrânia, que está se organizando, atinge os inimigos dos trabalhadores no interior do país, enquanto o Exército Vermelho soviético da Rússia os ataca a partir do norte e o Exército do Norte do Cáucaso nos apoia do sul, nós, soldados do 10º Exército, devemos receber com nossas baionetas o inimigo perdido, derrotado, tomado de um medo mortal que vem do leste [...]. Devemos cavar um grande túmulo para os violadores e os exploradores de todos os trabalhadores, nele enterrá-los e cobri-los de pedras para que não se levantem e nunca mais acordem [...]. Está próximo o dia em que nossas bandeiras vitoriosas, acompanhadas de uma música alegre, avançarão pelos campos do Don, do Kuban e da Ucrânia aos gritos fraternos de saudação com os quais todos os trabalhadores nos acolherão.

A cavalaria cossaca de Krasnov cerca Tsaritsyn. A rota do trigo do sul é cortada. Tsaritsyn cai nas mãos dos Brancos em 18 de setembro. Stalin e Vorochilov sempre reclamam armas suplementares. Em um telegrama de 27 de setembro, eles ameaçam: "Se vocês não atenderem a nossas exigências o mais breve possível, seremos obrigados a interromper as operações militares e a nos retirar para a margem esquerda do Volga!" Moscou se inquieta. Em 5 de outubro, o chefe do estado-maior, Vatsetis (que Stalin mandará fuzilar em 1937) telegrafa a Trotski: "As atividades de Stalin acabam com todos os meus planos." No dia 6, Lenin manda Stalin voltar para Moscou; Trotski vai a Tsaritsyn, reúne os indisciplinados, denuncia a desordem, a desobediência de alguns comandantes de unidades e anuncia o fim desse hábito, que perdurará.

O início de Nestor Makhno

Nesse momento, surge Nestor Makhno no cenário da guerra civil. De todos os chefes dos Exércitos Verdes, somente este miserável filho de pastor, nascido em Gulai-Pole, cidade do sul da Ucrânia, cedo órfão, ele próprio pastor desde os 7 anos, entrou na história e até mesmo na literatura: Serguei Iessienin faz dele um dos personagens principais de seu drama *O país dos canalhas*, sob o nome transparente (invertido!) de Nomakh. Alexis Tolstoi traça um retrato sombrio dele – assim como Trotski, seu inimigo – em *O caminho dos tormentos*.

O poeta bolchevique judeu Bagritski o descreve como um animal selvagem. Seu destino posterior contribuiu para transformá-lo numa figura lendária: único líder de tropas camponesas a conseguir fugir da União Soviética, ele morreu de tuberculose em 1934, esquecido por todos, em um hospital parisiense, e ressurgiu na história décadas mais tarde. A revista russa *Drujba Narodov* [A amizade dos povos] publica, em fevereiro de 2002, um poema intitulado "Gulai-Pole", que celebra Makhno e seus colaboradores, Zadov e Belach. O anarquista russo Volin, seu amigo, esboça outro retrato dele.

> O paradoxal da personalidade de Makhno era que, ao lado de uma força de vontade e de um caráter superior, esse homem não sabia resistir a certas fraquezas e tentações, que compartilhava com vários amigos e colaboradores (às vezes, eram estes que o induziam, mas ele não conseguia se opor energicamente). Seu maior defeito foi certamente o abuso do álcool. Habituou-se pouco a pouco a ele. Em certos períodos, era lamentável. O estado de embriaguez se manifestava principalmente no terreno moral. Fisicamente, ele não vacilava. Mas, sob a influência do álcool, ficava maldoso, superexcitado, injusto, intratável, violento [...], irresponsável por seus atos: perdia o autocontrole. Então, o capricho pessoal, com frequência associado à violência, substituía bruscamente o dever revolucionário; surgia a arbitrariedade, as birras absurdas, as teimosias, os "arremedos ditatoriais" de um chefe armado [...]. O segundo defeito de Makhno e de muitos de seus íntimos – comandantes e outros – era sua atitude com as mulheres. Principalmente quando estavam bêbados, esses homens se permitiam atos inadmissíveis – *odiosos* seria a verdadeira palavra –, que chegavam a certas orgias de que algumas mulheres eram obrigadas a participar.

Nestor Makhno

Esse retrato também vale para o célebre comandante da 1ª Divisão da Cavalaria Vermelha, Semion Budionny, futuro marechal do Exército Vermelho no período de Stalin, e para os chefes do Exército Branco Chkuro e Mai-Maievski, todos eles amantes de bebedeiras e de orgias.

Em julho de 1918, Makhno se choca com a política brutal aplicada simultaneamente pelos exércitos alemão e austríaco, que saqueiam a região sem pudor, pelos *haidamak* do atamã Skoropadski, empossado desde abril, e pelos comandos punitivos dos grandes proprietários, aos quais os ocupantes devolvem as terras tomadas pelos camponeses em 1917. Foi assim que seu irmão mais velho, Emilian, inválido de guerra, foi fuzilado diante dos próprios filhos. A partir de setembro, Makhno constitui um destacamento de uma centena de homens que, vestidos de *haidamak* ou de soldados austríacos, organizam expedições punitivas contra os comandos armados dos grandes proprietários. Ele narra seu primeiro grande confronto, em outubro de 1918, com um comboio militar alemão que sua tropa encontra na ferrovia Sinelnikovo-Alexandrovsk:

A Ucrânia em chamas

Primeiro negociamos com eles. Propusemos que mantivessem para sua autodefesa dez carabinas por escalão e uma ou duas caixas de cartuchos e que depusessem imediatamente todo o resto de suas armas diante de nós. Enquanto negociávamos, reunimos rapidamente todas as locomotivas estacionadas na estação de Novogupalovka para lançá-las ao assalto dos comboios se tivéssemos que fazer uso da força para desarmá-los. Enquanto isso, os sapadores mineiros já estavam em seus postos. Assim, tudo o que era preciso fazer nesses casos, tanto de nosso ponto de vista original de camponeses quanto do ponto de vista da estratégia acadêmica, que nos era desconhecida e às vezes pouco compreensível, foi feito.

O comandante alemão fingiu aceitar nossas condições. Mas quando liberou nossa delegação, os soldados alemães desceram dos vagões e se alinharam. Protestamos vivamente. Depois, começamos um combate mortal. Nossas locomotivas lançadas dos dois lados da via fizeram seu trabalho. O comandante e os soldados alemães pagaram cruelmente o preço de sua hipócrita negociação conosco e de seu acordo hipócrita para depor armas sem combate. Eles fugiram na direção de Alexandrovsk, deixando uma grande quantidade de armas (no campo de batalha e no comboio maior, reduzido a migalhas por nossa primeira locomotiva), assim como milhares de potes de geleias variadas, licores, frutas que a burguesia russa da Crimeia havia dado a esses carrascos da revolução ucraniana, mais todo tipo de calçados, e couro para fazer calçados, tudo isso roubado pelas tropas alemãs nas lojas, nas casas dos camponeses açoitados, presos e fuzilados.

Para que todos os camponeses pudessem ver tudo o que o comboio continha e refletir seriamente de onde as tropas austro-alemãs poderiam ter pegado tudo aquilo, ordenei aos rebeldes de Novogupalovka que convidassem os camponeses a visitar o comboio para examinar seu conteúdo, ver o couro, o açúcar, a geleia, levá-los e distribuí-los à população, profundamente indignada ao ver todas essas riquezas saqueadas, e primeiro aos mais pobres.

Depois, partimos para as corredeiras do Dnieper, lá onde sua velocidade e barulho poderosos sempre despertam um eco na mente daqueles que têm a força de lutar pelos grandes espaços e pela liberdade. Chegando às corredeiras, meu destacamento e eu instalamo-nos em botes e descemos o Dnieper com o auxílio de pilotos camponeses experientes, a fim de sondar o fundo do rio para procurar as metralhadoras dos antigos *haidamak* em uniforme azul, suspeitos de espírito revolucionário pelo atamã e pelo comandante austro-germânico: alguns foram desarmados e outros se dispersaram pela Ucrânia com suas armas, escondendo uma parte delas no rio. Conseguimos localizar as metralhadoras e tiramos cerca de oito da água. Ainda que elas não tivessem mais graxa, estavam em bom estado de funcionamento e prontas para o combate. No Dnieper, camponeses nos trouxeram umas vinte caixas de cartuchos para as carabinas russas e austríacas. Pela primeira vez desde o início de nossa batalha contra os inimigos da revolução e dos trabalhadores, dois rebeldes desonraram nosso destacamento. Sem que ninguém soubesse, impuseram um encargo financeiro de 3 mil rublos para o uso do moinho. Costuraram o dinheiro dentro do *chapka*. Fiquei sabendo disso quando discursava na reunião dos camponeses do vilarejo de Vassilievka. Jamais senti, em toda minha atividade revolucionária, uma dor tão grande quanto naquele dia. O pensamento de que nosso destacamento tinha pessoas que cometiam em segredo atos criminosos inadmissíveis me corroeu por dentro. O destacamento só deixou o vilarejo depois que os culpados foram encontrados e fuzilados ali mesmo, certamente com pesar, mas sem hesitação.

Makhno acrescenta que deseja "extirpar na raiz e aniquilar aqueles que só pensavam em saquear e enriquecer". Não terá muito êxito, pois precisará se ocupar de questões mais urgentes. Os alemães querem que ele pague pelo episódio do comboio. Atacam o distrito de Gulai-Pole e, no dia 15 de novembro, cercam seu destacamento, que deixa em campo cerca de 200 combatentes. Mas a revolução alemã, que derruba a monarquia em 9 de novembro de 1918, atrasa em três ou quatro semanas o exército de ocupação.

O cerco da fome e dos complôs

Para dirigir a guerra civil, o governo cria um órgão político, o Conselho da Defesa, composto por Lenin, Trotski, Krassin, Sverlov e Stalin. Lenin centraliza e controla tudo, Jacob Sverlov, verdadeiro secretário extraoficial do Comitê Central, controla o aparelho do Partido, Nicolai Bukhrin, redator-chefe do *Pravda*, escreve; Trotski organiza e comanda o Exército Vermelho; todos os outros líderes bolcheviques recebem missões em diversas frentes, que Trotski visita com seu trem especial.

A revolução não consegue instaurar imediatamente uma nova ordem no lugar da anterior, que está sendo modificada. A guerra civil, o caos generalizado, a desorganização e a insegurança dos transportes, a falta de mercadorias, o retraimento da indústria, cuja produção pouco oferece para o campo, a constituição do Exército Vermelho, que se apodera cada vez mais da produção industrial em declínio, agravam a ameaça de fome. Os camponeses tomaram a terra, mas não querem dar o trigo de graça ou por um dinheiro que se desvaloriza semana após semana. A crise do abastecimento, causa principal da revolução de fevereiro, agrava-se ao longo dos meses e obriga os bolcheviques a organizar destacamentos de operários e de soldados vermelhos para requisitar os "excedentes" da produção dos camponeses, isto é, o que lhes resta depois de satisfeitas suas necessidades de consumo diário e guardados os grãos para as próximas semeaduras.

Em 29 de maio, Lenin mandara Stalin e Chliapnikov preparar o caminho para o abastecimento proveniente do sul: Tsaritsyn, sede do estado-maior do 10º Exército, era submetida à pressão dos cossacos revoltados. Enquanto isso, 15 mil soldados dos 3º e 5º Exércitos ucranianos soviéticos, comandados por Vorochilov – companheiro de Stalin, futuro Comissário do Povo para a Defesa e futuro marechal da União Soviética –, eram atacados pelas tropas alemãs que invadiam a Ucrânia. Esses dois exércitos, formados principalmente por mineiros e metalúrgicos russófonos, dirigem-se a Tsaritsyn.

Desde o inverno europeu de 1917-1918, a fome espreita as cidades. No final de abril, a população de Novgorod, faminta, revolta-se e ataca o Soviete, que proclama estado de sítio. Trotski, que dirige há algumas semanas a comissão de abastecimento, cita alguns telegramas recebidos em Moscou. No dia 21 de maio, de Pavlov-Possad: "A população está faminta, não há pão, não se sabe onde encontrar." No dia 31, da província de Nijni Novgorod: "30% dos operários faltam ao trabalho por causa da fome"; de Serguei-Possad: "Deem-nos pão, senão morreremos"; de Briansk, 30 de maio: "Nas fábricas de Maltsevo e de Briansk, a mortalidade é enorme, sobretudo entre as crianças; o tifo provocado pela fome está devastando o distrito." Em 2 de junho, de Klin: "Klin está há duas semanas sem uma migalha de pão." No dia 3, de Dorogobuj: "Grande fome e epidemias maciças".

No dia 9 de junho de 1918, Trotski declara: "Uma única preocupação, uma única ansiedade domina neste momento todos nossos pensamentos, todos nossos ideais: como sobreviver amanhã." Ele insiste nesse discurso angustiado: "É a ruína e não há pão. [...] A fome bate às portas de muitas cidades, vilarejos, usinas e fábricas." Ela provoca o descontentamento dos cidadãos que ontem votavam nos bolcheviques e dos camponeses cujo trigo o governo quer tomar sem quase nada a oferecer em troca. O *slogan* "Sovietes sem comunistas" é utilizado pelos habitantes do porto de Murmansk, no norte do país. Em Blesk, perto de Smolensk, no Dnieper, a população, faminta, rebela-se e fuzila todo o soviete da cidade.

O comissário bolchevique Iakovlev e a família imperial

Em agosto de 1917, o governo provisório enviou a família imperial a Tobolsk, depois dos Urais. Em abril de 1918, o Conselho dos Comissários

O cerco da fome e dos complôs

do Povo decide sua transferência para Ekaterinburgo, muito mais perto de Moscou, e confia essa missão ao comissário bolchevique Iakovlev. A chegada do trem com a família imperial a Ekaterinburgo, no dia 30 de abril, provoca comoção na cidade e um início de confronto entre os bolcheviques. Iakovlev, que comanda o trem, conta:

> O trem chegou à estação na plataforma n. 5. Quando nos viram, as pessoas reunidas na plataforma exigiram que tirássemos Nicolau do trem e o apresentássemos. Houve um grande tumulto e ecoaram gritos ameaçadores por todos os lados: "Temos que estrangulá-los! Estão finalmente em nossas mãos!" Os guardas da plataforma pouco resistiam à pressão do povo, e uma multidão tumultuada avançava para meu comboio. Dispus imediatamente meu destacamento em torno do trem e coloquei as metralhadoras em bateria. Para meu grande espanto, o comissário da estação liderava a multidão. De longe, ele gritou: "Iakovlev! Tire os Romanov do vagão! Deixe-me cuspir na cara deles!"
>
> A situação estava ficando extremamente perigosa. A multidão continuava empurrando e se aproximava cada vez mais do trem. Eu precisava tomar medidas urgentes. Gritei: "Armem as metralhadoras!" Minha ordem causou efeito. A multidão recuou, me ameaçando aos gritos. O mesmo comissário da estação gritou com uma voz histérica: "Não temos medo das tuas metralhadoras! Temos canhões prontos contra ti! Olhe a plataforma!"
>
> Olhei na direção que ele me indicava e vi, de fato, uma agitação em torno de bocas de canhão. Ao final de alguns minutos, já estávamos separados da multidão enlouquecida por uma parede de vagões. Choveram gritos e insultos sobre o maquinista do trem de mercadorias; enquanto a multidão corria em nossa direção pelo engate do trem, como já tínhamos uma locomotiva acoplada, pudemos nos afastar e desaparecemos nas inúmeras vias da estação de Ekaterinburgo; um quarto de hora depois, estacionávamos com toda segurança na estação de Ekaterinburgo-2, no extremo da cidade.

A história posterior desse bolchevique defensor da segurança do czar ilustra o desenrolar caótico de inúmeros destinos individuais coagidos pela guerra civil. Mesmo sem nenhuma experiência militar, nem como soldado (como a maioria), Trotski o nomeia, em 14 de maio, comandante da frente de Samara-Orenburg. No dia 17, um destacamento de marinheiros anarquistas maximalistas derruba o soviete de Samara. Iakovlev debela a insurreição, desarma os marinheiros e os envia a Moscou, que sedia o governo desde 11 de março. Em

16 de junho, é destituído de sua função. Moscou forma uma frente oriental mais ampla e, para liderá-la, Lenin nomeia o SR de esquerda Muraviev, que logo vai se revoltar e trair. Em seguida, Lenin designa como comandante do exército um ex-general czarista, Makhin, que passa para o lado dos Brancos cinco dias depois. Moscou o substitui por outro ex-general czarista, Kharchenko, do qual Iakovlev é nomeado comissário político. Kharchenko fica dois dias no posto, passa para o lado dos Brancos na noite de 4 de julho e permite que tomem Ufá, a capital da Bachkíria, no sul dos Urais, no dia seguinte. De 82 ex-generais czaristas que se tornaram comandantes no Exército Vermelho, apenas cinco traíram os Vermelhos. Iakovlev teve a má sorte de ser subordinado a três deles em dois meses. Desencorajado, renuncia a suas funções militares.

Algumas semanas mais tarde, ele se encontra em Ufá, capital do governo russo provisório, constituído pelos SR de direita que desejavam transferir o poder para a Assembleia Constituinte. De lá, envia uma carta aberta "aos soldados do Exército Vermelho". Desejava lançar-lhes um apelo: "Chega de sangue, de sangue derramado em vão, sem o menor sentido para nós, a luta é vã, inútil." Mas, acrescenta, impossível expressar essa ideia sem cair imediatamente nas mãos dos chequistas, ser enviado "para a prisão e receber a recompensa suprema do socialismo: a execução". Ele conclui: "Uma assustadora guerra civil está ocorrendo, a vida humana não vale mais nada, e não há na Rússia um único cidadão livre seguro do dia seguinte." Iakovlev reaparece na China, em 1920, onde, com seu verdadeiro nome – Stoianovitch –, participa da construção do Partido Comunista chinês, antes de ser preso pela polícia inglesa e expulso para a URSS, onde cairá nas mãos de Stalin em 1928. Morrerá no Gulag em 1938.

O plano de Savinkov

O general Denikin comandou, de março de 1918 a março de 1920, o Exército Voluntário do sul da Rússia, cujas operações se desenrolam essencialmente na Ucrânia, sobretudo nas regiões cossacas do Don e do Kuban. Em suas memórias, ele evoca as diversas fases das intervenções estrangeiras que ele solicitou e encorajou, os levantes antibolcheviques, os planos de desmembramento da Rússia (no sul da Rússia, por exemplo, toda a margem

O cerco da fome e dos complôs

direita do Dnieper para a França, toda a margem esquerda até o Cáspio, com o petróleo de Bacu, para a Inglaterra).

O ex-assistente de Kerensky, Boris Savinkov, elaborou um plano insurrecional ambicioso:

> O plano definitivo da insurreição foi elaborado no mês de junho de 1918. Em Moscou, previa-se matar Lenin e Trotski e, para isso, organizou-se uma vigilância [...]. Paralelamente à eliminação de Lenin e de Trotski, devíamos provocar um levante em Rybinsk e Iaroslavl para separar Moscou de Arkhangelsk, onde ocorreria um desembarque. Conforme esse plano, os Aliados, depois de desembarcar, podiam ocupar Vologda sem dificuldade e, com Iaroslavl em nossas mãos, ameaçar Moscou. Além de Rybinsk e Iaroslavl, precisávamos tomar Murom (província de Vladimir), onde se encontrava o quartel-general bolchevique e, se possível, Vladimir, a leste de Moscou, e Kazan, ao sul, onde também estava prevista uma insurreição. Esperávamos, assim, cercar a capital com as cidades rebeladas e, com o apoio dos Aliados ao norte e dos tchecoslovacos, que acabavam de tomar Samara, no Volga, deixar os bolcheviques numa situação difícil.

Boris Savinkov

Os bolcheviques, que dispunham no máximo de 20 mil homens no Exército Vermelho, teriam ficado cercados, mas esse plano não foi até o fim. Contudo, a situação dos bolcheviques parecia desesperadora naquele verão europeu de 1918: formou-se um governo russo do Extremo Oriente liderado pelo príncipe Lvov, ex-presidente do governo provisório, em Pequim, no dia 8 de março. No início de abril, tropas japonesas, formadas por 50 mil homens, desembarcam em Vladivostok, capital do Extremo Oriente russo, e ocupam a cidade no dia 6.

Espalhados em milhares de quilômetros, devido ao estado lamentável das linhas férreas soviéticas e ao desejo do governo de não concentrar demais tropas instáveis, entre 35 e 40 mil soldados tchecoslovacos do exército austríaco, feitos prisioneiros pelo czar, evacuados para o leste e instalados ao longo do transiberiano, dos Urais até Vladivostok, são cortejados pelos adversários dos bolcheviques. Os Aliados desejavam transferi-los para a Europa, contra os alemães; como o exército alemão ocupava todo o território, do Mediterrâneo ao mar Báltico, eles deveriam ser repatriados pela Sibéria e embarcar em Vladivostok. Mas a cidade estava ocupada pelos japoneses, prejudicando esse reembarque. Desconfiado, Trotski ordena que eles conservem apenas o armamento necessário "em cada comboio para o serviço de guarda". Ficam com muito mais e, no dia 25 de maio, após um choque com o soviete local, eles tomam Cheliabinsk; no dia 29, Penza e, em 30, Syzran. O Exército Vermelho em gestação não é páreo para esses soldados aguerridos.

A insurreição dos legionários tchecoslovacos

Os Estados Unidos declaram guerra à Alemanha e anunciam o desembarque de regimentos americanos na França. O estado-maior francês se desinteressa pela repatriação dos tchecoslovacos; então, os adversários dos bolcheviques decidem utilizá-los no interior do país contra o Exército Vermelho. O governo soviético propõe aos Aliados o reembarque por Arkhangelsk, mas os ingleses afirmam não ter barcos suficientes. No dia 29, Trotski ordena "desarmar imediata e completamente todos os tchecoslovacos e fuzilar na hora aqueles que se opuserem às medidas tomadas pelo poder soviético". No dia 8 de junho, eles tomam Samara, onde instalam um governo SR de direita, e cercam Omsk, na Sibéria. Denikin enfatiza o papel decisivo que tiveram:

O cerco da fome e dos complôs

Para além do Volga, nos Urais e na Sibéria, a luta contra o poder soviético se desenvolveu à altura dos imensos espaços do leste. Foi o levante dos tchecoslovacos que deu o principal impulso. O papel desempenhado no início pelo corpo de tropas tchecoslovacas de 30 a 40 mil homens no plano militar e estratégico ilustra concretamente a total impotência do governo soviético na primavera e no verão europeu de 1918, e a facilidade que teria sido derrubá-lo se as forças antibolcheviques tivessem sido utilizadas de modo adequado.

Se isso não aconteceu, a responsabilidade histórica da prolongação dessa experiência sangrenta cabe não somente à política sem princípios e sem visão dos alemães e da Entente, mas também, e em maior grau, à consciência dos líderes russos antibolcheviques. As divergências sociais, de classe e até mesmo tribais, aprofundadas e agravadas pela revolução, lançaram imediatamente um espesso nevoeiro sobre a ideia nacional russa, que havia começado a despertar.

Os SR de direita organizam um levante em Tambov no dia 17 de junho e outro em Ekaterinburgo, no dia 20. Nesse mesmo dia, um deles abate o agitador bolchevique Volodarsky em Petrogrado. Na véspera, os bolcheviques ucranianos tinham sabotado a frota russa do mar Negro para evitar que caísse nas mãos do exército alemão. A leste, um destacamento tcheco entra em Vladivostok. No dia 1º de julho, uma esquadra franco-inglesa desembarca um primeiro contingente de soldados no norte, em Murmansk. No sul, o exército do Don é reforçado com o apoio do exército alemão. Krasnov, que sempre fala de si mesmo na terceira pessoa, conta:

No dia 27 de junho, o major Kokenhausen, encarregado oficialmente das relações com o atamã do Don, chegou a Rostov do Don. As relações tiveram um aspecto puramente prático. O câmbio do marco alemão foi fixado em 75 copeques do rublo do Don; nós estabelecemos uma tarifa que avaliava o um fuzil russo com 30 cartuchos ao preço de um *poud** (16,5 kg) de trigo ou de centeio, assinamos um contrato para a entrega de aeroplanos, canhões, fuzis, obuses de cartuchos etc., e chegamos ao seguinte acordo: em caso de ações conjuntas das tropas alemãs e do exército do Don, os alemães dariam gratuitamente a metade do butim ao exército do Don, e estabelecemos um plano de ação na região de Bataisk. Por fim, os alemães, ao preço de muitas perdas, repeliram a tentativa desvairada dos bolcheviques de efetuar um desembarque na península de Taganrog e ocupar a própria cidade. Os alemães estavam reticentes em combater os bolcheviques, mas quando a situação militar o exigia, eles agiam de modo muito decidido e as

---

* N.T.: Medida de peso utilizada no Império Russo.

pessoas do Don podiam ficar muito tranquilas quanto à zona ocupada pelas tropas alemãs. Toda a fronteira ocidental com a Ucrânia, de Kantemirovka até o mar de Azov, ou seja, mais de quinhentos quilômetros, estava totalmente segura e o governo do Don não mantinha lá nenhum soldado.

Krasnov enumera as entregas alemãs a seu exército: 11.651 fuzis, 46 canhões, 99 metralhadoras, 109.104 obuses e 11.594.721 cartuchos; ele cede um terço dos obuses e um quarto dos cartuchos ao Exército Voluntário, cujos chefes, partidários dos Aliados, recriminavam Krasnov por seus vínculos estreitos com o estado-maior alemão, mas não recusavam as munições fornecidas pelos alemães. Krasnov pagará mais tarde os favores prestados por Berlim. Durante a Segunda Guerra Mundial, ele colabora com os nazistas e constitui uma divisão cossaca da Wehrmacht. Capturado, é enforcado em Moscou em 1947, juntamente com o general colaborador Vlassov.

Na noite de 2 de julho, os homens de Savinkov se rebelam em Iaroslavl, abatem o comissário das tropas Nahimson, o presidente do soviete da cidade Zakheim e uma dúzia de outros dirigentes do soviete. Em 5 de julho, os legionários tchecos tomam Ufá, abandonada dois dias antes pelos soldados vermelhos. Nuvens negras pairam sobre o governo dos comissários do povo.

A insurreição dos SR de esquerda (6-7 de julho de 1918)

No dia 6 de julho, quando o sol nasce em Moscou, tudo parece tranquilo. Às 14h30, dois SR de esquerda, membros da Checa, Jacob Blumkin e Nicolai Andreiev, penetram na embaixada alemã, abatem o embaixador Von Mirbach e fogem. Esse assassinato marca uma das mais estranhas insurreições da guerra civil. Os SR de esquerda, que reuniram alguns regimentos fiéis no centro de Moscou, ocupam a Lubianka, sede da Checa, prendem seu presidente Dzerjinski, seu assessor Latsis, o presidente do soviete de Moscou, Smidovitch, e os colocam no porão da Lubianka. Os dois líderes da insurreição, Alexandrovitch, vice-presidente da Checa, e Prochian vice-presidente da Checa, e Prochian, membro do Conselho Militar Supremo da República, ordenam às suas tropas que se dirijam para o Kremlin.

Os líderes bolcheviques convocam Vatsetis, comandante da divisão letã, dizendo-lhe que contam, "acima de tudo, com os regimentos da divisão letã; os outros não são muito seguros". Mas no dia 6 de julho se comemora "Ivan Kupala", antiga festa do solstício de verão entre os eslavos orientais, e quase todos os atiradores letões haviam ido festejar nas tradicionais quermesses populares da periferia. As casernas ficaram desertas. Vatsetis só consegue juntar míseros 700 homens (contra 1.500 soldados SR) e 4 canhões.

A escassez desses efetivos impede um contra-ataque durante a noite. Os SR de esquerda ocupam os correios centrais, de onde divulgam seus apelos para todo o país por telefone. O regimento da guarnição de Moscou, chamado "Pokrovski", passa então para o lado dos SR de esquerda. Vatsetis julga a situação "perigosa":

> Não tínhamos tropas à nossa disposição. À noite, a situação tinha evoluído de modo muito favorável aos SR de esquerda, e, se tivessem atacado o Kremlin, não teríamos conseguido impedi-los. Para enfrentar essa eventualidade, a sede do governo foi transferida para as casernas da artilharia, em Khodynka. Essa precaução era plenamente justificada, pois não tínhamos tropas para contra-atacar. Não tínhamos muitas esperanças na combatividade do 9º Regimento letão, que guardava o Kremlin e não parecia muito apto a defendê-lo com afinco.

À noite, um pouco mais tarde, um novo regimento passa para o lado dos SR de esquerda, que, depois dessa dupla adesão, dispõem de cerca de 2.500 homens, 8 canhões, 4 veículos blindados e aproximadamente 60 metralhadoras. Uma guarnição de mais de 20 mil homens está concentrada perto do campo de Khodynka. Os SR mandam para lá seus agitadores para denunciar os bolcheviques que assinaram o Tratado de Brest-Litovsk. Após ouvi-los, a guarnição se declara neutra. Pouco depois, um destacamento de SR toma o telégrafo central, a partir do qual Prochian inunda as cidades do interior com apelos para revogar esse tratado e declarar guerra à Alemanha. Vatsetis envia duas magras companhias de atiradores letões para retomar o telégrafo; os SR facilmente as capturam, desarmam e levam ao seu QG, mantendo lá alguns reféns e mandando outros para o Kremlin.

No início da madrugada, os atiradores letões que voltaram das quermesses nos arredores da cidade ocupam vários pontos estratégicos: "Os chefes dos SR de esquerda", ressalta Vatsetis, "tinham deixado passar o momento decisivo e não podiam mais vencer na cidade sem fazer muitas vítimas, pois agora estávamos prontos para responder". Os SR de esquerda perderam a ocasião de tomar o Kremlin e o poder, que, na realidade, eles não querem. O apelo de seu comitê central "a todos os operários e soldados vermelhos", divulgado em 6 de julho e reivindicando o assassinato de Mirbach, com sua violenta imprecisão, demonstra isso.

> No dia e hora em que se assinava definitivamente a condenação à morte dos trabalhadores, no momento em que se presenteavam os grandes proprietários e os capitalistas alemães com o ouro, as florestas e todas as riquezas do povo trabalhador, quando a corda se fechava definitivamente no pescoço do proletariado e dos camponeses, o carrasco Mirbach foi morto [...].
> "Todos firmes para defender a revolução!
> Todos firmes contra os vorazes imperialistas internacionais [...].
> Vamos derrubar o imperialismo alemão, que nos deixa à míngua [...].
> Morte aos imperialistas!
> Viva a revolução socialista mundial!"

Os SR de esquerda desejam apenas forçar o governo bolchevique a relançar a guerra contra a Alemanha. Em um apelo aos 2º e 3º Regimentos letões, seu comitê central declara que "Mirbach foi assassinado apenas para impedir a conquista futura da Rússia trabalhadora pelo capital alemão".

Extremamente confusos, os combates recomeçam na manhã de 7 de julho. Vatsetis salienta:

> Não era fácil distinguir os nossos e os adversários, pois os soldados dos dois campos usavam os uniformes do antigo exército [czarista]. [...] Na manhã de 7 de julho, um nevoeiro espesso recobria a cidade com uma cortina cinza impenetrável. Só se viam 15 ou 20 metros à frente e era totalmente impossível distinguir amigos e inimigos.

Pouco a pouco, o nevoeiro se dissipa e, às 9 horas, a contraofensiva começa. Trava-se então uma batalha de rua. Os SR ergueram barricadas, cavaram trincheiras e se postaram nos telhados, de onde metralham o 1º Regimento letão, que acaba dizimado. Os bolcheviques pretendem utilizar na batalha o 3º Regimento de atiradores letões, que está voltando do Cáucaso Norte, onde combateram Kornilov e suas tropas ao lado dos marinheiros agora alinhados aos SR de esquerda, convencidos por sua propaganda. Esse regimento inconstante fica de reserva.

Às 11h30, o comandante da divisão de artilharia, o letão Berzin, ordena abrir fogo sobre o QG dos SR de esquerda, que fogem, seguidos por suas tropas. O 1º Regimento letão ocupa a sede da Checa e liberta Dzerjinski, Latsis e Smidovitch do porão onde estavam. O Kremlin ordena que se persigam as tropas SR em fuga. Os soldados se recusam e se declaram "muito cansados". Depois de longas negociações, gritos e ameaças verbais, o comandante do 9º Regimento de atiradores letões estacionado no Kremlin concorda – tarde demais – em fornecer uma vintena de atiradores para perseguir, em vão, os SR que fugiram.

No dia seguinte, o partido dos SR de esquerda, cujos representantes no congresso dos sovietes foram presos, é dissolvido; 13 líderes da insurreição são fuzilados. Uma parte dos SR de esquerda vai para a clandestinidade, a outra adere ao Partido Bolchevique. Jacob Blumkin, o autor do atentado, tem um destino movimentado e trágico. Mais tarde, ele tenta matar o atamã ucraniano Skoropadski e, depois, o almirante Kolchak, líder do Exército Branco da Sibéria. Fracassa e adere ao Partido Bolchevique, que o envia à Pérsia para ajudar na formação do Partido Comunista. Parte para o Tibete, disfarçado de monge budista, dirige os serviços soviéticos de informações na Mongólia e, posteriormente, no Oriente Médio. Amigo pessoal do poeta Serguei Iessienin, simpatiza com a oposição de esquerda. Em 1929, ao passar por Constantinopla retornando de uma missão, ele visita Trotski e aceita levar uma carta aos seus oponentes. Sua amante, agente do GPU, o denuncia, ele é preso e fuzilado.

A onda tchecoslovaca

Em 8 de julho, os legionários tchecos tomam Zlatoust, nos Urais. No dia 11, o coronel Muraviev chega de barco em Simbirsk, cidade natal de Lenin, no Volga. Informado da insurreição dos SR de esquerda em Moscou, ele, que também vê no Tratado de Brest-Litovsk uma traição, tenta provocar uma insurreição na cidade. Quer atacar as tropas alemãs para relançar a guerra. No mesmo dia, os homens de Savinkov preparam um levante em Murom, Rostov do Don e Rybinsk e, três dias depois, em Nijni Novgorod. Jovem oficial que aderiu ao regime, o futuro marechal Tukhachevsky se encontra em Simbirsk junto a Muraviev. A insurreição quase lhe custa a vida.

Mikhail Tukhachevsky

Muraviev me convocou para o relatório, mas mal cheguei à plataforma e fui preso. Com olhos loucos brilhantes, ele declarou: "Levanto o estandarte da insurreição, faço a paz com os tchecoslovacos e declaro guerra à Alemanha." A insurreição fanfarrona de Muraviev começou desse modo brutal e inesperado. Ele havia recrutado mediante intimidação os soldados vermelhos que o acompanhavam. Embrutecidos, não compreendiam nada de nada e o seguiam, considerando-o um velho "chefe de guerra soviético". A divisão blindada estacionada em Simbirsk passou para o lado de Muraviev de modo igualmente irrefletido.

Assim que Muraviev tentou tomar o soviete de assalto, os soldados do Exército Vermelho quiseram me fuzilar sem demora. Ficaram muito surpresos quando, ao ser perguntado por que eu tinha sido preso, respondi: "Porque sou um bolchevique." Estupefatos, eles retrucaram: "Mas nós também somos bolcheviques!" Começamos a conversar. Falei da insurreição dos SR de esquerda em Moscou e lhes expliquei a traição de Muraviev. Os soldados que tinham ficado ali escolheram imediatamente uma delegação e a enviaram à divisão blindada para discutir sobre isso.

O bolchevique Vareikis mandou imprimir, às pressas, convocações para os soldados e enviou agitadores entre eles para denunciar Muraviev.

> Enquanto isso, Vareikis e Muraviev discutiam asperamente na sala de reunião do Comitê Executivo Provincial dos sovietes. No fim, furioso com a recusa de Vareikis de lhe passar o poder, Muraviev socou fortemente a mesa e gritou: "Pois bem, vou discutir com você de outra maneira então" e se dirigiu para a porta. Na soleira, um grupo de soldados o segurou e decretou sua prisão. Ele gritou "Traição!", desembainhou sua Mauser e atirou, mas foi morto imediatamente (segundo alguns, ele se suicidou com o último cartucho).
>
> Essa traição, de desfecho tão rápido quanto feliz, causou muito mal no exército. Muraviev havia enviado telegramas a todas as unidades, anunciado a conclusão da paz com os tchecoslovacos, a retomada da guerra contra a Alemanha etc. Algumas horas após a sua morte, essas mesmas unidades receberam telegramas informando-as da traição de Muraviev, de sua execução etc. Essas notícias causaram uma impressão colossal em unidades que ainda estavam se formando. Revelou-se a possibilidade assustadora de uma traição, assim como a desconfiança entre as unidades, entre os soldados vermelhos e o comandante, etc. Os SR, os mencheviques e os soldados brancos reforçaram mais ainda esse estado de espírito. Circulavam sem parar boatos mentirosos sobre manobras de flanco, traições [...]. Algumas tropas começaram a recuar, mesmo sem combate.

As tropas tchecas se aproximam de Ekaterinburgo, onde a família imperial está confinada. Os bolcheviques decidem não deixá-la cair nas mãos dos Brancos, que a usariam como bandeira para reunir suas fileiras divididas. No dia 16 de julho, eles mandam matar toda a família imperial, inclusive o *tsarévitche*. Trotski comentará isso 17 anos depois:

> A ferocidade dessa justiça sumária mostrava a todos que travaríamos a luta impiedosamente, sem que nada nos detivesse. A execução da família imperial era necessária não somente para assustar, assombrar, privar o inimigo de esperança, mas também para sacudir os nossos, mostrar-lhes que não havia volta possível, que a saída era a vitória total ou o fracasso total.

Nove dias depois, em 25 de julho, os legionários tchecos tomam Ekaterinburgo. No mesmo momento, Boris Savinkov, que participara de complôs em geral fracassados, alista-se como simples soldado no regimento do oficial branco Kappel: "Nós atacávamos as linhas férreas e as explodíamos, derrubávamos postes telegráficos, fuzilávamos bolcheviques isolados, combatíamos contra pequenas unidades vermelhas." Um dia, seu destacamento percebe numa linha férrea um trem blindado parado, cujos ocupantes faziam uma manifestação do lado de fora:

> Percebíamos oradores que gesticulavam e ouvíamos hurras! Abrimos fogo com nossas metralhadoras; depois de alguns minutos, toda a margem estava cheia de corpos humanos e o trem blindado saiu em marcha a ré em direção a seu ponto de partida. Ele atirava em nós e nossos canhões respondiam, até que um dos canhões pegou fogo e o trem, cercado de chamas e de fumaça, desapareceu numa curva da estrada.

O círculo

Destacamentos franco-ingleses desembarcam em Murmansk, ao norte, e instalam um governo autônomo dirigido pelo ex-SR Tchaikovsky. Em agosto, os turcos e os ingleses ocupam o Azerbaijão. Os mencheviques recebem os alemães na Geórgia, que eles dominam. Os legionários tchecos tomam Simbirsk em 22 de julho de 1918. Kazan, a leste de Moscou, é ameaçada. O Kremlin envia para lá três homens, entre os quais o futuro comissário para as finanças Rosengoltz, condenado à morte no terceiro processo de Moscou de março de 1938. Assim que chegam à cidade, conta Rosengoltz, "ela é capturada pelo adversário de um modo totalmente inesperado", em 6 de agosto, o que perturba enormemente o governo soviético. A cidade cai como um fruto maduro: os tchecoslovacos sobem o rio de Simbirsk a Kazan em barcos a vapor e ocupam a cidade em algumas horas, sem encontrar a menor resistência. A estrada de Moscou está aberta para eles. A Rússia soviética fica então reduzida ao antigo reino de Moscóvia, em torno de Petrogrado e Moscou. Larissa Reisner, apelidada de "a Palas da Revolução", faz um relato trágico daqueles dias:

> No dia 6 de agosto, regimentos inteiros, recém-formados, fugiram de Kazan. Os melhores soldados – aqueles com alguma consciência – pararam em Sviajsk, decidiram ficar ali e combater. Enquanto as hordas de desertores já alcançavam Nijni Novgorod, a barreira formada em Sviajsk con-

seguia impedir o avanço dos tchecoslovacos; seu general Blagotitch, que tentava tomar a ponte da linha férrea que atravessa o Volga, encontrou a morte durante o assalto noturno [...].

No terceiro ou quarto dia após a queda de Kazan, Trotski chegou a Sviajsk. Seu trem ficou bastante tempo estacionado na pequena estação. Desengancharam a locomotiva, que estava rateando; foram reabastecê-la de água e ela não voltou mais. A fileira de vagões ficou ali, tão imóvel quanto as choupanas e as cabanas cobertas de lama onde se instalou o estado-maior do 5º Exército. Trotski afirmou tranquilamente que era impossível deixar Sviajsk: não havia nenhuma retaguarda [...].

Rosengoltz, nomeado membro do Comitê Militar Revolucionário do 5º Exército, dirige-se a pé a Sviajsk, onde encontra uma "tropa constituída de grupos, destacamentos diversos, pouco instruídos, muito pouco ligados entre si e com uma coesão muito tênue, que parecia tudo, menos um exército organizado. Alguns grupos se chamavam seções, destacamentos, batalhões etc. Mas não havia nem brigada, nem divisão, nem o menor regimento organizado [...]. Os comunistas começaram a vir para o 5º Exército. Petrogrado nos deu uma ajuda particularmente preciosa: os comitês executivos dos distritos de Vyborg e de Novoderevenski vieram quase inteiros e, com eles, operários membros do Partido desde sua criação".

O exército popular antibolchevique de Ijevsk

No dia seguinte, 7 de agosto, eclode uma insurreição nos Urais, na cidade de Ijevsk, que tem uma meia dúzia de fundições e de metalúrgicas e constitui um importante centro de fabricação de armas, sobretudo canhões. Nesse dia, uma manifestação de ex-soldados, suboficiais e oficiais do *front* se transforma em levante. Os manifestantes atacam o depósito de armas e munições, desarmam os guardas e o tomam. Os oficiais lançam os manifestantes formados em pelotões ao assalto da cidade alta, onde se encontra o soviete local, bolchevique. Após uma trégua, logo rompida, destacamentos de revoltosos atravessam o rio no início da madrugada e atacam a última praça forte onde está instalado o comitê revolucionário, que, inferior numericamente, evade-se carregando o cofre.

O novo poder se organiza, constitui uma delegação de deputados da Assembleia Constituinte e lhes entrega em princípio o poder político. Ele reduz o soviete de órgão de poder a uma mera organização representativa da classe operária, de tipo sindical e não mais político, forma um exército que logo tem 5 mil soldados e depois decreta a mobilização geral de todos os homens de 18 a 45 anos, excluídos "os soldados do Exército Vermelho e os indivíduos que pertenceram às milícias dos bolcheviques, dos maximalistas e dos anarquistas". Estes são proibidos de se alistar sob pena de serem conduzidos a um tribunal militar.

A mobilização forma um "exército popular" de 25 mil homens, força considerável naqueles tempos de caos, que passa à ofensiva. Na manhã de 21 de agosto, às 7h30, o exército popular se aproxima da cidade de Votkinsk. Após troca de tiros de metralhadora durante três horas, os Vermelhos abandonam a cidade. O exército popular recruta 5 mil novos soldados, ocupa, sem grande resistência, as vilas vizinhas ao longo do rio Kama e se dirige para o sul. Na manhã de 31 de agosto, toma a cidade de Sarapul, de 20 mil habitantes. Um de seus chefes descreve essa tomada:

> Nossas tropas enviaram algumas patrulhas de cavalaria, que eliminaram as barreiras formadas por alguns indivíduos armados e cercaram a cidade; depois, entraram pelas diversas ruas sem encontrar nenhuma resistência. Somente ao se aproximar do soviete, de onde vinham alguns tiros desordenados, elas se prepararam para o combate.
>
> Um grupo de cavaleiros foi avisar o comandante que havia resistência, e ele nos ordenou tomar imediatamente o soviete. A unidade instalada diante do soviete, ao receber essa ordem, recém-reforçada por uma unidade de reserva, lançou-se ao assalto, gritando "hurra!" e penetrou no prédio do soviete, logo desarmando seus atiradores. Essa única resistência foi vencida imediatamente, sem nenhuma vítima.

O exército popular entra, então, na cidade, com a banda militar. "O entusiasmo da população era indescritível. Gritavam 'Hurra!', benziam-se, choravam e nos lançavam flores."

Mais uma vez, o comandante recruta toda a população masculina da cidade e dos arredores, de 18 a 45 anos. No início de setembro, esse exército popular conta com mais de 50 mil infantes e cavaleiros, um pouco mais de 100 canhões e de 700 metralhadoras. Portanto, é uma força assustadora, mas seus líderes cometem um duplo erro: restabelecem as patentes e a saudação militar, igualmente odiadas pelos soldados, e permitem que hordas de oficiais

O cerco da fome e dos complôs

se instalem nos serviços de intendência e nos escritórios da retaguarda. A insatisfação contra os que se escondem assim, qualificada pelos chefes dos insurgidos de "contágio bolchevique", logo ganha o exército. O comandante em chefe Feditchkine tenta resolver a situação, reservando as funções da retaguarda aos inválidos e enviando os oficiais saudáveis para o *front*. Em seguida, tenta tomar o poder, mas os SR o forçam a renunciar. Seu sucessor, o capitão Yuriev, esbraveja para restabelecer a ordem e o moral vacilante das tropas:

> Extirpei a traição e a provocação das fileiras do exército. Introduzirei no exército uma disciplina de ferro. Todos os traidores e provocadores tremerão ao ouvir meu nome. Os bolcheviques e os bandidos amarelos-vermelhos não deverão esperar nenhuma piedade de mim.

Essa declaração viril é, na realidade, o começo do fim...

Os SR de direita formam em Samara, em julho de 1918, um governo provisório antibolchevique intitulado "Komuch" (Comitê dos Membros da Assembleia Constituinte); o menchevique Ivan Maisky, futuro embaixador de Stalin na Grã-Bretanha antes e durante a Segunda Guerra Mundial, aceita o posto de ministro do Trabalho desse governo. O comitê central menchevique, favorável à neutralidade entre as partes em luta, o exclui de suas fileiras; Maisky lhe envia, em 7 de novembro de 1918, uma carta em que exige uma luta decisiva "contra o bolchevismo" e "contra o poder soviético". A conferência nacional menchevique de dezembro de 1918 o expulsa do Partido. Em outubro de 1920, Maisky transformará essa expulsão em uma imaginária ruptura voluntária e aderirá ao Partido Bolchevique.

Em sua carta de outubro de 1918, ele rejeita a "neutralidade" entre os dois campos, adotada pela direção menchevique:

> Totalmente impensável em uma situação em que a guerra civil está por toda parte [...]. Os mencheviques consideraram desde o início "que nossa revolução não era uma revolução socialista [...] mas democrático-burguesa" [...] desde o primeiro dia, nós nos instalamos na plataforma da democracia e não da "ditadura do proletariado" [...]. O partido deve [...] de modo claro se colocar ao lado do movimento antissoviético [...]: travar uma luta decisiva contra o bolchevismo, preparar e organizar insurreições populares contra o poder soviético, apoiar ativamente os tchecoslovacos e o Komuch, participar da construção de um Estado democrático, continuar a guerra contra a Alemanha em contato estreito com os Aliados.

A "Batalha de Valmy" da Revolução Russa?

Enquanto isso, em Sviajsk, a situação está por um fio. "Em uma manhã", conta Larissa Reisner, "chegaram a Sviajsk torpedeiros estreitos, ágeis, rápidos, vindos do mar Báltico. Sua chegada foi uma sensação. O exército se sentia defendido do lado do rio. Ocorreram duelos de artilharia no Volga, três ou quatro vezes por dia. Nossa flotilha descia a corrente sob o fogo das baterias abrigadas na margem; o marinheiro Markin, um dos fundadores da frota vermelha e um de seus heróis, coroou essas incursões com um ataque incrivelmente ousado. Em seu pesado rebocador blindado, ele se deixou deslizar até o cais de Kazan, abordou, dispersou os artilheiros com metralhadoras e repartiu após retirar as pederneiras de alguns canhões."

Nesse momento, os três principais líderes brancos dessa região, Savinkov, Kappel e Fortunatov, liderando um importante comando, atacam Chikhrana, a estação vizinha à Sviajsk, para tomar a ponte que atravessa o Volga.

O ataque foi feito com brio; os Brancos efetuaram uma grande manobra de flanco, depois se reuniram repentinamente na estação de Chikhrana, desencadearam uma rajada de tiros e tomaram todos os escritórios da estação, cortaram a ligação com o resto da linha e puseram fogo em um trem de obuses estacionado na via. O destacamento guarda de flanco para proteger Chikhrana foi inteiramente massacrado [...].

Dessa estação, o destacamento de Savinkov avançou para Sviajsk, ao longo da linha férrea. Enviou-se ao seu encontro o trem blindado Rússia Livre, armado, salvo engano, com canhões de marinha de longo alcance. Mas seu comandante não estava realmente à altura da situação. Assim que pensou estar cercado, abandonou o trem e correu para "fazer um relato" ao Comitê Militar Revolucionário. Durante sua ausência, os Brancos tomaram o Rússia Livre e o incendiaram. Sua carcaça negra, caída de lado, permaneceu por muito tempo ao longo da via, perto de Sviajsk.

Após a perda do trem blindado, a rota do Volga parecia completamente aberta. Os Brancos estavam nas cercanias de Sviajsk, a um ou dois quilômetros do estado-maior do 5° Exército. O pânico se instala. Uma parte da seção política, até mesmo toda a seção, foge para as plataformas.

Um regimento que combatia na própria margem do Volga, um pouco acima, assustou-se e fugiu com seu comandante e seu comissário político; ao amanhecer, as tropas afobadas se encontraram instaladas nos navios do esta-

O cerco da fome e dos complôs

do-maior da flotilha de guerra do Volga. Em Sviajsk, permaneciam apenas o estado-maior do 5º Exército, com suas instalações, e o trem de Trotski.

Trotski mobilizou todo o pessoal do trem, secretários, telegrafistas, enfermeiras, e a guarda do chefe do estado-maior da flotilha. [...] Em suma, todo aquele que podia segurar um fuzil. As instalações do estado-maior se esvaziaram, não havia mais retaguarda. Todo mundo foi lançado à frente dos Brancos, que se deslocavam rapidamente, em fileiras cerradas, para a estação. De Chikhrana às primeiras casas de Sviajsk, todo o caminho estava perfurado de obuses, semeado de cadáveres de cavalos, armas abandonadas e cartuchos vazios, e quanto mais perto se chegava de Sviajsk, mais a paisagem se parecia com um imenso cemitério.

Depois de passar pela carcaça gigante do trem blindado, que fumegava, com cheiro de queimado e de metal fundido, a ofensiva dos Brancos para, estanca diante das últimas trincheiras, recua e retoma o assalto das últimas reservas mobilizadas para defender Sviajsk. O confronto, que durou algumas horas, deixou inúmeros mortos.

A guerra civil quase sofreu uma reviravolta brutal, dois dias mais tarde, em Kazan, após a ajuda de um comando de Kappel. Quase todas as noites, em Sviajsk, o estado-maior do 5º Exército se reunia com Trotski para discutir planos de operação; conta Rosengoltz:

Uma noite, vieram nos anunciar que o inimigo tinha ocupado a estação vizinha de Tiurlem, a dez quilômetros na retaguarda do estado-maior. Essa notícia nos surpreendeu muito e supusemos que isso era obra de um pequeno destacamento de reconhecimento e de sabotagem composto por um punhado de soldados. No dia seguinte, descobrimos que Tiurlem tinha caído nas mãos não de um pequeno destacamento, mas do comando de Kappel, formado por soldados e oficiais de elite, e que dispunha até mesmo de artilharia. Ora, nosso estado-maior era defendido apenas por um pelotão de algumas dezenas de homens. Se Kappel tivesse feito os dez quilômetros que o separavam de Sviajsk naquela noite sem se deter, ele poderia ter tomado facilmente todo o estado-maior do 5º Exército e o trem de Trotski. Não fez isso sem dúvida porque estava mal informado sobre nossas forças.

Kappel poderia nos ter vencido se tivesse atacado desde o dia seguinte pela manhã, mas cometeu o erro de querer cercar completamente Sviajsk e, para isso, dividiu suas forças em colunas: umas se dirigiram à estação para cercá-la, outras, para a própria cidade, cujos bairros de periferia ocuparam. Assim, nossas tropas e as de Kappel passaram a noite quase lado a lado; nossas tropas só repeliram o inimigo na manhã do dia seguinte.

81

Esse foi um episódio decisivo da guerra civil. Os Brancos podiam tomar Sviajsk, último obstáculo na rota de Moscou, e capturar Trotski e seu estado-maior, que incluía Ivan Smirnov, futuro chefe do Comitê Militar Revolucionário da Sibéria, Vladimir Smirnov, Rosengoltz e Gussev, que comandará as operações da guerra contra Wrangel na Crimeia. Dada a extrema fragilidade do poder soviético, naquele momento cercado por todos os lados, a captura desses homens pelos Brancos, sobretudo Trotski, teria sido um golpe muito duro no Exército Vermelho e no moral instável de suas tropas. Aliás, Rosengoltz tentou convencer Trotski a se afastar, declarando-lhe que "o exército da República desmoronaria se ele fosse morto ou feito prisioneiro". Esse moral é tão instável que, no dia seguinte, um regimento inteiro de mil homens, alojado diante de Kappel, bate em retirada aos primeiros tiros, apodera-se de um vapor e escapa, imitado por uma parte dos serviços do estado-maior e do exército. Para defender a cidade, o estado-maior arma os reservistas, os transportadores, os cozinheiros, os secretários, e são esses combatentes improvisados que enfrentam Kappel, que ignora que tem diante de si apenas uma tropa desaparelhada.

> Os Brancos pensaram que estavam enfrentando tropas novas e bem organizadas, cuja chegada seus serviços de informações não haviam previsto. Esgotados por um ataque de 48 horas, os soldados brancos superestimaram as forças do adversário, sem desconfiar que combatiam apenas um punhado de soldados improvisados, sem nada além de Trotski e Slavin,[1] debruçados sobre um mapa numa peça enfumaçada do estado-maior, que exalava insônia, no meio de Sviajsk deserta, abandonada, onde o silvo das balas inundava as ruas.

> Naquela noite, assim como nas outras, o trem de Trotski permaneceu nos trilhos sem locomotiva, e nenhum destacamento do 5º Exército, que estava avançando e se preparando para tomar Kazan, foi alertado, nenhum foi retirado do *front* para proteger Sviajsk, deixada quase sem defesa. O exército e a flotilha só souberam do ataque noturno quando tudo tinha terminado e os Brancos tinham fugido, convencidos de terem enfrentado uma divisão quase inteira.

> No dia seguinte, 27 desertores que se tinham refugiado nos barcos na hora decisiva – entre eles, alguns comunistas – foram julgados e fuzilados. Essa execução deu muito que falar, sobretudo na retaguarda, é claro, onde não se sabia que a rota de Moscou e a ofensiva que havíamos lançado sobre Kazan com nossas últimas forças estavam por um fio. Todo o exército

murmurava que os comunistas se tinham revelado covardes, que a lei não se aplicava a eles e que podiam desertar impunemente, ao passo que, pelo mesmo motivo, fuzilava-se como um cão um simples soldado vermelho.

Esse episódio servirá para construir a sombria lenda, incansavelmente repetida, de que Trotski teria alinhado o regimento desertor e o dizimado à maneira romana: cada décimo soldado teria sido fuzilado ao acaso. Ora, foi um tribunal militar de campanha que tomou a decisão e condenou aqueles que julgou culpados.

> Trotski sobe, então, em um torpedeiro que, com uma flotilha de guerra, desce o Volga até um forte situado no alto de uma vila, Verkhny Uslon, perto de Kazan. A flotilha soviética desencadeia um tiro de artilharia que incendeia o forte. Os soldados tchecoslovacos que o ocupam, espavoridos, descem a colina correndo em direção ao rio. Nesse momento, o motor do torpedeiro de Trotski, bem em frente ao forte, entra em pane; o leme fica bloqueado. Os prédios do forte em chamas iluminam o torpedeiro, transformado em alvo. Porém, o pânico dos tchecoslovacos é tal que nenhum dos artilheiros aponta seu canhão para esse alvo imóvel. Dez minutos depois, a avaria é consertada e a flotilha de guerra pode subir tranquilamente o Volga.

Na madrugada de 9 para 10 de dezembro de 1918, a flotilha vermelha de Sviajsk prepara uma descida em Kazan. Após um combate com alguns barcos dos Brancos no Volga, é o silêncio total. Nenhum ruído. Larissa Reisner conta, estupefata:

> Chegamos aos cais sem um único tiro. Era aurora. Das trevas rosa e cinza, surgiram fantasmas curvados, negros, calcinados. Guindastes, vigas de prédios incendiados, postes telegráficos destruídos, todos esses objetos pareciam ter sofrido infinitamente, ter perdido toda sensibilidade, semelhantes a árvores com galhos torcidos e sem folhas. Reino morto, iluminado pelas rosas geladas da aurora boreal. Nas trevas, canhões abandonados com as bocas viradas para cima pareciam silhuetas invertidas, imobilizadas num desespero silencioso, com a cabeça levantada para o céu, arqueadas sobre mãos frias e úmidas de orvalho. No nevoeiro, os homens tremem de frio e de tensão; o ar exala óleo de máquinas e alcatrão dos cabos. Um marinheiro próximo a um canhão gira sobre seu suporte e olha a margem deserta e sem voz que repousa no silêncio.

Por um fio de cabelo

A guerra civil, feita de combates ao longo das linhas férreas, de cargas de cavalaria, de golpes de sabre que cortam o adversário em dois, de tiros de canhão ao acaso, de deserções e de acessos de pânico, tem um caráter artesanal e brutal. Trotski quase caiu nas mãos dos Brancos em 1918, e um incidente similar acontece pouco depois com o general branco Wrangel. Durante a batalha no Cáucaso Norte, no início de outubro, ele sai para inspecionar a bateria de canhões de suas tropas, deixa o automóvel, aproxima-se a pé da bateria, pega sua luneta para observar o inimigo e ouve um grito: "A cavalaria!"

> A avalanche de nossos cossacos zaporogues, que tinham dado meia-volta, avançava correndo em direção à bateria; atrás deles, jorrava do vale a torrente da cavalaria vermelha. O comandante da bateria ordenou: "Atirar!" Mas os zaporogues continuavam a galopar, perseguidos pela cavalaria do inimigo; estava claro que, ao alcançarem os cossacos, os Vermelhos iriam varrer a bateria. Ouviu-se o grito "Para trás!", mas já era tarde demais. Alguns cavaleiros já passavam perto de nós. Levados pela fuga geral, dois esquadrões de cossacos de defesa deram meia-volta e galoparam para a retaguarda. Com o coronel Toporkov e alguns oficiais, tentei em vão segurar os cossacos. Sua torrente era incontrolável.

Bem perto dele, o coronel Toporkov é atingido pela cavalaria vermelha. Wrangel se precipita para o carro, abandonado por seu motorista em pânico, com o motor ligado, mas as rodas da frente estão atoladas no terreno lavrado. "Corri para uma plantação de milho; à minha esquerda e à minha direita, os cossacos e os artilheiros que fugiam galopavam desordenadamente. A segunda linha de canhões era uma confusão, no meio dos tiros e do brilho dos sabres." Um oficial lhe oferece seu cavalo. Ele recusa, mas pede que traga de volta sua escolta e cavalos.

> Continuei a correr. Ao olhar para trás, vi que três cavaleiros corriam em minha direção; eles pegaram um soldado que estava fugindo e se lançaram sobre ele; eu quis pegar meu revólver, mas, para meu grande espanto, percebi que a bainha estava vazia: na véspera, eu o tinha dado ao comandante do destacamento circassiano em agradecimento ao punhal com que me presenteara, e eu esquecera completamente dessa troca. Eu não tinha sabre,

O cerco da fome e dos complôs

General Wrangel

estava completamente desarmado. Nesse momento, surgiu à minha direita, correndo, uma ambulância com duas enfermeiras e um oficial artilheiro ferido, o coronel Folk. Reuni todas as minhas forças, corri atrás dela, alcancei e saltei dentro. Os cavaleiros vermelhos ficaram para trás [...]. Eu fiz a ambulância se afastar de lá a toda velocidade, olhando inquieto para frente; nenhum socorro se apresentava. Enfim, alcançamos um soldado que conduzia um veículo de artilharia atrelado a cavalos. Peguei um dos seus cavalos, abandonei a ambulância, montei no cavalo sem sela e parti a galope.

O exército do norte

No dia 2 de agosto de 1918, uma esquadra Aliada, essencialmente britânica, aproxima-se de Arkhangelsk, no mar Branco, norte da Rússia. O poder está com um soviete de maioria bolchevique. A organização monarquista clandestina se levanta com a aproximação dos navios. Na véspera, o coronel Potapov, agente dos Brancos que comanda o Exército Vermelho na cidade, mandara a guarnição para o outro lado do rio Dvina e afundara num lugar inofensivo os dois quebra-gelos que o soviete queria afundar na entrada do porto para impedir a esquadra de acostar. As baterias do porto permanecem silenciosas, salvo uma, reduzida ao silêncio por uma salva da esquadra em sua primeira e tímida tentativa de atirar. Denikin escreve:

> Foi somente no outono que os Aliados trouxeram até uma dezena de batalhões (cinco ou seis ingleses, um francês, um italiano, um sérvio) e três baterias (francesas). Dado o caráter desértico da região, as formações russas não ultrapassavam algumas companhias [...]. O comandante inglês era então indiferente aos interesses russos: os ingleses se dedicaram a formar um "batalhão careliano" especial, definindo a Carélia[2] como uma "nação" e um "Estado" particular. Depois, em 2 de agosto, os Aliados desembarcaram um contingente em Arkhangelsk, abandonada pelos bolcheviques às pressas. O general inglês Pool assumiu o comando de todos os exércitos da região do Norte (a maior parte da província de Arkhangelsk). Nessas tropas figuravam, além dos ingleses (quatro ou cinco batalhões), americanos (quatro ou cinco batalhões), franceses (um batalhão), poloneses, italianos [...]. Essas tropas foram pouco a pouco reforçadas por novas formações mistas, do tipo "batalhão franco-russo", "legião anglo-eslava" etc.

> Depois se passou à organização de uma força armada russa, cuja base foi constituída por equipes de oficiais, por um regimento de soldados mobilizados em Arkhangelsk e acompanhado por duas divisões de artilharia e, sobretudo, por destacamentos de *partisans* camponeses; essas forças contabilizaram até 3 mil homens distribuídos em distâncias enormes [...]. Todas essas forças eram subordinadas a um "comandante dos exércitos" russo, cujo poder era, entretanto, puramente nominal e limitado a funções administrativas e de organização. Até a partida das tropas aliadas, o comando, a direção das operações e o abastecimento estavam nas mãos dos ingleses. O "comandante" russo nem mesmo dispunha de órgãos operacionais e de abastecimento [...]. No início de agosto, quando os ingleses chegaram a Arkhangelsk, o poder soviético foi derrubado e o poder supremo passou para as mãos de um "governo provisório", liderado por N. Tchaikovsky, membro da Assembleia Constituinte pelas províncias do Norte, e sobretudo de esquerda.

O general Pool controla o "governo provisório", ao qual pertencem vários membros da Assembleia Constituinte, cadetes e SR. Esse governo é presidido por Nicolas Tchaikovsky, ex-SR, membro do pequeno Partido

O cerco da fome e dos complôs

Socialista Popular do Trabalho, designado mais tarde membro do governo branco, chamado de "diretório", que será instalado em Ufá, nos Urais, em setembro de 1918 – ainda que não possa estar presente, pois reside em Arkhangelsk a cerca de 2 mil quilômetros e sem meios de ir para lá! Em seguida, embora exilado em Paris a partir de fevereiro de 1919, Tchaikovsky será promovido, em janeiro de 1920, a membro do governo de Denikin no sul. Portanto, mesmo ausente, esse "socialista popular" é um dos pilares da contrarrevolução.

Os Aliados o ajudam a derrubar o soviete de Murmansk, mas os oficiais monarquistas logo julgam o governo de Tchaikovsky demasiado verborrágico, democrata e mole. No dia 6 de setembro, prendem seus membros e os deportam para o monastério das ilhas Solovetsky, utilizado como prisão pelos czares. Os diplomatas julgam que a prisão e a deportação de um governo "democrático" causará um efeito negativo no Ocidente, onde o golpe é apresentado como uma defesa da democracia desdenhada pelos bolcheviques: assim, Pool libera os presos de Solovetsky e os ajuda a se integrar novamente, mas insere no governo alguns personagens mais vigorosos.

Denikin apresenta assim esse incidente:

> Com sua psicologia sempre vivaz do "aprofundamento da revolução", com as tradições da "época de Kerensky" e da "conciliacionite", esse governo logo se tornou odioso aos olhos da burguesia, do corpo dos oficiais e do comando inglês. Com o conhecimento do general Pool, ele foi deposto pelos oficiais e preso no monastério de Solovky, de onde foi libertado por exigência dos diplomatas aliados; e a Tchaikovsky foi confiada a formação de um novo governo constituído por elementos mais moderados.

Na outra extremidade do país, o exército turco, os mussavatistas (nacionalistas azerbaijanos) e regimentos britânicos ameaçam a cidade de Bacu, dirigida por comissários do povo bolcheviques e SR. Moscou envia seis regimentos para apoiá-los. Sua rota passa por Tsaritsyn, no Volga. Stalin os segura. Bacu é comandada por dois velhos bolcheviques que ele detesta desde jovem, sem dúvida porque são mais talentosos do que ele: Chaumian e Djaparidzé. Privada desse reforço indispensável, Bacu cai em meados de agosto; os 26 comissários do povo são fuzilados em 20 de setembro de 1918 pelos ingleses, a quem se entregaram. Bacu tem grandes reservas de petróleo, e o lendário *fair play* britânico cede facilmente aos interesses petrolíferos.

Em 30 de agosto, Uritsky, chefe da Checa de Petrogrado, é abatido por um terrorista SR; no mesmo dia, a simpatizante SR Fanny Kaplan dá dois tiros em Lenin na saída da fábrica Michaelson. Os bolcheviques respondem proclamando, em 2 de setembro, a Rússia soviética, cercada por todos os lados, "campo militar único", e decretando o Terror Vermelho no dia 6. Em setembro, tropas inglesas e italianas desembarcam perto de Arkhangelsk, onde os SR proclamaram um governo da Rússia do Norte. A queda do regime parece iminente. Mas os soldados e marinheiros dos países estrangeiros, cansados da guerra, até mesmo favoráveis ao novo regime, mostram-se contrariados ou protestam; motins acontecem em vários navios. Além disso, os Brancos e seus protetores, divididos, combatem desorganizados até o fim. Os franceses apoiam os legionários tchecoslovacos; os ingleses, Denikin; os japoneses, o atamã Semionov, que devasta a Sibéria oriental e que o próprio general-barão Wrangel considera um selvagem.

Véspera de combate no norte

Escreve Denikin:

> No final de 1918 o número total das tropas aliadas não ultrapassava 10 a 15 mil homens de exércitos mistos de composição média e 7 a 8 mil russos, ainda pouco organizados [...]. Assim que chegou a Arkhangelsk, o general Pool declarou que "os Aliados se apresentavam para defender seus próprios interesses atrapalhados pela chegada dos alemães à Finlândia" e por essa razão impeliu o comando russo a organizar seu próprio exército [...]. As autoridades londrinas sugeriam aos voluntários britânicos enviados da Inglaterra para o norte russo que eles estavam ali "somente para ocupar o terreno, não para combater".

> Muito fraca, a ofensiva dos Aliados, que ocupavam um território enorme, da fronteira finlandesa a Pinega, deu-se ao longo de dois eixos: em direção a Petrozavodsk e a Vologda [...]. Nesses dois eixos, estavam concentradas magras forças soviéticas, que montavam, em 1918, a dois exércitos com, no máximo, 18 mil homens e 70 canhões. Essas tropas não constituíam uma força realmente séria. Elas tinham a tarefa de defender ativamente as direções de Moscou e de Petrogrado.

O cerco da fome e dos complôs

Anton Denikin

As tropas aliadas empurram as soviéticas para o sul, mas não tentam derrotá-las. O balanço político é mais decepcionante ainda do que o balanço militar, o governo de Tchaikovsky fica suspenso entre as forças sociais antagônicas:

> A província do norte foi um exemplo da cisão completa que destruiu o meio da democracia e da *intelligentsia*, da manutenção da psicose do bolchevismo nas massas e de sua falta total de confiança no governo democrático. Incapaz de atrair para si os círculos da burguesia, esse governo enfrentou ao mesmo tempo a oposição da ampla frente da Democracia Revolucionária,[3] dos membros da Assembleia Constituinte, das organizações dos partidos SR, SD, da união dos *zemstvo*,[4] dos operários, das cooperativas etc. Todos eles travaram com esse governo uma longa luta pelo poder. Ao mesmo tempo, desde o início de 1919, insurreições sangrentas se sucederam nas forças armadas.

As marchas do Império

Em 1º de junho, os mencheviques proclamaram a República Socialista Independente da Geórgia, reconhecida no mesmo dia pelo Conselho dos Comissários do Povo em Moscou. O Conselho Nacional georgiano forma um governo de maioria menchevique. Denikin, partidário ferrenho da "Rússia una, independente e indivisível", ironiza os apoios que esses mencheviques – que ontem defendiam, como ele, a continuidade da guerra contra a Alemanha – vão buscar neste país:

> Após a proclamação da República Democrática Independente da Geórgia, uma delegação da República foi a Berlim e, no dia 11 de junho [1918], o Reichstag proclamou o reconhecimento da nova República "de fato" pela Alemanha. Uma missão diplomática coordenada pelo coronel Von Kros, mais duas companhias, instalou-se em Tiflis. A partir desse momento, a política interna e externa do país ficou totalmente submetida à influência alemã. Os alemães começaram tomando as matérias-primas, enquanto preparavam uma força armada georgiana. Segundo o general Ludendorff, essa força devia servir de auxiliar na luta contra os ingleses em terreno asiático e contra o Exército Voluntário, que preocupava cada vez mais o comando alemão [...]. A atividade do governo se concentrou acima de tudo na formação de uma força armada e na ampliação das fronteiras da nova República. Sob a direção de Djigueli, foram criados destacamentos de uma "guarda popular" com efetivos de 10 a 12 homens que, na aparência, na composição, na disciplina e nas tradições, só se distinguiam dos soldados vermelhos por seu chauvinismo [...]. Os alemães deram toda ajuda possível à organização e ao armamento das tropas georgianas [...]. O governo democrático se dedicou a estender sistematicamente seu poder sobre territórios povoados por elementos estranhos etnicamente aos georgianos[5] e hostis a eles, utilizando para isso os meios mais diversos: a guerra, a corrupção, o terror e a chantagem política.

O Azerbaijão, mais precisamente Bacu e seu petróleo, suscitam o interesse e a intervenção dos ingleses, dos turcos e dos alemães. Denikin observa:

> O petróleo de Bacu assombrava particularmente os espíritos e os sentimentos dos políticos asiáticos e europeus. Desde a primavera, começou uma viva concorrência, uma luta para ver quem era mais rápido, nas áreas militar e política, em alcançar o objetivo final: Bacu. Os ingleses,

partindo de Enzeli e com a ajuda de Nuri-Pasha,[6] através do Azerbaijão; os alemães, através da Geórgia. Para isso, Ludendorff retirou da frente dos Balcãs uma brigada de cavalaria e alguns batalhões (seis ou sete) que ele se apressou em transferir para Batumi e Poti, porto que os alemães acabavam de alugar dos georgianos por 60 anos.

Mas o destino decidiu de outro modo: Nuri-Pasha chegou antes dos alemães a Bacu e as tropas de desembarque alemãs mal terão tempo de se agrupar e já a perda da Bulgária, no início de setembro, abalará definitivamente a situação das Potências Centrais e forçará o estado-maior alemão a trazer suas tropas da Geórgia novamente para os Balcãs.

Em meados de setembro de 1918, de fato, as tropas aliadas franco-sérvias haviam derrotado o exército búlgaro, aliado da Alemanha, em Dobropole. O alto comando búlgaro assina o armistício em 29 de setembro, e as tropas alemãs instaladas na Ucrânia e no Cáucaso, perigosamente isoladas, abandonam o terreno aos britânicos.

Os Brancos e as potências estrangeiras

Denikin, citando a declaração do atamã Krasnov feita ao general Franchet d'Esperey em uma carta de 6 de novembro de 1918 – "Sem a ajuda dos Aliados, é impossível libertar a Rússia" –, evoca as relações entre os Aliados e as forças russas antibolcheviques. Ele salienta as rivalidades entre os representantes dos Aliados e define seus planos de intervenção:

> As relações mútuas do comando aliado eram mal definidas e complicadas pelas rivalidades entre as potências. Em Constantinopla se encontrava o "comandante em chefe do exército aliado de Salônica", general Franchet d'Esperey, e a sede do "comandante em chefe do exército britânico nos Balcãs", general Milne; os representantes aliados instalados em Iekaterinodar eram de início subordinados a eles. O general Erdeli, enviado à Constantinopla em missão, trouxe-me uma carta muito instrutiva do general Franchet d'Esperey e vagas promessas. Ao mesmo tempo, em Bucareste, encontra-se o estado-maior do general Berthelot, que se atribuía o título de "comandante em chefe das forças aliadas da Romênia, Transilvânia e da Rússia do Sul".

Em 3 de novembro de 1918, Denikin recebe de seu enviado uma nota resumindo suas conversas com o general Berthelot e as decisões por ele anunciadas em nome do comando aliado:

> 1) Doze divisões, uma das quais estará em Odessa nos próximos dias, serão enviadas tão logo seja possível para ocupar o sul da Rússia. 2) Essas divisões serão francesas e gregas [...]. 4) A base dos Aliados será em Odessa; Sebastopol também será ocupada rapidamente [...]. 7) Após a chegada dos exércitos aliados, além de Odessa e Sebastopol, que estarão sem dúvida ocupadas quando vocês receberem esta carta, os Aliados ocuparão Kiev e Kharkov com as bacias (jazidas de hulha) de Krivoroj e do Donetsk, Don e Kuban, para possibilitar que o Exército Voluntário e o exército do Don se organizem melhor e fiquem livres para operações mais amplas. 8) Sob a proteção da ocupação aliada, é indispensável formar rapidamente tropas russas no sul da Rússia em nome da ressurreição da Grande Rússia una e indivisível. Para isso, é preciso discutir e resolver a questão dos recursos para formar essas tropas e dos distritos onde elas ficarão à medida que os Aliados avancem. Somente com essa condição estará garantida uma ofensiva muito rápida de todas as forças russas do sul sob um comando único em direção a Moscou. 9) Odessa, como base principal dos Aliados, receberá uma enorme quantidade de equipamentos militares de todo tipo: armas, munições, tanques, roupas, meios de transporte rodoviários e ferroviários, aviões, abastecimento etc. 10) Podemos agora considerar que as ricas reservas da frente romena da Bessarábia e da Pequena Rússia[7] assim como as do Don estão à nossa inteira disposição. Nesse sentido, só nos resta fazer alguns esforços diplomáticos, cujo sucesso está garantido na medida em que se baseia na onipotência dos Aliados. 11) No que diz respeito ao apoio financeiro, elaboramos com os Aliados um plano particular especial.

E Denikin comenta com uma evidente satisfação esse plano muito preciso e consistente de ajuda militar e política. Porém, o que ele chama de "onipotência dos Aliados" enfrentará uma rejeição maciça do povo russo, mesmo existindo divisões internas até sangrentas entre si e entre a maioria dos outros povos do Império. Mais uma vez, a força das armas se chocou com uma força superior.

> Essa carta precisa nos tirava então do campo das suposições. A maneira ampla e concreta como a questão estava colocada abria novas perspectivas, para nós, inabitualmente favoráveis e nos dava novas tarefas na luta contra os bolcheviques.

Então, Denikin transmite aos generais franceses Berthelot e Franchet d'Esperey uma nota propondo "um projeto de campanha em concerto com os Aliados". Seu conteúdo se resumia brevemente no que segue: "A tarefa geral das tropas russas é esmagar as tropas soviéticas, apoderar-se do centro (Moscou) e, ao mesmo tempo, desencadear uma ofensiva sobre Petrogrado e ao longo da margem direita do Volga".

Quais são os trunfos do governo bolchevique, às voltas com uma fome galopante, para enfrentar essa divisão do trabalho entre os Aliados e o Exército Voluntário que se prepara para vir do sul para Moscou? Em um relatório de 7 de outubro de 1918, o chefe do estado-maior Vatsetis afirma que o Exército Vermelho contava 285 mil "baionetas e sabres", mas esclarecia que "o exército está em formação". Essas baionetas e sabres não devem pesar muito diante das metralhadoras e dos tanques que os Aliados vão logo fornecer a Denikin e aos outros generais brancos. Contudo, os bolcheviques têm um trunfo, incerto, é verdade, mas sólido: mesmo quando os camponeses se insurgem contra os destacamentos "vermelhos" de requisição e estripam ou degolam seus membros, eles não querem a volta dos proprietários que as tropas brancas carregam em seus furgões e que desejam recuperar suas terras. Mesmo que os bolcheviques tomem seu trigo hoje, amanhã a guerra terminará e os camponeses ficarão com a terra. Aqui e ali eles já manifestam sua escolha entre o dano passageiro e a conquista duradoura com um *slogan* muito simples: "Viva os bolcheviques, abaixo os comunistas".

O "exército da festança"

Porém, o Exército Voluntário se conduz na Ucrânia e na Rússia como um exército estrangeiro em país conquistado; a preocupação de muitos oficiais é, primeiramente, "fazer festa". Wrangel, que sucederá a Denikin em março de 1920 e rebatizará esse exército de "Exército Russo", descreve com desgosto o comportamento de seus membros, sobretudo de um dos destacamentos mais famosos, os "lobos de Chkuro", que ele encontra no final de novembro de 1918, em Iekaterinodar, sede do quartel-general do Exército.

Apesar da presença do quartel-general, os oficiais, tanto do *front* quanto da retaguarda, tinham uma conduta incrivelmente dissoluta, embebedavam-se, faziam escândalos e jogavam dinheiro pela janela. A conduta do coronel Chkuro era ainda mais inaceitável do que a dos outros. Tinha levado para Iekaterinodar sua divisão de *partisans*, que se chamavam "os lobos" e usavam gorros de lobo, com caudas de lobo nos estandartes. Os *partisans* de Chkuro não constituíam uma unidade do exército, mas lembravam muito o bando de Stenka Razin.[8] Frequentemente, à noite, após a bebedeira, Chkuro percorria as ruas da cidade, cantando com seus lobos, gritando, dando tiros. Uma noite, ao voltar para meu hotel, percebi uma aglomeração na rua Krasnaia. Uma mansão particular estava toda iluminada. Na calçada, trompetistas tocavam e cossacos dançavam. Um pouco mais adiante, alguns lobos seguravam cavalos pelas rédeas. Perguntei o que estava acontecendo. Responderam-me que o coronel Chkuro "estava participando de uma festança". No hotel militar onde residíamos, a devassidão era com frequência desenfreada. Pelas onze da noite ou meia-noite, chegava uma horda de oficiais embriagados, o salão ressoava de cantos folclóricos da divisão da guarda e essas pessoas se refestelavam diante de todos. O general Pokrovski, o coronel Chkuro e outros oficiais superiores costumavam se instalar na ponta da mesa. Um desses festins, comandado pelo general Pokrovski, terminou em tragédia. Um oficial do trem matou com um tiro um oficial da divisão tártara. Todas essas desordens ocorriam à vista do quartel-general do comandante em chefe, toda a cidade sabia disso, mas ao mesmo tempo não se fazia nada para impedir aquela devassidão.

Wrangel descreve o general Mai-Maievski, grande apreciador de bebedeiras e de bordéis: homem

> de pequena estatura, bem gordo, com um rosto vermelho e flácido, bochechas caídas e um rosto imberbe, sem bigodes nem barba, um enorme nariz cor de cereja, com olhinhos de rato; se ele não usasse uniforme, sem dúvida seria tomado por um ator cômico do interior.

Sua ebriedade é notória. O monarquista Savitch, membro da Conferência Especial, órgão político do exército de Denikin, observa em suas *Memórias* quando da debandada do Exército Branco do sul, no outono europeu de 1919: "Mai-Maievski se embebeda e o desmembramento das tropas se agrava". Ele conta um episódio cômico de fevereiro de 1920, quando Mai-Maievski chega com seu estado-maior na cidade de Sumy:

Quando seu trem chegou à estação, toda a aristocracia da cidade o esperava. Os sacerdotes, carregando cruzes, tinham ido receber seu libertador, as damas e seus filhos brandiam buquês de flores. Durante muito tempo, ninguém saiu do vagão, diante do qual o público se juntara; por fim, uma garrafa vazia voou por uma janela aberta, na qual apareceu em seguida a cara vermelha do general, que proferiu: "Olá, gente de Kornilov." E sumiu de novo. Nem é preciso dizer que ali não havia nenhum seguidor de Kornilov.

Já fazia quase dois anos que Kornilov morrera. Totalmente bêbado, Mai-Maievski sem dúvida se esquecera disso.

Segundo Wrangel, Denikin é indulgente demais com os festeiros:

> Esse autêntico soldado, severo consigo mesmo e que, em sua existência, dava o exemplo da modéstia, não parecia se decidir a exigir a mesma virtude de seus subordinados. Fechava os olhos à devassidão escandalosa dos generais Chkuro, Pokrovski e outros, em Ekaterinoslav mesmo. Denikin não podia ignorar as ações arbitrárias, a devassidão despreocupada de seus generais e a maneira tresloucada como eles jogavam dinheiro pela janela. Mas olhava tudo isso com indiferença.

Essa devassidão coroa o saque generalizado da população, sobretudo camponesa, pelas tropas brancas. Rapidamente, os camponeses ucranianos passam a chamar o Exército Voluntário (*dobrarmia*, em russo) de *grabarmia* ("exército dos saqueadores"). É o primeiro germe de sua derrota final. Mas até que ela chegue, esse exército é uma grande ameaça à República soviética novata.

Petrogrado em perigo

Enquanto a ofensiva se prepara no sul, um perigo mais imediato para o governo soviético começa a se delinear no norte. O general branco Yudenich, que ficara em Petrogrado, funda uma organização clandestina antibolchevique de oficiais que se forma em meio a uma dezena de outras. O chefe de uma delas, a Organização dos Oficiais da Guarda, capitão de cavalaria Von Rosenberg, inicia em junho de 1918 negociações com representantes do exército alemão em Petrogrado. Ele propõe um acordo, ratificado em 10 de

História da guerra civil russa

outubro em Pskov, sede do comando alemão das zonas de ocupação. O acordo anuncia a formação, nos territórios "sob a proteção das tropas alemãs de ocupação", de um exército russo dos Voluntários do Norte, formado, entre outros, por prisioneiros de guerra dos alemães e cujos membros "prestarão juramento ao czar legal e ao Estado russo". Ele prevê três chefes possíveis: o general Yudenich, o general Gurko e o general conde Keller, único membro do alto-comando que, após a abdicação do czar, se recusou a prestar juramento ao governo provisório é, por essa razão, o preferido dos alemães.

O acordo estipulava o seguinte:

> Os fundos necessários à manutenção do exército serão fornecidos pelo governo alemão a título de empréstimo ao governo russo. O governo alemão fornece o armamento, as munições, os equipamentos de defesa, o abastecimento e os recursos técnicos. Três oficiais alemães acompanharão o exército para assegurar os laços. As tropas alemãs na ofensiva não participarão da aniquilação do bolchevismo, mas seguirão o exército para garantir a ordem interna e o prestigio do poder. Após a ocupação de Petersburgo, será proclamada uma ditadura militar, cujo ditador será o comandante do exército do norte, [que deve proteger seu setor de ação] contra uma invasão bolchevique, tomar Petersburgo, depor o governo bolchevique [...] e restabelecer a ordem em toda a Rússia.

Denikin escreve:

> Durante seis a oito meses, um muro compacto de baionetas alemãs, separando dezenove províncias (sem contar a Polônia e a Finlândia) das possessões soviéticas, estendia-se do mar Báltico ao mar de Azov. De um lado dessa fronteira, ocorria uma pilhagem aberta ou uma balcanização do território russo submetido a uma pesada exploração. Mas, por outro ponto de vista, a existência e os bens da população se encontravam sob a proteção de uma potência estrangeira na medida em que a justiça militar e as amplas requisições não atingiam seus direitos. Do outro lado, era uma anarquia [...].

> O cordão alemão que instaurava um bloqueio fechado da Rússia soviética, apartando-a dos mares, dos silos de trigo e do carvão, deixava a vida política e econômica do país numa situação muito difícil.

No dia 2 de novembro de 1918, Keller, instalado em Kiev, pede a Denikin que reconheça seu *status* de "comandante em chefe do Exército Monarquista do Norte da região de Pskov". Porém, no dia 9, cai a monarquia alemã, minada pelos motins dos marinheiros de Kiel e pela constituição de dezenas de conselhos de operários e de soldados. Comitês de soldados se formam na Reichswehr. O Exército Monarquista do Norte fica sem protetor e seu primeiro chefe. Em 8 de dezembro, de fato, os nacionalistas ucranianos abatem o general Keller em Kiev, onde, privado do apoio das baionetas alemãs, o regime de Skoropadski cai. O atamã, disfarçado de oficial alemão ferido, irá para a Alemanha de maca no último trem militar no dia 14. Os camponeses se insurgem por toda parte. O nacionalista ucraniano Petliura tenta unificar a insurreição sob a bandeira nacionalista amarela e azul e marcha para Kiev.

No dia 13 de novembro, Moscou anula o Tratado de Brest-Litovsk e, no dia 17, o Exército Vermelho transpõe a linha de demarcação dos territórios ocupados. O exército alemão bate em retirada, seguido de perto pelo Exército Vermelho, que evita todo contato com ele e entra em Pskov no dia 25. O Exército Monarquista do Norte recua com os alemães, sofrendo emboscadas de grupos de camponeses insurgidos.

Os amontoados de cadáveres do Cáucaso Norte

No Cáucaso Norte, as tropas brancas assumem a dianteira desde o início do inverno. Uma terrível epidemia de tifo devasta o Exército Vermelho, que está se formando. O general branco Wrangel assiste estupefato a isso. Em uma carta à sua mulher, em 6 de setembro de 1918, ele diz: "Os bolcheviques combatem com a obstinação de um rato acuado num canto." Em suas *Memórias*, ele descreve o furacão devastador do tifo, que leva consigo divisões inteiras dos inimigos:

> Com a chegada do inverno, o tifo devastou as fileiras do Exército Vermelho. Dada a desordem e a falta de ajuda médica corretamente organizada, a epidemia assumiu dimensões inesperadas. Os hospitais ficaram repletos de doentes, que se amontoavam nas casas, estações, vagões imobilizados nas vias. Durante vários dias, os mortos se misturaram aos vivos sem atendimento, abandonados a si mesmos; os tifosos à procura de comida vagavam até o fim de suas forças nas ruas da cidade, e muitos deles perdiam consciência e caíam nas calçadas.

Mas esse espetáculo ainda não é nada comparado com aquele oferecido a Wrangel pela derrota do Exército Vermelho do Cáucaso, que, devastado pelo tifo, se desloca em meio às tempestades de neve. Nos últimos combates nas *stanitsa* cossacas em torno de Mosdok, na Chechênia, os destacamentos vermelhos são perseguidos e mortos pelos cossacos. Algumas brigadas da Cavalaria Vermelha procuram se salvar se dispersando na estepe de Astrakhan. Mas toda a infantaria, toda a artilharia – ou seja, mais de 200 canhões –, mais de 300 metralhadoras, 8 trens blindados, comboios de armas, víveres e equipamento caem nas mãos do Exército Voluntário, que faz 31 mil prisioneiros. Os comboios de carga abandonados se estendem por 25 quilômetros. Como o Exército Voluntário não pode conservá-los, eles são completamente saqueados pela população local e pelos cossacos.

Todo o trajeto da retirada dos Vermelhos estava semeado de canhões, carroças, canhões abandonados e cadáveres de soldados abatidos ou mortos por doença [...]. De Mosdok até às *stanitsa* de Naourkais, Mekenskaia e Kalinovskaia, em 65 quilômetros, a estrada estava inteiramente tomada por canhões e carroças abandonados, misturados aos cadáveres de cavalos e homens. Hordas de prisioneiros se arrastavam em direção ao oeste pelo acostamento. Vestidos com capotes em frangalhos, descalços, com o rosto desfigurado, cor de terra, colunas de milhares de prisioneiros avançavam lentamente, quase sem nenhuma guarda; dois cossacos empurravam dois a três mil prisioneiros, a maioria doentes, e deixavam para trás muitos outros. Esgotados, esses doentes caíam na lama da estrada e ficavam estendidos, esperando a morte com resignação; outros tentavam ainda se salvar, se levantavam e continuavam avançando, trôpegos, até caírem de novo e, sem forças, perderem consciência.

Entrei na guarita de uma dessas pequenas estações onde se amontoavam os feridos, os doentes, os moribundos e os mortos. Na peça de três ou quatro metros quadrados, oito homens estavam deitados, encostados uns nos outros. Fiz uma pergunta ao mais próximo e não recebi nenhuma resposta. Eu me debrucei sobre ele e vi que estava morto. Seu vizinho também. Havia sete cadáveres. O oitavo, ainda vivo, mas inconsciente, procurando se esquentar, abraçava com força um cão sem pelos e magro.

Nas estações e nas bifurcações, estendiam-se comboios com locomotivas apagadas, abandonadas pelo inimigo. A população dos vilarejos viera para descarregá-los. No meio de todo tipo de mercadorias, produtos industrializados, louça, obuses, máquinas agrícolas, armas e medicamentos, jaziam doentes misturados aos cadáveres amontoados nos vagões. Em um vagão,

O cerco da fome e dos complôs

um morto servia de travesseiro a um moribundo. Em uma das bifurcações, estacionava um trem de cadáveres, um trem sanitário cujos vagões não passavam de um amontoado de mortos. Era impossível encontrar alguém vivo. Um dos vagões transbordava de médicos e enfermeiras mortos. Em uma das estações, os prisioneiros puxavam à mão vagonetas onde se amontoavam, como toras de madeira, cadáveres petrificados em poses diversas, que eram lançados em uma fossa comum cavada numa mina de areia atrás da estação.

A população local saqueia os comboios alinhados ao longo de 25 quilômetros. Por desatenção, um grupo de saqueadores incendeia um dos vagões de um comboio carregado de obuses. O comboio inteiro explode, projetando no ar cadáveres despedaçados de homens, mulheres e crianças. Essas visões terríveis não impedem Wrangel de tomar medidas brutais para desmoralizar os Vermelhos. No decorrer da ofensiva sobre Stavropol, o tratamento que dá aos prisioneiros é impiedoso:

> Separei da tropa todo o comando até certas patentes, num total de 370 indivíduos e ordenei seu fuzilamento imediato. Depois, declarei aos outros que mereciam o mesmo destino, mas que eu atribuía a responsabilidade àqueles que os conduziam contra sua pátria e queria lhes dar a possibilidade de redimir seu pecado e demonstrar que eram verdadeiros filhos de sua pátria.

Os sobreviventes, convencidos pela execução sumária de seus 370 oficiais, alistam-se no Exército Voluntário. Sua convicção é, contudo, limitada. Quantos desertarão amanhã ou depois? Não se sabe, mas muitos fugirão quando chegar o período das semeaduras ou das colheitas.

O bloqueio

Na noite de 16 de novembro de 1918, uma esquadra anglo-francesa entra no mar Negro. Alguns dias mais tarde, tropas desembarcam em Odessa e em Sebastopol. Kolchak ataca a leste; no norte, a aproximação do inverno suspendeu operações militares indecisas. A situação vai mudar com a chegada em Arkhangelsk, em 13 de janeiro de 1919, do general Miller, proclamado governador-geral da cidade e ministro da Guerra. Ele instaura uma ditadura militar de fato, comanda um exército de 20 mil homens e se apoia em ferozes destacamentos de camponeses e de pescadores monarquistas, cheios de ódio pelos Vermelhos. O ex-procurador militar da província, Dobrovolsky, conta:

Os homens de Pinet eram tão ferozes que o comandante do 8º Regimento, coronel B, decidiu editar um folheto sobre a atitude a ser tomada com os prisioneiros. Os da Petchora, caçadores por profissão, tinham fabricado redes para a caça aos Vermelhos. Um engenheiro das ferrovias de meus amigos soube apavorado por um desses "caçadores de cabeças" que ele havia pessoalmente pego e executado sessenta Vermelhos: o engenheiro tentou dissuadi-lo de agir assim. O outro respondeu categoricamente: "Não se pode viver com eles, ou são eles ou somos nós."

A República Soviética está cercada, como descreve Denikin:

No início de 1919, o bloqueio estratégico à Rússia soviética estava feito [...]. Cerca de meio milhão de inimigos pegavam em armas no estreito círculo que cercava a Rússia soviética por todos os lados; os cinco mares e os dois oceanos eram controlados pela frota da Entente, e as tropas de desembarque aliadas estavam instaladas nos portos do mar Branco e do mar Negro. Assim se anunciava uma luta difícil para a salvação e o poder do Partido Comunista, que colocava em jogo de modo fatal o destino de todo o povo russo.

Em 21 de janeiro de 1919, o general Yudenich telegrafa a Kolchak:

A queda da Alemanha abriu a possibilidade de formar uma nova frente para agir contra os bolcheviques, baseando-se na Finlândia e nas províncias bálticas [...]. Todos os partidos se uniram em volta de mim, desde os cadetes e mais à direita. O programa é similar ao de vocês. Os representantes da classe negociante que se encontram na Finlândia prometeram apoio financeiro. Disponho hoje, como força real, do corpo do Norte [3 mil homens] e de 3 a 4 mil oficiais instalados na Finlândia e na Escandinávia. Conto também com um certo número (até 30 mil) de soldados e oficiais prisioneiros [...]. É impossível ficar sem a ajuda da Entente e, por isso, iniciei negociações com os Aliados, que ainda não trouxeram resultados. É preciso que os Aliados ajam sobre a Finlândia para que ela não impeça nossos projetos e que abra novamente a fronteira àqueles que fogem da Rússia, sobretudo aos oficiais. E a mesma coisa com a Estland[9] e a Letônia [...]. Para o Exército e para Petrogrado, precisamos de ajuda em armas, munições, meios técnicos, finanças e víveres, mas não de tropas, somente a frota para vigiar os portos. Mas a presença da força armada simplificará e acelerará a decisão. Peço que apoie meu pedido junto à Entente.

As esperanças que Denikin deposita no exército de Yudenich são ainda maiores:

A significação estratégica da frente antibolchevique do norte-oeste era extremamente grande: a proximidade de Petrogrado, a possibilidade de constituir uma base às margens do Báltico, abastecida pela frota aliada e de armar a frota; as facilidades das comunicações marítimas com as potências aliadas e a facilidade que tinham de abastecer as forças antibolcheviques; os ricos depósitos de armamentos russos e alemães na região fronteiriça do antigo cenário da guerra mundial e, por fim, a enorme reserva humana constituída pelo exército de um milhão de prisioneiros russos reunidos nos campos de concentração da Alemanha e do ex-Império Austro-Húngaro.

Denikin, assim como todos os chefes militares da época, designa por "campo de concentração" os campos onde se amontoam os prisioneiros de guerra, em condições geralmente lamentáveis. Quando os bolcheviques abrem campos de concentração para prender seus adversários, agem como os outros beligerantes e usam a mesma palavra. Contrariamente ao que muitos historiadores pouco escrupulosos ousam afirmar, eles não são os inventores dos campos de concentração da era moderna, os precursores do Gulag stalinista ou dos campos de extermínio nazistas.

Em março de 1919, a Conferência Especial do Exército Voluntário, que reúne monarquistas, liberais e socialistas moderados, acreditando que a vitória está próxima, decide aplicar a pena de morte aos "indivíduos culpados de organizar a conquista do poder pelo Conselho dos Comissários do Povo", bem como aos participantes e aos cúmplices dessa conquista! São muitos candidatos à forca! No entanto, a maioria dos Brancos, como Wrangel, considera Denikin moderado demais.

De um campo a outro

Durante toda a guerra civil, grupos de soldados oscilam entre os exércitos, desertam, passam de um ao outro voluntariamente ou forçados. O Exército Vermelho é um exército de miseráveis que, com frequência, não têm botas, sapatos, uniformes, alimentos e forragem para os cavalos. Muitos de seus regimentos poderiam assinar o telegrama dos comunistas de Oremburgo. Esse documento denuncia, em abril de 1919, a situação lamentável dos regimentos operários constituídos às pressas para defender a cidade atacada pelos Brancos em três direções por três corpos de cavalaria cossaca, ao sul, a leste, ao norte e a nordeste:

Eles estão há mais de um mês ao relento, sem equipamento, sem armamento adequado, sujos, esgotados, sem forças depois de um mês, noite e dia, nas trincheiras, sem uniformes, sem roupas de baixo, botas, ou medicamentos [...]. Não temos nenhuma reserva, pois todas as forças estão no *front*.

Os Brancos passam pela mesma situação, até o momento em que a ajuda estrangeira chega maciçamente, a partir do inverno 1918-1919. Os Verdes, embora frequentemente mal armados, contam com os recursos de sua região.

A indigência, a fome e o frio facilitam a passagem de um campo a outro. Mas o movimento de pêndulo entre os Vermelhos e os Brancos não é o mesmo: o ódio secular dos camponeses-soldados aos oficiais, membros de uma casta que lhes é estranha, provoca reviravoltas inesperadas e frequentes. O chefe do serviço de propaganda do governo do Norte, Sokolov, ressalta em suas lembranças a atitude dos soldados vermelhos que passaram para o lado dos Brancos no exército do Norte:

Foram exatamente esses soldados que serviram de germe às insurreições que devastaram, em julho de 1919, toda uma série de regimentos: o 3º, o 6º e outros. E foram eles que desempenharam um triste papel na insurreição que precedeu à queda do governo do Norte.

Por que esses soldados pendiam para o lado dos bolcheviques, já que viam claramente que eles não cumpriam suas promessas e que seus *slogans* eram ilusórios? Sabiam disso, pois os soldados vermelhos feitos prisioneiros lhes contavam sua existência quotidiana. Por fim, recebiam aqui uma ração diária abundante e viam a miséria e a fome que reinavam do outro lado do *front*; no entanto, eram motivados por um sentimento mais forte do que esses bens materiais: o ódio aos "senhores".

Quantas vezes, nas frias noites do Norte, escutei conversas dos soldados reunidos à volta da fogueira e ouvi os mesmos discursos que ouvira no *front* após a revolução [de fevereiro]:

– Já estou cheio de tê-los nos meus calcanhares!

– Quando tiveres um comissário nos teus calcanhares – objeta um soldado vermelho prisioneiro –, ele também mandará em ti. É nosso destino!

– É, mas o comissário é um dos nossos, é um cara nosso. Enquanto eles são os senhores. Com galões dourados. Os generais também. Ficam em vagões e nós, em *zemlianki*.[10]

As consequências desse ódio social não se fazem esperar. Uma noite de julho de 1919, os soldados de um regimento comandado pelo general inglês Ironside, estacionado no distrito de Dvina, ex-bolcheviques, degolam três oficiais ingleses e três oficiais russos e correm em direção ao estado-maior para degolar também seus membros. São dispersados à metralhadora; os sobreviventes voltam para o Exército Vermelho, que haviam deixado alguns meses antes. Uma semana depois, o 5º Regimento de Atiradores do Norte, estacionado em Onega e considerado um dos mais seguros pelo comando, revolta-se; os soldados prendem seu comandante e o levam para os Vermelhos. Os rebeldes cercam a *isbá*** dos 12 oficiais russos que comandam o regimento e estes, temendo o furor dos soldados, decidem morrer: os mais determinados matam seus camaradas e depois dão um tiro na cabeça. Os rebeldes fazem os oficiais ingleses de reféns e fogem para o Exército Vermelho. Para libertar seus homens, o alto comando britânico bombardeia com a artilharia de seus navios de guerra o centro histórico de Onega; ela destrói quase a metade antes de se resignar a negociar para recuperar seus oficiais.

A Sibéria e o almirante Kolchak

Os camponeses da Sibéria nunca passaram pela servidão e, não tendo que comprar suas terras após sua abolição, em 1861, têm em geral mais posses do que os camponeses da Rússia europeia e da Ucrânia. A Sibéria tem pelo menos 60 povos diversos: os tártaros, os buriates, os quirguizes, os basquires etc. Todos os distritos fronteiriços, do Volga a Vladivostok (exceto os territórios da Ásia central), são habitados há muito tempo por colonos cossacos que têm suas próprias tropas: os cossacos dos Urais, de Oremburgo, da Sibéria ocidental, da Sibéria oriental, de Transbaikalia, do Amur (rio que separa a Sibéria oriental da China) e do Ussuri. Esses cossacos ficam, via de regra, ao lado dos Brancos.

Em meados do mês de junho de 1918, os SR proclamaram, em Omsk, cidade situada no Irtich, sul da Sibéria ocidental ocupada por legionários tchecoslovacos, um diretório que pretende governar toda a Sibéria. O almirante monarquista Kolchak, após uma estadia na China no início de 1918, depois em Harbin, na Manchúria, chega a Omsk em outubro. No dia 18 de novembro, manda prender os membros do diretório e faz o Conselho dos ministros lhe entregar todo o poder depois de declarar "aceitar a cruz

---

* N.T.: Casa típica dos camponeses russos.

do poder". Ele define seu objetivo numa declaração ambiciosa: "Meu objetivo principal e fundamental é apagar o bolchevismo da face da Rússia, exterminá-lo e aniquilá-lo." Toma como reféns os ex-membros da Assembleia Constituinte SR. Em 27 de novembro de 1918, reconhece a dívida externa da Rússia: uma soma de 12 bilhões de rublos-ouro! Se ele derrubar os bolcheviques, os especuladores estrangeiros da Bolsa poderão recuperar seu dinheiro. Uma greve eclode em Omsk. Ele manda fuzilar uma dezena de deputados SR que não têm nada a ver com isso.

Os Aliados lhe fornecem um auxílio considerável. Os Estados Unidos mandam 600 mil carabinas, várias centenas de canhões, milhares de metralhadoras, munições, equipamentos, uniformes. A Grã-Bretanha manda 200 mil equipamentos, 2 mil metralhadoras, 500 milhões de cartuchos. A França envia 30 aviões e mais de 200 automóveis. O Japão, 70 mil carabinas, 30 canhões, 100 metralhadoras, munições e 120 mil equipamentos. Para pagar esses fornecimentos que lhe permitem equipar e armar mais de 400 mil homens, Kolchak envia a Hong Kong 184 toneladas de ouro do Tesouro de Estado russo confiscado em Kazan pelos tchecoslovacos revoltados, que o devolveram a ele.

Almirante Kolchak

O cerco da fome e dos complôs

No início de dezembro, suas tropas transpõem os Urais, atacam o 3º Exército Vermelho, devastado pelo alcoolismo e em plena debandada; no dia 24 de dezembro de 1918, tomam Perm, a mil quilômetros a leste de Moscou, sem nenhum obstáculo entre as duas cidades. A capital está em perigo. Lenin envia dois homens para investigar a fundo as causas da derrota e corrigir a situação: Dzerjinski, chefe da Checa, e Stalin. Durante um mês, eles investigam e caçam os bêbados, os incapazes e os traidores, reais ou imaginários. Os bolcheviques criam às pressas um escritório siberiano do Comitê Central, dirigido por Ivan Smirnov, e que compreende um agente de Kolchak, o engenheiro húngaro Sadke. Todos os agentes que o escritório envia à Sibéria são presos e fuzilados, salvo um. O escritório desmascara Sadke, que é aprisionado e morre de tifo. Esse escritório é dissolvido e reconstituído em agosto de 1919 para organizar uma rede de contatos com os grupos de *partisans* que se formam na retaguarda da tropa de Kolchak e de operários que preparam a insurreição nas cidades.

Notas

[1]   Chefe do estado-maior do 5º Exército.
[2]   Província da Rússia na fronteira oriental da Finlândia.
[3]   Denominação que recobre o conjunto dos partidos socialistas.
[4]   Órgão de administração local e municipal.
[5]   Ossetas, abecazes etc.
[6]   Irmão de Enver-Pasha, dirigente da Turquia.
[7]   Ucrânia.
[8]   Chefe cossaco popular que organizou uma rebelião de cossacos mais ou menos deserdados em 1670-1671.
[9]   Antigo nome da Estônia.
[10] Alojamento feito de um buraco cavado no chão e recoberto por ramos ou pranchas.

As oscilações da Ucrânia e os Exércitos "Verdes"

No dia 14 de novembro de 1918, o nacionalista ucraniano Petliura, prevendo a queda do governo-fantoche do alemão Skoropadski, proclama um governo do qual se declara chefe. Nesse momento, a Ucrânia encontrava-se dividida em duas: a margem direita do Dnieper, controlada por Petliura, e a margem esquerda, governada pelos bolcheviques – que, na época, se referiam a Makhno como "bandido" – e por vários atamãs revolucionários anárquicos. Um mês depois, as tropas de Petliura entram em Kiev. Alexandre Barmine observa, espantado, o desfile heterogêneo de um imenso grupo de camponeses brandindo mais bandeiras vermelhas do que emblemas nacionalistas com as cores da Ucrânia, azul e amarelo. Tratava-se do germe dos futuros exércitos camponeses "verdes" que percorreriam a Rússia, sobretudo a Ucrânia, até 1921.

> Eu esperava ver esquadrões de *haidamaks* em uniformes nacionais; imagine a minha surpresa ao ver se aproximarem milhares de trenós e carriolas, carregando um verdadeiro povo em migração, constituído de camponeses e do que pareciam ser soldados sem insígnias, com granadas nas cinturas, peitos cobertos por cartucheiras, com as armas mais heteróclitas, fuzis de todos os modelos – e até lanças e metralhadoras penduradas em fiacres velhos. Eles traziam consigo suas mulheres, às vezes os filhos, tocavam

acordeão, cantavam, triunfantes e sisudos. Dentre os emblemas, as cores ucranianas, o azul e o amarelo, foram claramente relegadas a segundo plano pelo vermelho. Uma revolução camponesa eclodia.

Apoiando-se nessa revolução camponesa, Makhno organiza então sua primeira grande operação: na noite de 26 de dezembro, ele chega às portas de Ekaterinoslav com uma centena de cavaleiros e 400 soldados de infantaria. Os bolcheviques se unem a ele, que assume o comando do conjunto das tropas "vermelhas", cujo ataque ocorre na manhã do dia 27. No dia 30, pela manhã, eles tomam a última praça-forte dos petliuristas, a caserna central e, depois, o aeródromo local, onde encontram sete aviões. Os makhnovistas, sem dispor de mecânicos nem de pilotos, incendeiam essas aeronaves. Na sequência, começa um festival de pilhagem: os soldados makhnovistas devastam as lojas, os entrepostos, os apartamentos ricos. Um grupo, tomado pela fúria, ateia fogo em vários prédios. O mercado central é todo saqueado. O comitê revolucionário bolchevique tenta convencer os makhnovistas a fazer uma requisição ordenada dos bens e dos alimentos, mas um makhnovista responde: "Somos adeptos do *slogan* 'De cada qual, segundo sua capacidade, a cada qual, segundo suas necessidades'."

A Ucrânia se volta então, por um período, para o lado dos Vermelhos. No dia 10 de janeiro de 1919, a 1ª Divisão do Exército do Sul se aproxima de Kiev. Primakov descreve a onda vermelha que bate sobre a Ucrânia, mas que logo refluirá:

> As guarnições alemãs evacuadas com pressa para a Alemanha davam livre passagem para o exército insurrecional e lhe forneciam seu excedente de armamento e, às vezes, até mesmo todo seu armamento. Sovietes de deputados-soldados se formavam nas unidades alemãs e dialogavam com o exército insurrecional.

> Durante a marcha vitoriosa do exército insurrecional, milhares de *partisans* se agrupavam em seus regimentos ou formavam novas unidades. As divisões se inchavam para formar uma força enorme. Havia de 1.000 a 1.500 baionetas nos regimentos, operadas por poderosas equipes de atiradores. A única fraqueza era a ausência de artilharia, organizada às pressas.

> A tática dessa massa de soldados de infantaria e os planos do comando eram muito primitivos: apenas as cidades eram alvo da luta; os vilarejos e povoados situados entre as cidades eram, por si só, fonte do seu poder

soviético e não exigiriam sustentação armada das tropas. O comando do exército indicava a uma divisão a direção de uma cidade da esfera regional, o comandante da divisão, por sua vez, fornecia aos regimentos a direção das cidades na esfera distrital, enviava um ou dois regimentos para a cidade da esfera regional, e a ofensiva começava.

Ao se aproximar do adversário, o comando alinhava seu regimento em duas ou três fileiras, deixava um batalhão na reserva e ordenava: "A linha em frente!" Os comandantes de companhia repetiam a ordem e a linha avançava: "Em frente!" Essa era a única ordem conhecida por todos e proferida com firmeza. No dia 19 de janeiro, a 2ª Divisão tomou Poltava; ao final do mês, a 1ª Divisão conquistou Kiev e a 2ª, Kremenchuk, e Dybenko tomou Ekaterinoslav e Dombas.

No final de janeiro, reformas significativas foram realizadas no exército insurrecional. As divisões foram organizadas de acordo com o tipo dos estados-maiores russos, e a qualidade de seus colaboradores foi aprimorada. Alguns comandantes de regimento foram cassados por banditismo. Nos regimentos foi instaurado o instituto dos comissários [políticos] e nas divisões foram criadas seções políticas. Os comandantes de regimento que agiam apenas como bem entendiam foram destituídos ou fuzilados [...].

Na linha do Dnieper, o exército insurrecional entrou em contato com os atamãs Grigoriev e Makhno, entre outros. O governo precisava impedir que a influência de Makhno e Grigoriev se espalhasse pelo exército, tarefa que dependia totalmente do novo enquadramento político do exército, que organizava o trabalho de agitação, e da Checa, responsável por educar as tropas e fuzilar os atamãs mais hostis.

Simultaneamente, os métodos de combate ficaram mais complexos. Primakov escreve:

> Os exércitos continuavam, assim como antes, agindo ao longo das ferrovias, e a luta era travada pelo controle dos grandes centros, mas as tropas não se deslocavam mais em vagões e sim em carroças e já sabiam fazer pequenas manobras. A infantaria fazia quase todo o trajeto nas carroças, e apenas o estado-maior usava trem.

A primavera de 1919 marca uma reviravolta brutal na Ucrânia. Os camponeses, descontentes com as requisições de trigo – destinadas a Moscou e outras cidades russas assoladas pela fome – e com a indiferença, e até desprezo, dos dirigentes bolcheviques locais em relação ao sentimento nacional ucraniano, revoltam-se. Por todo lado, eclodem revoltas camponesas, lideradas por chefes que, algumas semanas antes – ou, até mesmo, nos dias anteriores – comandavam algum destacamento do Exército Vermelho, que, de forma súbita, amotinou-se. O bolchevique Zatonsky, membro do Conselho dos Comissários do Povo da Ucrânia, é bastante direto:

> O grosso do campesinato se insurgia com frequência contra os comunistas. Com sua consciência política vacilante, é bastante comum declararem apoio aos bolcheviques que lhes dizem para "atacar o grande proprietário, tomar sua terra, armar-se..." e serem hostis aos comunistas que pedem: "Entregue seu trigo para o Estado, tenha disciplina" e, mais tarde, "deponha as armas".

> Na primavera de 1919, a Ucrânia inteira fervia e bradava. Aqui e acolá eclodiam insurreições camponesas; cada vilarejo tinha seu destacamento encarregado de defender os acessos estratégicos à sua própria república camponesa, e, às vezes, responsável por organizar uma expedição contra a vila ou localidade vizinha. Havia até alguns distritos muito organizados – por exemplo, a grande e a pequena Polovietskaia do governo de Kiev –, capazes de, caso necessário, reunir regimentos inteiros armados com metralhadoras e às vezes até canhões.

> Nas ferrovias, o tráfego era essencialmente de trens blindados. Os atamãs que recém tinham passado para o lado soviético, como Grigoriev, e dezenas de outros parecidos com ele, e até velhos chefes soviéticos outrora combatentes sob a bandeira bolchevique na época do atamã Skoropadski (Kotsur, Grebionka etc.), brandiam um após o outro o estandarte da revolta contra o poder soviético – ou, para ser mais preciso – contra os comunistas (e, claro, incluía-se aí o tradicional "contra os judeus", degolados sempre que havia oportunidade).

Cresce vertiginosamente o movimento dos Exércitos Verdes, iniciado no verão anterior pela formação de bandos locais de desertores e de camponeses fartos das pilhagens dos Brancos ou das requisições de alimentos e alistamentos dos Vermelhos. Ex-presidente do Comitê Central do Partido Cadete, membro da Conferência Especial de Denikin e chefe de seu serviço de propaganda (o Osvag), Sokolov associa o surgimento dos Verdes ao descontentamento crescente da população das zonas controladas pelo Exército Voluntário.

As oscilações da Ucrânia e os Exércitos "Verdes"

Vladimir Zatonsky

De todo lado choviam críticas ora sobre a inatividade, ora sobre os abusos de poder das autoridades. A população se amargava e, aos poucos, escapava de nossa influência e passava para o lado dos Verdes. Estes surgiram primeiro na província de Kuban, onde seus quadros eram formados por opositores das cidades, que não desejavam mais lutar e queriam fugir da mobilização. Depois esse movimento cresceu em direção ao sul, na província do mar Negro, onde as florestas e as montanhas criavam o cenário perfeito para os Verdes escaparem com facilidade dos destacamentos punitivos. A composição dos Verdes era tão diversificada quanto suas modalidades de ação. Todo tipo de pessoa se unia a eles, desde bandidos comuns até pacifistas e anarquistas que estavam fartos da guerra civil e não aceitavam a autoridade. Alguns desses bandos verdes pilhavam e matavam indiscriminadamente, outros se contentavam em se engalfinhar com a guarda e os soldados, poupando a população civil que, nesse caso, dava-lhes cobertura de bom grado. Ao sul, os Verdes do mar Negro tinham laços políticos obscuros, provavelmente com socialistas-revolucionários. Os Verdes do Kuban tinham vínculos tênues com os autonomistas. Nosso comando, local e superior, encarava o movimento dos Verdes com uma atitude simplista e direta: recusava-se a reconhecer neles a manifestação espontânea de um problema social e da saturação popular.

Por sua vez, o general Wrangel descreve os Verdes de forma muito mais severa, qualificando-os de simples bandidos:

> Nas montanhas ao norte de Sochi, pelo que consta nos relatórios dos soldados locais, aglomeravam-se bandos de desertores e resquícios de rebeldes comandados pelos georgianos e autonomeados Verdes. As unidades regulares georgianas ainda mantinham a neutralidade, mas os Verdes liderados por georgianos se portavam de forma escrachadamente agressiva. Eles desarmaram uma parte inteira de nossos soldados e tomaram vários vilarejos situados a 10 ou 15 quilômetros ao norte de Sochi. O comando da guarnição de Sochi, formado por uma única bateria e algumas companhias, pediu-me para enviar uma patrulha de cavalaria do meu destacamento como batedora. Eu enviei um oficial com dez cossacos que, a 12 quilômetros ao norte da cidade, foram emboscados. Um cossaco e dois cavalos foram mortos.
>
> Para afastar os Verdes, o chefe da guarnição enviou um destacamento sob o comando do capitão Tchaikovsky, ligado ao estado-maior-general. Os Verdes o atacaram e empurraram seu destacamento até a entrada da cidade, destruído pela perda de vários soldados mortos e feridos. Após receber um relatório sobre a situação, o quartel-general decidiu enviar reforços à guarnição de Sochi [...]. Tentei passar pela ferrovia. Reuni todo mundo e decidi me deslocar para a cidade ao amanhecer. Subimos no trem no meio da madrugada e seguimos nosso caminho bem no meio da escuridão, com todas as luzes apagadas, duas metralhadoras instaladas na locomotiva. A 7 ou 8 quilômetros da cidade, nosso trem ficou sob o fogo de um posto dos Verdes, mas a ferrovia estava em bom estado e conseguimos entrar em Tuapse, onde ficamos sabendo que o inimigo já havia tomado o controle da ferrovia ao norte de Sochi.

Kakurin, ex-oficial do Exército Branco que se aliou aos bolcheviques em 1920 e foi fuzilado a mando de Stalin em 1937, pinta um retrato dos Exércitos Verdes não muito diferente:

> Elementos inconscientes e ávidos, que queriam escapar de servir nas fileiras do exército ou desertavam, formavam bandos que se dedicavam à pilhagem e à violência na retaguarda do *front* e faziam até incursões em cidades protegidas apenas por pequenas guarnições. Esse movimento dos "Verdes", como esses bandos passaram a ser chamados, estava no limiar do simples banditismo criminoso, mas, com o passar do tempo, assumiu tons políticos próximos aos dos socialistas-revolucionários.

A luta contra os Verdes desviou uma quantidade significativa de tropas do seu destino de combate, mas foi travada sobretudo pelas tropas de soldados do interior da República, pelos destacamentos dos comissários militares locais e pelas organizações voluntárias formadas junto aos sovietes locais especialmente para isso.

Ao longo do verão de 1919, o movimento dos Verdes que, em alguns casos, foi manipulado por elementos contrarrevolucionários para fins próprios, vivenciou um crescimento inegável [...]. Em julho de 1919, um levante dos Verdes, auxiliado pelos SR de esquerda, devastou todo o distrito de Pocheron, na província de Vladimir. Cerca de 10 mil homens participaram dessa insurreição, apoiada pelos *kulaks*, mas liquidada em um mês. Em alguns casos, os bandos de Verdes dispunham até de canhões e metralhadoras.

Ele atribui o desenvolvimento dos Verdes, ao longo do verão de 1919, às dificuldades militares da República Soviética, que a levavam a constantes mobilizações. As deserções se multiplicam, repercutem no campesinato – rico, segundo Kakurin – e, por consequência, "o movimento se desenvolvia, esforçava-se para se organizar e assumir uma determinada fisionomia política e, então, os socialistas-revolucionários, de forma conveniente, entravam em cena".

A formação dos primeiros bandos verdes remonta ao verão de 1918. Eles se constituíam ou de grupos de desertores que pilhavam os camponeses, com frequência se apresentando como Vermelhos, ou de grupos armados de camponeses revoltados contra os destacamentos de requisição, sobretudo durante semeaduras ou colheitas. Um dos bandos verdes da região de Odessa é comandado pelo ex-SR de esquerda Marussia. Em março, ele invade o vilarejo de Berezovka e exige dos habitantes um enorme tributo sob a ameaça de degola. Algumas horas depois, um destacamento vermelho, comandado pelo *partisan* Kotovsky chega a Berezovka. Marussia propõe que dividam o butim. A proposta é recusada por Kotovsky, que proíbe todos os moradores de lhe dar um centavo sequer, sob pena de represálias. Porém, ele não ousa enfrentar o bando, que afirma ser "forte demais". Marussia e seu bando deixam então Berezovka para saquear um pouco mais adiante. Cada conquista, ou quase, de uma cidade por um Exército Verde termina com uma pilhagem gigantesca: as carriolas dos insurgentes partem atulhadas de objetos saqueados dos apartamentos dos "burgueses" – para esses bandos, todos os citadinos eram burgueses – e em geral distribuídos gratuitamente à população local.

O atamã Grigoriev é um dos incontáveis aventureiros da guerra civil. Seu exército regular, formado por soldados e mercenários desclassificados, e não por camponeses revoltados, não é, portanto, verde de fato. Mas guarda algumas semelhanças com o movimento. Após ter servido como oficial no exército da Rada central, depois no de Petliura, ele se junta ao Exército Vermelho com uma dezena de milhares de homens no começo de fevereiro de 1919. Os bolcheviques desconfiam desse aventureiro carregado de revólveres, e a Checa envia um agente à sua divisão. Grigoriev se prepara para atacar Odessa, naquele momento nas mãos dos Brancos. O comandante do grupo de tropas que partiu para inspecionar suas unidades se depara com um espetáculo inquietante: 200 soldados estão esparramados no pátio da caserna em torno de uma enorme cisterna de álcool. Nas vias da estação, estavam estacionados quase 500 furgões de mercadorias carregados com álcool, combustível, açúcar, lençóis, alimentos, que Grigoriev se recusava a enviar para a retaguarda, sob o pretexto de estar preocupado com a segurança. No dia 25 de março, sua divisão avança para Odessa; em 6 de abril, toma a cidade, que não esboçou nenhuma resistência. Grigoriev envia um telegrama triunfal ao estado-maior e a Makhno:

> Graça a esforços, privações e sacrifícios excepcionais, os bandos de urubus foram esmagados três vezes, uma atrás da outra, pelas minhas tropas e foram, de forma humilhante, jogados ao mar, junto com os sacerdotes ortodoxos e duzentas jovens muito nobres do instituto. Odessa foi tomada de assalto.

No dia 13 de abril, o estado-maior o promove a comandante de divisão por suas façanhas. No dia 18, suas tropas são autorizadas a tirar folga em Alexandria, para onde partem acompanhadas de furgões carregados até as bordas por produtos diversos e artigos de armarinho. Uma vez lá, as tropas fazem a festa e se afogam na bebida. Grigoriev distribui de graça uma boa parcela da carga de seus furgões à população local, exultante. A Checa propõe ao estado-maior, desprovido dos meios para tanto, o desarmamento de suas tropas. Diante disso, Grigoriev não encontra dificuldade de virar a população contra ela.

No início do mês de maio de 1919, o Exército Romeno, incitado por Londres e Paris, atravessa a fronteira. O estado-maior decide enviar Grigoriev a seu encontro, que deserta e se rebela contra o Exército Vermelho. Pri-

As oscilações da Ucrânia e os Exércitos "Verdes"

meiro, suas tropas se espalham pelas florestas vizinhas, depois se reagrupam e, no final de maio, invadem Elisabethgrado, onde organizam um *pogrom* no qual quase três mil judeus seriam degolados e estripados. Além disso, seus homens também perseguem os comunistas. A Checa envia um destacamento de suas tropas especiais ao encalço dos desertores. O membro da Checa Fomin, futuro dirigente do NKVD de Leningrado, forma um comboio, instala ali um esquadrão de cavalaria, uma companhia de soldados de infantaria, caminhões, metralhadoras e leva consigo membros de elite da seção especial da Checa. Em Elisabethgrado, abandonada pelos soldados de Grigoriev, advertidos a tempo da chegada dos chequistas, cadáveres jaziam em todas as calçadas e pontes. Uma parte da população fugira para vilarejos vizinhos, outra se escondera nos porões e sótãos. Um primeiro encontro coloca os chequistas frente a frente com destacamentos de Grigoriev.

A impressão do makhnovista Arshinov é a de que "ele parece confuso demais: percebe-se certa simpatia pelos camponeses oprimidos, muito instinto autoritário, extravagâncias de um chefe de bandidos, espírito nacionalista, antissemitismo". Em um primeiro momento, Makhno finge se entender com Grigoriev para ganhar a simpatia de seus homens. Um comando comum é designado: o atamã Grigoriev se torna comandante em chefe, presidente do Conselho Militar Revolucionário e seu camarada Makhno, chefe do estado-maior. Ao mesmo tempo, o estado-maior de Makhno, em um discurso a suas tropas, pinta a figura de Grigoriev como a de "um errante selvagem que, embora discursando sobre os sofrimentos do povo, sua opressão e sua labuta, na verdade procura reestabelecer a antiga e injusta ordem das coisas". Ele o retrata como um aventureiro sem fé nem lei:

> Grigoriev é um ex-oficial do exército czarista. No início da revolução na Ucrânia, ele combateu ao lado de Petliura contra o poder soviético, passou em seguida para o lado desse mesmo poder; agora, ele se virou contra os sovietes e a Revolução em geral. Do que ele fala nessas declarações? Já nas primeiras palavras de sua convocação universal, começa pela afirmação de que a Ucrânia de hoje é dirigida pelos "que crucificaram o Senhor" e por pessoas "oriundas da escória de Moscou". Irmãos, vocês não veem nisso um sombrio apelo aos *pogroms*? Vocês não sentem nessas palavras o desejo do atamã Grigoriev de romper os laços fraternais que unem a Ucrânia revolucionária à Rússia revolucionária?

Na madrugada de junho de 1919, às quatro horas, o dia seguinte à insurreição de Grigoriev, acordam Zatonsky: um dos regimentos enviados contra o atamã se revoltara no caminho.

Em Berdychiv, Kazatin e Fastov, eles liquidaram a Checa e os chequistas. E, nesse instante, esse regimento instalado em Fastov hesita, enfim, sobre seus próximos passos: deve continuar seu caminho para Kiev e ali "ajustar as contas com a Checa e a comuna"? Ora, em Kiev não dispúnhamos de nenhuma força apta a combater esse regimento. A única alternativa era utilizar os argumentos da razão e a força da eloquência. Propuseram que eu fosse a Fastov, para ao menos tentar segurar o regimento por meio de uma conversa, enquanto esperávamos poder organizar aqui algum movimento para enfrentá-los se falhássemos em convencê-los a manter a direção inicial. Vou à estação em plena madrugada. Acomodo-me em um vagão. Uma poderosa locomotiva carrega atrás de si o vagonete de serviço, que sacoleja muito e ameaça sair dos trilhos a cada curva. Eu me sinto bem desconfortável. Ao amanhecer, chego a Fastov [...].

Apesar de ser muito cedo, a estação já fervilha de soldados vestidos das mais diversas formas; um deles, de pés descalços e com uma espingarda de cano serrado – para deixá-la mais leve – nos ombros, usa um inusitado chapéu-coco. Os soldados já haviam notado meu trem. Eles se precipitam para o vagão, gritos irrompem em um tom que não se pode qualificar de alegre: "O comissário chegou!" A chegada de um membro do governo não desperta entusiasmo. A maior parte dos soldados está com a carabina nas mãos [...].

Chamei o comandante do regimento e lhe propus, haja vista a garoa que caía, reunir imediatamente os homens em um lugar coberto, para conversarmos um pouco. Dez minutos mais tarde, a reunião começou em um teatro do governo, localizado próximo à estação. De fato, a Checa fora liquidada. Não muito longe da estação, o cadáver de um dos chequistas fuzilados apodrecia no solo. O estado de espírito do regimento era claro: a indecisão e a confusão reinavam naquelas cabeças camponesas. Naturalmente, eles eram a favor do poder soviético e eram todos bolcheviques; temiam um pouco a comuna,[1] mas, no geral, não eram muito contrários a ela. No regimento, havia comunistas, *partisans* como todos os outros, que os viam como seus bons companheiros.

O comandante do regimento, o atamã que o formara, por mais estranho que isso possa soar – mas era comum – não comandava seu regimento: era o regimento que o comandava. Ou, para ser mais exato, esse comandante estava totalmente à mercê da multidão que o cercava e da qual não se emancipava. Por seu nível de compreensão, ele não se distinguia tanto assim da massa, e o estado de espírito dos camponeses que o cercavam tinha uma influência gigantesca sobre ele. Não se tratava absolutamente de um contrarrevolucionário; inclusive, havia tentado refrear os excessos de seu regimento, que tentara enviar para combater Grigoriev. E fora ele quem advertira Kiev sobre a indecisão do regimento, mas, caso se optasse por marchar para Kiev, ele teria marchado junto a seus homens (como o cigano de um conto popular que se enforca para acompanhar os outros!).

A reunião durou mais de uma hora. Parecia-me que eu havia apresentado todos os argumentos a favor do poder soviético e contra o bandido Grigoriev. Em geral, os soldados concordavam, mas eu sentia um porém. Finalmente, consegui fazer com que falassem. *Grosso modo*, eles me bombardearam com perguntas sobre a comuna. Era verdade que iríamos arrancá-los de suas fazendas e reuni-los em um só órgão? Era verdade que nos preparávamos para tirar todo o trigo acumulado pelos camponeses? Minhas explicações os alegraram [...].

Enfim, consegui persuadi-los, eles começaram a brincar e até me perguntaram como a situação estava em outros países. Ouviram com grande satisfação que eram os primeiros no mundo inteiro a expulsar seus senhores, que os trabalhadores do mundo todo os olhavam com esperança, que o capital internacional os temia. No fim, cantaram com ardor *A Internacional* (e se evitou o *Zapovita*,[2] naturalmente); eles juraram solenemente que iriam marchar contra Grigoriev e que não chegariam perto da Checa ao longo do caminho. Cumpriram seu juramento. Na viagem de volta, dormi como uma pedra até Kiev. Em contrapartida, em Kiev, até a minha chegada, os rapazes não pregaram o olho.

Esse incidente não teve nada de excepcional. Houve dezenas de outros parecidos. No coração de Kiev, inclusive, houve revoltas de regimentos igualmente estúpidas.

O anarquista Arshinov narra o fim da aventura de Grigoriev com alguns floreios. No dia 27 de julho de 1919, o vilarejo de Sentov recebeu "um congresso de insurgentes das províncias de Kherson, Ekaterinoslav e Táurica do Norte", que reunia as tropas de Grigoriev e Makhno, quase 20 mil homens ao todo. Grigoriev foi o primeiro a falar. Ele convidava os camponeses e os insurgentes a empregar todas as suas forças para expulsar os bolcheviques do país, sem desprezar nenhum aliado. Por esse objetivo, ele se dizia até mesmo disposto a fazer uma aliança com Denikin: "Uma vez livres da opressão bolchevique, o próprio povo ponderaria sobre suas opções". Makhno rejeita essa proposta:

A luta contra os bolcheviques somente poderá ser revolucionária se travada em nome da Revolução Social. Aliando-se aos piores inimigos do povo – os generais –, não passará de uma aventura contrarrevolucionária e criminosa. Grigoriev convida a todos para participar dessa contrarrevolução, portanto é um inimigo do povo.

Depois ele critica Grigoriev pelo *pogrom* de Elisabethgrado e conclui: "miseráveis como Grigoriev são a vergonha de todos os insurgentes de Ucrânia; eles não podem ser tolerados nas fileiras dos honestos trabalhadores revolucionários."

Assim ameaçado, Grigoriev se prepara para luta, mas o ajudante de ordens de Makhno, Simon Karetnik, o alveja. Makhno o executa com um tiro. Os membros de seu estado-maior sofrem o mesmo destino. Após esse debate cheio de ação, o "congresso" decide integrar os soldados de Grigoriev aos destacamentos de Makhno. Eles aceitam, mas alguns sonham em vingar a morte de seu chefe assassinado.

O adjunto de Makhno, Chubenko, uma vez capturado, dará uma versão um pouco diferente à Checa. No Congresso, ele havia acusado Grigoriev de "contrarrevolucionário" e de "lacaio czarista". Na sequência, Grigoriev, Makhno e os demais adjuntos entraram na cabana do soviete do vilarejo, onde continuaram a discussão. Chubenko acrescenta:

> Eu me acomodei à mesa, tirei meu revólver da cintura e o desengatilhei, tudo isso de forma muito discreta, para que Grigoriev não notasse nada. Sentado à mesa, tinha meu revólver à mão. Assim que todo mundo entrou, Grigoriev sentou-se de frente para mim. Makhno estava à sua direita, Karetnikov atrás dele; à esquerda de Grigoriev estava sentado Chaly, Traian, Lepechenko[3] e seu guarda pessoal. Grigoriev tinha duas pistolas Luger, uma no coldre, na cintura, a outra pendurada na cintura por uma tira e que recaía sobre sua perneira. Então Grigoriev se virou para mim e perguntou: "Bem, meu senhor, explique-me com base em que você disse isso aos camponeses." Eu respondi à sua pergunta e reiterei que ele realmente era um aliado de Denikin. Grigoriev sacou sua pistola, mas, como eu estava preparado, atirei bem no seu rosto, acima da sobrancelha esquerda. Grigoriev grita: "Oh, *Batko! Batko!**", enquanto Makhno exclama: "Matem o atamã!"; Grigoriev sai correndo da casa, eu sigo atrás dele e atiro várias vezes em suas costas. Ele salta no quintal, cai e eu dou o tiro de misericórdia.

---

* N.T.: *Pai* em ucraniano, como Makhno era conhecido.

As oscilações da Ucrânia e os Exércitos "Verdes"

Esse relato leva a pensar. Pode-se questionar se um homem que recebera um tiro no meio da testa, a três metros de distância, poderia correr como um coelho enquanto era alvejado por uma chuva de balas nas costas. Porém, algo é inegável: Grigoriev foi morto, dois de seus adjuntos foram assassinados a pedradas e seus soldados foram desarmados. Outra coisa é certa: abundam aventureiros da espécie de Grigoriev. Zatonsky, bolchevique ucraniano veterano, destaca isso:

> No fundo, cada um de nossos regimentos nessa época podia perfeitamente decretar uma insurreição contra nós e, às vezes, nem se compreendia de verdade por que um destacamento combatia a nosso favor e outro, contra. Assim, por exemplo, Makhno foi de grande ajuda na luta contra Grigoriev, e Grigoriev teria sido, sem problema algum, uma fonte de apoio contra Makhno se este tivesse se revoltado antes contra nós.

A instabilidade causada pelos Verdes e a influência desagregadora de seus destacamentos livres e indisciplinados sobre vários regimentos do Exército Vermelho, cuja disciplina já era titubeante, levam Trotski a criticá-los em um texto intitulado *O verde e o branco*, de julho de 1919, enquanto o Exército Vermelho recua diante da pressão do Exército Voluntário.

> Em geral, pressupõe-se que os bandos verdes são formados por fugitivos e desertores, sem vontade de lutar por nenhum dos lados. À primeira vista, parece uma leitura plausível: as tropas vermelhas lutam pela liberdade e independência do povo trabalhador; as tropas brancas, pelo reestabelecimento do poder dos grandes proprietários, dos capitalistas e do czar, enquanto os Verdes, procurando apenas salvar sua pele, escondem-se nos matos.
>
> As consequências concretas, porém, são diferentes. Conforme indicam os últimos relatórios, os bandos verdes se uniram ao exército de Denikin e estão combatendo, lado a lado com os Brancos, contra os operários e os camponeses.
>
> Como isso aconteceu? É muito simples. O grosso dos Verdes é formado por aproveitadores obtusos e por covardes, então bastou aos oficiais de Denikin assumirem por toda parte o papel de organizadores secretos e incitadores. Se um Branco tivesse proposto diretamente aos trapaceiros e desertores uma aliança com Denikin, eles recusariam sem pestanejar, porque desejavam menos ainda lutar pelos interesses dos grandes proprietários de terras do que pelos do povo trabalhador. Os agentes de

Denikin, portanto, valeram-se de um estratagema para ir controlando os desertores aos poucos. Agentes secretos dos Brancos apareceram aqui e ali e reuniram os desertores para formar bandos verdes, persuadindo-os de que não iriam lutar nem pelos Vermelhos, nem pelos Brancos. Mas, a partir de sua formação, esses bandos logo se encontraram num fogo cruzado: entre as tropas soviéticas e a pressão dos Brancos. Colocados entre a cruz e a espada, esses bandos verdes estavam em um beco sem saída. Os agentes de Denikin, então, deixaram a máscara cair e guiaram os ingênuos e os desertores para a única solução possível: o lado dos Brancos, sob a proteção de Denikin. Este se apressou em enviá-los, sob a mira e a ameaça de metralhadoras, ao assalto do Exército Vermelho operário e camponês. Dessa forma, os desertores, que desejavam fugir da guerra se embrenhando no mato, encontram-se na linha de frente sob o fogo e são exterminados dos dois lados de uma só vez.

É a justiça. Uma luta pela vida ou morte se desenrola entre os Vermelhos e os Brancos, entre os proprietários fundiários e os camponeses. Não há lugar para os Verdes. É melhor combater um inimigo assumidamente Branco do que um adversário dissimulado, um Verde que se esconde de tempos em tempos nas florestas e, quando as tropas de Denikin se aproximam, apunhalam os combatentes revolucionários pelas costas.

Não pode haver espaço para os bandidos, os covardes e outros ladrõezinhos que se unem para formar bandos verdes. Eles devem ser exterminados no momento oportuno. As florestas e os distritos rurais devem ser varridos dessa gentalha verde [...]. Antes de os nossos regimentos passarem à ofensiva contra os Brancos ao longo de todo o *front*, eles esmagarão com uma só pisada esse verme verde para garantir a segurança da retaguarda. O pior inimigo do povo é o Verde. Vamos esmagá-lo com um só golpe.

Porém, enquanto Trotski escreve essas linhas, o Exército Vermelho continua recuando em todo o *front* sob a pressão do Exército Branco.

De um campo para o outro

Até o fim da guerra civil, existem elementos hesitantes, oscilantes, que podem mudar de lado ao menor incidente, a qualquer momento, como ocorreu com o irmão mais velho do líder antibolchevique Boris Savinkov. Primeiro ele serve no Exército Branco como oficial cossaco; depois, feito prisioneiro na primavera de 1918, junta-se ao Exército Vermelho, no qual fica até maio de 1920. Novamente prisioneiro, agora do Exército Polonês, que invadiu a Ucrânia, vira a casaca e combate os Vermelhos.

Por vezes, a mudança de lado depende da eloquência, pois a "agitação", isto é, a batalha das ideias (mesmo reduzidas à sua mais simples expressão) e dos *slogans* para convencer milhões de homens e mulheres desempenha um importante papel na guerra civil. A Revolução, de fevereiro a outubro de 1917, foi um imenso comício permanente na frente ou dentro das fábricas, nos quartéis, nas esquinas, nas praças; a guerra civil prolonga esse combate de palavras e imagens. Nesse campo, os Vermelhos – e os Verdes, com menos recursos – são muito superiores aos Brancos, despreparados para discursar para massas de soldados ou de camponeses. Trotski ou Makhno, num registro mais popular, podem mudar o rumo dos acontecimentos graças à eloquência. Em *Minha vida*, Trotski conta como convenceu 15 mil desertores a retomarem o combate:

> Nos governos de Kaluga, Voronej ou Ryazan, dezenas de milhares de jovens camponeses não responderam às primeiras chamadas lançadas pelos sovietes. A guerra acontecia longe deles, o recrutamento não funcionava direito, as convocações não eram levadas a sério. Aqueles que não se apresentavam à convocação eram considerados desertores. Iniciou-se uma luta séria contra a deserção. No comissariado da guerra de Ryazan, foram reunidos mais de 15 mil desertores. Como eu estava passando por Ryazan, decidi ir vê-los [...]. Aquela multidão agitada, barulhenta, curiosa como se fossem colegiais se precipitou em minha direção. Eu os imaginara piores, e eles, que eu era mais terrível. Em alguns minutos, fui cercado por uma horda imensa, turbulenta, indisciplinada, mas não hostil; os "camaradas desertores" me encaravam com olhos esbugalhados. Subi em uma mesa, no pátio, e conversei com eles por mais de uma hora e meia. Era o mais receptivo dos públicos. Um verdadeiro entusiasmo tomou conta deles. Estavam empolgados, gritavam alto e não queriam me largar.

Ele não está se vangloriando. Em agosto de 2001, o velho dissidente soviético Grigori Pomerantz relembrou o relato que ouvira de um soldado do Exército Vermelho, igualmente prisioneiro no Gulag, sobre o efeito magnético que os discursos dos grandes oradores bolcheviques, como Trotski, produziam nos soldados:

História da guerra civil russa

Os Vermelhos tinham oradores magníficos que acreditavam na instauração do paraíso na Terra e que sabiam conduzir os camponeses pela miragem do paraíso. M. Lupanov, que foi meu vizinho de catre no Gulag, me contou isso com muita intensidade. Em 1950, Lupanov tinha se tornado antissoviético, mas em 1920, após ter ouvido um discurso de Trotski ou de Zinoviev, ele estava pronto a partir ao assalto do céu. E não apenas ele, seu regimento inteiro.

Às vezes, a situação é mais difícil e pouca coisa basta para mudar seu rumo ou para que o herói de um dia seja fuzilado alguns dias depois. Este será o destino do atamã cossaco Grebionka, que se confronta com Zatonsky. Durante a ocupação alemã da Ucrânia, Grebionka arma a revolta de toda a região de Tarashcha. A Reichswehr precisa então mobilizar três divisões durante um mês e meio para dar conta da situação. Em seguida, ele reúne um regimento de cavalaria, que põe a serviço do Exército Vermelho, embora permaneça o mais autônomo possível, inclusive no que diz respeito ao abastecimento e ao armamento. No início de julho de 1919, o estado-maior do Exército Vermelho se preocupa com suas manobras. Zatonsky parte para Tarashcha e chega no dia 14 de julho, às 17h. Ao ver os camponeses dos arredores e a população local se amontoarem na frente de um depósito que lhes vende álcool em troca de cupons para gêneros alimentícios, Zatonsky manda suspender essa troca. Grebionka obedece, mas a multidão fica agitada; ele ordena, então, que parem, e as pessoas se acalmam. A autoridade de Grebionka sobre elas impressiona Zatonsky.

O atamã organiza um desfile militar para seu hóspede, impressionado pelos 1.500 cavaleiros do seu regimento, impecavelmente enfileirados ao lado de 100 metralhadoras montadas sobre uma atrelagem leve e rápida, chamada *tatchanka* (muito difundida na Ucrânia, particularmente nas tropas de Makhno), e de 16 canhões cuidadosamente alinhados. Em cima de uma cerca, Zatonsky discursa para os cavaleiros, que não escondem sua hostilidade.

> Eu esperava que Grebionka mantivesse sua promessa e ordenasse que eles se pusessem em marcha. Ao invés disso, ele deu a palavra a um tipo de aparência suspeita – um simples soldado do regimento que se soube mais tarde ser um oficial de Denikin. Esse soldado disse que estava voltando de sua folga na região de Tchernigov, onde fora visitar os pais e descobrira o seguinte quadro: o pai tinha sido preso pela Checa, a irmã tinha desaparecido e não

As oscilações da Ucrânia e os Exércitos "Verdes"

sabiam onde estava, um de seus dois irmãos fora fuzilado e o outro vivia escondido no mato. Em sua casa, tudo havia sido destruído, e eles até tinham levado sua última vaca; sua velha mãe, quase cega de tristeza, permanecia sozinha nas ruínas. Com certeza, tinham sido os "judeuzinhos-comunistas" que fizeram tudo aquilo porque sua família não queria se juntar a eles. Ele não chegou a nenhuma conclusão com seu discurso, mas isso não era realmente necessário. As exclamações que choviam de todos os lados mostraram que os homens não estavam longe de resolver a questão com esse "vilarejo de judeuzinhos" do seu jeito. Três ou quatro oradores repetiram a mesma coisa. O último exigiu que avançassem até Kiev para se livrar do governo e só depois resolver o problema com Denikin [...]. Grebionka tomou a palavra e anunciou a partida para Kiev. Os *partisans* receberam sua declaração com entusiasmo.

Vivemos um minuto sinistro. Eu fiquei esperando que nos cortassem em pedaços. Mas não aconteceu nada. A brigada recebeu a ordem de entrar em forma. Executou a meia-volta regulamentar e seguiu em marcha acelerada para a cidade, sem nos dar a menor atenção.

Grebionka, querendo parecer tranquilizador, convida Zatonsky para um jantar com seus oficiais e as autoridades locais. Durante a refeição, eles brincam, calculando que Tarashcha mudou de mãos 27 vezes. Zatonsky quer partir no seu carro, mas Grebionka o dissuade: há uma emboscada para matá-lo. Zatonsky volta para Kiev, desanimado, pelo caminho mais longo. Ele escreve:

Nós éramos completamente impotentes diante da cavalaria de Grebionka. Todas nossas forças haviam sido enviadas ou contra Denikin, ou contra Petliura. Denikin estava se aproximando de Poltava e nossos alunos oficiais de Kiev travavam combates desesperados contra os petliuristas em Jmerinka. Grebionka poderia então tomar facilmente a capital da Ucrânia soviética, que podia ser alcançada em três ou quatro etapas.

Porém, a brigada se dissolve graças às intrigas de uma dúzia de oficiais de Denikin infiltrados que a haviam instigado contra o vilarejo, onde eles acusavam os bolcheviques de querer recrutar os camponeses à força. Grebionka suspende a marcha a Kiev, mas no ano seguinte se rebelará e será fuzilado.

Nômades forçados

Os movimentos erráticos dos bandos e tropas diversas (Vermelhos, Brancos, Verdes, petliuristas) lançam nas estradas da Ucrânia hordas de camponeses, carregando sua barda. Serguei Mejeninov, nobre que se alistou no Exército Vermelho em agosto de 1918, comandante em chefe do 12º Exército e, depois, do 15º – fuzilado por Stalin em 1937 –, narra o encontro de suas tropas com uma dessas colunas errantes:

> Frequentemente havia mal-entendidos quando nossos destacamentos encontravam os enormes comboios de camponeses que iam do distrito de Tchernigov para o sul e no sentido inverso, e que eram tomados por comboios militares dos Brancos. O cavaleiro vermelho que preparava seu esquadrão para o ataque sem um prévio reconhecimento, ficava bem embaraçado quando, após galopar até o comboio, se chocava com o ar perdido e as injúrias típicas dos "vovôs".

Serguei Mejeninov

As oscilações da Ucrânia e os Exércitos "Verdes"

Os comboios que desciam do norte carregavam principalmente louça de cerâmica, para trocar por sal em algum lugar depois de Romny e de Loubny. Em geral, os vovôs não sabiam exatamente onde encontrar esse sal e se fiavam nas indicações dos guias de comboios já carregados de sal que eles encontravam pelo caminho. Quanto a nós, víamos às vezes acampamentos inteiros de famílias que fugiam das províncias ocidentais do antigo império, depois de terem vendido todos seus bens e comprado um cavalo velho e uma carroça avariada para se instalarem numa cabana ou numa choça em uma propriedade de um nobre de sua terra natal. Esses homens infelizes não compreendiam a luta que se travava diante de seus olhos. Não tomavam parte dela. Buscavam simplesmente fugir do *front* da guerra imperialista e defender seu rocinante e sua carroça das tropas branca ou vermelha, que tentavam confiscá-los para garantir o transporte. Eles tinham de repelir todas as tentativas dos Verdes (os desertores das tropas da guerra civil, escondidos nas florestas) de lhes tirar a barda que haviam conseguido salvar. Por isso, viviam e se deslocavam por acampamentos inteiros de habitantes de um distrito ou de um vilarejo. Essas concentrações eram particularmente grandes à beira dos rios. Quando os encontrávamos, esses fugitivos expressavam sua alegria pela retirada dos Brancos e um temor tímido de que os Vermelhos tomassem suas carroças. Eles nos davam de bom grado informações sobre a situação do adversário e a direção de sua retirada.

O distrito parecia um formigueiro. Uns brigavam, outros realizavam trocas e negociações; alguns, protegendo sua barda, se apressavam rumo a uma pátria desconhecida, enquanto outros ainda procuravam os vestígios do lar perdido. No meio desse turbilhão, em cada cabana se via um doente com tifo imobilizado num banco.

O tifo devasta as populações e semeia, ao longo das estradas e dos campos, longas filas de cadáveres. Assola também todos os exércitos, cujos serviços médicos são ilusórios. Quantas vítimas de ferimentos leves morreram nessa guerra civil por falta de atendimento, de medicação, de um hospital digno desse nome? Quantos combatentes capturados foram mortos à baioneta, com uma bala na cabeça ou a tiros de metralhadora?

A grande maioria dos médicos foi favorável aos Brancos. Porém, embora os Aliados lhes tenham fornecido, a partir de dezembro de 1918, uma grande quantidade de uniformes e armas, quase não mandaram medicamentos: a Rússia continuava sendo bucha de canhão para os Aliados, como em 1914. Como Makhno e os Verdes não contavam, em geral, com um hospital de campanha, salvo exceção, eles distribuíam seus feridos entre os camponeses da região, onde quase sempre morriam por falta de atendimento e higiene. Faltavam dramaticamente ao Exército Vermelho pessoal médico qualificado, bandagens e medicamentos: ninguém lhes fornecia tais provisões, e a indústria local fabricava quantidades irrisórias.

A isso se acrescentavam, nos três campos, o espírito burocrático, a indolência e o desleixo herdados da Rússia czarista e de sua administração. Por exemplo, ao passar pela estação de Liski, na Ucrânia, em 10 de junho de 1919, Trotski vê um espetáculo que o deixa indignado:

> Transportes de feridos em um estado indescritível chegaram pela ferrovia à estação de Liski. Os vagões não tinham roupa de cama. A maioria dos feridos e dos doentes estava sem roupa sobre panos sujos há muito tempo; muitos deles com doenças contagiosas. Sem médicos, enfermeiras, sem chefe de comboio. Um comboio que transportava mais de 400 feridos ou doentes ficou na estação da manhã à noite sem que os doentes recebessem nenhuma alimentação. Difícil imaginar algo mais criminoso e mais vergonhoso.
>
> É verdade que temos poucos médicos. Grande parte deles fugiu para o império contrarrevolucionário de Denikin e Kolchak. Mas seu número insuficiente não justifica um escândalo desses. Os feridos e doentes poderiam receber alimentação mesmo sem atendentes do hospital. Podia-se perfeitamente informar de antemão, por telegrama, a chegada de um comboio de soldados feridos, famintos e esgotados do Exército Vermelho, exigir das autoridades locais medidas indispensáveis para alimentá-los [...].
>
> De acordo com o chefe da estação de Liski, os doentes ficaram 12 horas sem comer porque ele não havia recebido as ordens de pagamento indispensáveis para isso. Então, porque ninguém se preocupou em liberar a soma necessária para o pagamento de uma refeição para os doentes e feridos, o chefe da estação e o chefe do centro de evacuação concluíram: a única solução do problema consiste em deixar os doentes e feridos sem comer durante 12 horas! E as outras autoridades soviéticas? Não estavam a par de nada? Na véspera, uma situação semelhante acontecera na mesma estação. Para uma situação excepcional, medidas excepcionais, não? O comitê executivo local e a organização dos ferroviários cuidaram disso? De modo algum. Ninguém se interessou. Enrolados em seus panos sangrentos, os feridos se torciam de dor, de fome e de sede no chão sujo dos vagões. E não lhes davam nada porque um indivíduo não tinha desbloqueado o dinheiro, e alimentar os pacientes teria perturbado a organização administrativa. Pode-se imaginar crueldade mais absurda e burocracia mais indecorosa, mesmo nos tempos mais ignóbeis do czarismo mais abjeto?

As oscilações da Ucrânia e os Exércitos "Verdes"

Esse caso não é absolutamente isolado. Essa atitude, que Trotski qualifica de "negligência criminosa" e de "passividade nojenta [...] das autoridades soviéticas locais, que fecham os olhos aos sofrimentos dos soldados do Exército Vermelho, os quais, depois de defender sua segurança, sofrem e morrem diante de seus olhos", repete-se por toda parte.

As "façanhas" do ladrão Iaponchik

Nas cidades que trocam de mão alternadamente, delinquentes, ladrões e bandidos de todo tipo aproveitam para aterrorizar a população e cobrar taxas com a cor política de seu capricho do momento.

Diz um antigo provérbio que Rostov do Don e Odessa são as duas principais cidades do mundo do crime russo: Rostov-papai e Odessa, a mãe. O mais conhecido dos ladrões de Odessa é Mishka Iaponchik, cujas proezas são contadas pelo chequista Fomin. Nomeado chefe do serviço de informações do atamã aventureiro Grigoriev, chega com ele a Odessa, em 6 de abril de 1919, como "libertador". Iaponchik saqueia uma grande quantidade de casas burguesas que o comandante de Odessa – conhecido como Dombrovsky entre os Vermelhos e como Volkov entre os Brancos, sem sombra de dúvida um agente duplo – estranhamente nunca consegue impedir ou estorvar.

Iaponchik se apresenta um dia com sua ordenança na sede da Checa, afirma que seus homens e ele haviam saqueado até então apenas "os burgueses que fugiram da União Soviética para se refugiar em Odessa", que ele somente "confiscou" algumas coisinhas dos burgueses locais e atacou bancos, casas de jogos, clubes, restaurantes. Porém, diz que "com a chegada do poder soviético, tudo isso deve terminar [...]. Não haverá mais saques nem arrombamentos". Comandando seus homens, ele pretende, segundo diz, formar um destacamento do Exército Vermelho. Tem os homens, as armas e o dinheiro, só lhe falta um mandato e um local. Assim que os tiver, ele se porá imediatamente ao trabalho.

Fomin o leva ao comitê militar revolucionário da cidade, dirigido por Ian Gamarnik, que se tornará depois inspetor geral do Exército Vermelho e membro do Comitê Central (mais tarde, Stalin o implicará no pretenso complô dos generais, de junho de 1937, e sua saída para o processo de car-

História da guerra civil russa

tas marcadas será o suicídio). Iaponchik explica então a Gamarnik que seus homens são essencialmente lumpens, isto é, errantes, na maioria órfãos de pai e mãe. Após longas hesitações, Gamarnik e seus adjuntos cedem ao pedido de Iaponchik, que faz mil juramentos inflamados.

> Logo que recebeu a permissão, Mishka Iaponchik se dedicou sem demora à formação de seu destacamento que, ao final de alguns dias, já tinha cerca de 2 mil homens. Ele começou a lhes dar treinamento militar e político, mas muitos se esqueciam de comparecer. Já Mishka Iaponchik gostava sobretudo de desfilar nas ruas de Odessa à frente de seu destacamento, pois apreciava claramente atrair para si a atenção da população.

Porém, em julho chega a hora da verdade.

> Em julho de 1919, a situação se degradou no *front*. Os colonos alemães se revoltaram na periferia de Tatarka e de Lioustdorf. Tropas de Petliura se manifestaram na periferia de Vinnitskaia, para onde Mishka Iaponchik devia se dirigir com seu destacamento contra Petliura.
>
> Antes de partir, Iaponchik pediu autorização para organizar uma festa "familiar" de adeus para seu destacamento. Foi autorizado e, para isso, escolheu o prédio do conservatório. Alguns de nossos comandantes se interessaram por esse banquete e foram dar uma olhada. Entre os convidados, havia muitas mulheres, ex-ajudantes de seus amigos – encarregadas anteriormente de receptar e passar adiante os objetos e valores roubados – com vestidos de seda de cores chamativas. Muitas delas usavam joias. Havia longas mesas instaladas no palco e no salão. Tudo com muito luxo e elegância; percebia-se um desejo manifesto de surpreender e ofuscar. Nas mesas, vinhos, *zakouski** e frutas em abundância. Mishka Iaponchik estava instalado no centro, no lugar de honra. A festa "familiar" durou até a manhã.
>
> Mishka Iaponchik não teve pressa em embarcar e partir para o *front* contra Petliura. Quando, enfim, seu destacamento chegou à estação e recebeu ordem para subir no trem, ouviram-se gritos por todos os lados: restavam em Odessa muitos contrarrevolucionários e, se o destacamento deixasse Odessa, os contrarrevolucionários iam tomar o controle da cidade. Por três vezes, o destacamento se preparou para subir nos vagões e, por três vezes, seus membros se dispersaram. Finalmente, Mishka Iaponchik embarcou um destacamento de mil soldados. Sem dúvida, o anúncio de que Denikin estava se preparando para atacar Odessa acelerou sua partida. Iaponchik e

---

* N.T.: Entradas variadas, quentes ou frias, típicas da Rússia e da Polônia.

seus amigos devem ter acreditado que sua colaboração com os Vermelhos não seria muito benéfica para eles. Como a conduta dele e de seu destacamento preocupava todo mundo, a Checa foi incitada a segui-los.

A deserção minou o destacamento durante sua progressão. Somente cerca de 700 homens chegaram ao *front*. O destacamento se transformou num regimento, comandado por Iaponchik e cujo comissário político era Feldmann. A primeira tarefa que recebeu foi enfrentar o assalto dos petliuristas. Mas, assim que estes surgiram, o regimento fugiu e abriu o *front* aos petliuristas, que ganharam terreno. Iaponchik fugiu com os outros. Ele se apossou de uma locomotiva com um vagão de luxo e foi para Vinnitskaia, onde já o esperavam os chequistas e Ursulov, chefe do distrito militar, que o fuzilou. Sua traição nos custou caro: os petliuristas conseguiram furar nossas posições e o comandante precisou enviar para o setor, às pressas, um regimento já exaurido por um combate sangrento e incessante de dois dias num setor vizinho.

Insurreições camponesas

Na primavera e verão europeus de 1919, as insurreições camponesas se multiplicam na Ucrânia contra o Exército Vermelho e as autoridades comunistas (três quartos das autoridades são judeus e o campesinato é frequentemente antissemita). O Conselho Ucraniano dos Comissários do Povo irritou os camponeses locais ao decidir que não distribuiria entre eles as terras de plantação de beterraba, que abasteciam as usinas de açúcar, mas que as transformaria em propriedades coletivas. A província de Kiev é sacudida por 93 insurreições locais em abril. No dia 1º de abril, o governo decreta o atamã Zeliony (cujo nome significa "verde") um fora da lei. Ele rompe com o Exército Vermelho, e sua tropa se alia às hordas camponesas que atacam Kiev, gritando: "Viva o poder soviético! Abaixo os bolcheviques e os judeus!" ou "Abaixo os comunistas e os judeus!". Um destacamento de 6 mil soldados vermelhos repele Zeliony. Em abril, a província de Tchernigov é sacudida por 19 levantes e a de Poltava, por 17.

Os cossacos insurgidos chamam a atenção por sua extrema crueldade. Certos cossacos fazem a chamada "sopa comunista": lançam os comunistas judeus vivos em um imenso tanque de água fervendo, instalado na praça central do vilarejo, e forçam seus camaradas capturados a comer seus corpos. Algumas das vítimas desse canibalismo dos Brancos perderam para sempre a razão e a capacidade de falar.

Makhno tenta desencaminhar destacamentos do Exército Vermelho desmoralizado pelo avanço brutal de Denikin em junho e julho de 1919. O anarquista Arshinov escreve:

> No mês de julho, os destacamentos bolcheviques situados na Crimeia se revoltaram, destituíram seus chefes e se puseram a caminho para encontrar as tropas de Makhno. Esse golpe de Estado havia sido organizado por comandantes makhnovistas que saíram das fileiras do exército soviético: Kalashnikov, Dermendji e Budanov. Tropas consideráveis do Exército Vermelho avançavam do rio Bug meridional para Pomochnaia à procura de Makhno, levando junto seus chefes anteriores, agora cativos (Kotcherguin, Dybetz e outros). A reunião se deu em Dobrovelitchkovka (província de Kherson) no início de agosto. Foi um golpe duro para os bolcheviques, pois reduzia a quase nada as ínfimas forças militares que eles ainda tinham na Ucrânia.

Em agosto de 1919, a situação dos Vermelhos na Ucrânia parece desesperadora. A marinha aliada atacou Odessa, ocupada em algumas horas.

"Após o desembarque dos Aliados em Odessa, em agosto de 1919", escreve Zatonsky, "ficou claro que não podíamos manter o sul. Todas as unidades vermelhas, salvo a 45ª Divisão, estavam completamente desmoralizadas. Não havia nenhuma ligação entre Yakir, comandante da 45ª Divisão, e Fedko, comandante da 58ª", ainda que reforços recebidos por Petliura atacassem a 45ª Divisão. Como não sabiam onde era a linha de frente, Zatonsky e seus camaradas telegrafavam ao acaso para os vilarejos, encontrando ora um seguidor de Petliura, que os insultava, ora um de Makhno, que lhes dava uma informação qualquer, ora um vago simpatizante. Totalmente ao acaso. Ao cabo de três dias, um simpatizante lhes garante, enfim, uma ligação com Fedko, que os encontra alguns dias depois. O quadro que ele pinta não é dos mais alegres:

> Fedko nos informou que sua situação era ainda pior do que imaginávamos. Se a 45ª Divisão corria o risco de ser esmagada por forças galicianas* em maior número, a 58ª estava às vésperas do aniquilamento completo. Era formada principalmente por originários de Táurica, que os agitadores de Makhno tinham cooptado e que não queriam abandonar suas choupanas para ir para o norte. Esses homens se recusavam totalmente a obedecer aos

---

* N.T.: Não tem relação com a comunidade autônoma localizada em território espanhol, a Galiza – denominada em espanhol de Galícia. As forças galicianas aqui referidas dizem respeito à região da Galícia, localizada a oeste do território ucraniano atual e ao sul da Polônia.

As oscilações da Ucrânia e os Exércitos "Verdes"

generais brancos, mas preferiam travar uma guerra de *partisans* contra eles a se dirigir a regiões longínquas e desconhecidas. Em Nicolaev, estiveram a dois passos de preparar um levante; as equipes de blindados passaram para o lado de Makhno, bem como a cavalaria, que havia acompanhado Fedko até o vilarejo de Pomochnaia. De sua divisão restavam apenas seis regimentos de infantes e, ainda assim, bem incertos.

Zatonsky decide visitar essas unidades. Assim que chega, convoca todos os comandantes de regimentos e de brigadas e os interroga sobre a confiabilidade dos regimentos.

Um após o outro, os comandantes declaram num dialeto russo-ucraniano:

– Meu regimento lutará contra os Brancos e contra qualquer um.
– E contra Makhno?
– Não, contra Makhno não vamos lutar; aliás, eles pensam em passar para o lado dele.

Por fim, o quinto comandante interrogado responde: "Meu regimento lutará contra Makhno." Tento compreender a razão: seria um regimento excepcionalmente bem disciplinado? A resposta é muito franca: "Nada disso. Meus homens são de Verbliujka, e as pessoas de lá têm raiva de Makhno!" Resposta impressionante! Verbliujka é um enorme vilarejo do distrito de Aleksandriski, terra natal e principal base de Grigoriev. Quando ele se levantou contra nós, Makhno não o apoiou, vendo nele manifestamente um concorrente, tentou liquidá-lo e, finalmente, matou-o com um tiro. E esse regimento, composto de homens de Verbliujka, permaneceu partidário de Grigoriev e não esqueceu a traição de Makhno. Só restava então aproveitar essa circunstância e enviar contra os makhnovistas esse destacamento de simpatizantes de Grigoriev.

Makhno tinha certeza absoluta de que iria nos liquidar. Ele contava mais com seu armamento, sobretudo a artilharia, do que com suas forças vivas, restos da 58ª Divisão. Todos os dias, ele nos enviava telegramas e fonogramas. Uma vez, até tive a oportunidade de falar com ele ao telefone. Prometeu degolar "os judeuzinhos e os comissários" e se declarou disposto a acolher os outros em seu exército formado para defender as conquistas da revolução contra os Brancos; em geral, falava num registro "nobre", misturando estranhamente termos anarcorrevolucionários e o jargão da União do Povo Russo.*

---

* N.T.: Organização conservadora e monarquista da época do Império Russo.

Francamente, não estávamos de jeito nenhum convencidos de que Makhno não atingiria seu objetivo: não tínhamos nenhuma garantia de que nossos soldados não nos degolariam ou não nos entregariam a Makhno. Nossos soldados vermelhos continuavam passando para o lado dele, individualmente ou em grupos. Um de nossos antigos esquadrões que aderira a Makhno galopava ao longe e incitava os homens a se unirem ao *Batko* para conhecer uma vida de liberdade. Mas os homens de Grigoriev não nos traíram e resistiram aos de Makhno quando nós os mandamos para nosso flanco direito. Foi graças a eles que conseguimos escapar de Makhno.

Esse episódio é revelador das múltiplas reviravoltas, às vezes estranhas, da guerra civil: Zatonsky e seu destacamento de soldados vermelhos só escapam a um ex-esquadrão da Cavalaria Vermelha que aderiu a Makhno graças à resistência dos ex-soldados do bandido Grigoriev, que aderiam aos Vermelhos após Makhno assassinar seu chefe!

Sem rádio, sem notícias do exterior, completamente apartado de tudo, Zatonsky e seu estado-maior recebem finalmente ordens para se retirar para o norte.

Os homens se puseram em marcha a contragosto e resmungando. Nos três ou quatro primeiros dias, nossas fileiras diminuíram sensivelmente; no entanto, a maioria continuou a avançar, mais por sentimento de camaradagem do que por disciplina. Só depois de uma semana, começamos a respirar melhor. Aqueles que não tinham ficado para trás, que não tinham partido nos primeiros dias para se unir a Makhno se envolviam na expedição e sentiam que havia um objetivo. A divisão avançava com mais facilidade e determinação. Nosso comboio deixava os makhnovistas para trás.

Formávamos um estranho quadro naquele momento. Nosso comboio, com bois enormes, dromedários, mulas inglesas e uma horda de crianças e mulheres, se estendia de 20 a 25 quilômetros. Para economizar combustível e não estragar os motores, os blindados eram puxados por bois. Nossos homens usavam os mais variados uniformes. Nos primeiros dias, nossas colunas pareciam mais um gigantesco acampamento de ciganos do que um exército.

O destino da guerra civil será, afinal, decidido pela política: os camponeses distinguiam os bolcheviques, que lhes haviam dado terra, dos comunistas, que tomavam suas colheitas; eles se insurgiam regularmente contra estes e suas requisições de víveres, mas, no fim das contas, garantiram a

As oscilações da Ucrânia e os Exércitos "Verdes"

derrota dos Brancos, vistos como a fachada dos proprietários de terras e dos generais czaristas. Os Verdes, por outro lado, só propunham revoltas locais e saques, até mesmo bebedeiras, sem nenhum projeto político nacional; os SR tampouco puderam oferecer isso.

Contudo, a guerra civil permanece marcada por uma sucessão de reviravoltas, com massas indecisas que podem inverter inesperadamente o rumo dos acontecimentos. Zatonsky, com seu humor habitual, oferece uma imagem surpreendente disso. Em Kiev, a situação se degrada para os bolcheviques. O estado-maior julga impossível manter o controle da margem direita do Dnieper e de Odessa. Mas Trotski chega e lhes ordena fazer tudo para defender Odessa. Zatonsky parte para lá de má vontade em um trem blindado com chapas unidas de qualquer jeito; só o canhão da frente funciona, a platina do de trás está danificada. Esse trem blindado de mentirinha para na estação de Pomochnaia, cuja ponte foi dinamitada. Zatonsky recebe um apelo do chefe do destacamento vermelho que ocupa Elisabethgrado, ameaçada pelo avanço de Denikin. Ele vai para lá e se reúne com o estado-maior no vagão de um trem na plataforma.

> O chefe do setor mal tinha terminado seu relatório, dizendo que tudo ia bem em Elisabethgrado, quando começou um tiroteio na estação. Corri para meu trem blindado a fim de reunir minha equipe. A cena era inimaginável, impossível compreender o que estava acontecendo, exceto que tudo crepitava em volta. Para se orientar e poder usar o único canhão do trem blindado que funcionava, era preciso sair da estação e subir o monte, a um quilômetro dali. Mas não havia mais mecânico na locomotiva. Ele tinha se volatilizado. Começamos a procurar um condutor, pegamos um sujeito com as roupas sujas de óleo; sob a ameaça de um revólver apontado para ele, aceitou tirar o trem blindado da estação, enquanto jurava que não tinha nenhuma ideia do funcionamento de uma locomotiva.

> O motor a vapor da locomotiva ainda estava ligado; designei um de meus alunos oficiais para acompanhar o condutor, e o trem começou a correr em marcha a ré. Corri ao longo do trem para saltar em meu vagão, quando ele bateu em algo; ouvi um estalo [...]. Eles tinham conseguido manobrar a chave de desvio dos trilhos e nossa plataforma blindada de trás batera no comboio do comandante militar. Impossível dar ré.

> Soltamos a plataforma de trás e decidimos avançar em direção a Znamenka, mas naquele momento um trem blindado enviado a Znamenka para uma missão de informação chegou em grande velocidade à estação

e atingiu nosso trem blindado de lado. Não podíamos mais nem avançar nem recuar. Tudo isso sob tiroteio intenso: atiravam da direção da fábrica Elvorti e das janelas da estação.

Zatonsky e seus imediatos tentam aguentar na plataforma de mercadorias até de manhã, a fim de tomar a cidade dos insurgidos locais quando amanhecer. Um comboio cheio com valores e com as autoridades locais está pronto para partir. Eles querem escapar o mais rápido possível, pois os passageiros, em pânico, estão incomodando. No momento de partir, quase todos os soldados do Exército Vermelho depõem suas armas e pulam no trem em marcha, abandonando Zatonsky e seu pequeno grupo na estação.

Quando o comboio partiu, ficamos praticamente sós, mas com as metralhadoras que tínhamos conseguido tirar da parte traseira de nosso trem blindado enquanto os bandidos tomavam a locomotiva e a parte dianteira, e abrimos fogo, refugiados na plataforma de mercadorias. A confusão era total.

Ao mesmo tempo, ficamos sabendo – verdade ou não, como saber? – que as tropas de Denikin lançaram uma ofensiva a partir de Znamenka e avançam para Elisabethgrado. Não tínhamos mais nada a fazer ali. Decidimos incendiar os vagões cheios de forragem e de víveres que tinham ficado na estação para evitar que caíssem nas mãos dos Brancos, e começamos nossa retirada [...].

Éramos uma centena apenas. Desaparecemos em plena noite seguindo pelos dormentes. À nossa volta, dos vilarejos vizinhos ecoam silvos, manifestamente sinais convencionais. De tempos em tempos, atiram em nós de longe. Às vezes, tropeçamos em cadáveres ainda quentes de camaradas que quiseram fugir sozinhos antes da retirada em grupo e que foram mortos pelos bandidos. De manhã, nos campos – era época da colheita – percebemos camponeses armados, indo colher o trigo com o fuzil nos ombros. Eles nos lançaram um olhar atravessado, mas decidiram não nos atacar, pois avançamos em grupo.

E eles conseguem voltar vivos a Kiev, que logo deixarão para trás.

Notas

[1] Isto é, a fazenda coletiva.
[2] Canto nacional ucraniano.
[3] Os três adjuntos de Grigoriev.

Da Sibéria a Petrogrado

Em março de 1919, Kolchak, que controla toda a Sibéria, do Pacífico aos Urais, dispõe de 137.500 soldados, 352 canhões e 1.361 metralhadoras para enfrentar um Exército Vermelho com 125 mil homens, 422 canhões e 2.085 metralhadoras. Ao contrário de Denikin, às voltas com o excesso de oficiais, Kolchak não tem oficiais o suficiente para enquadrar suas tropas, cuja fidelidade nem sempre é confiável, ainda mais que a maioria deles prefere os serviços da intendência e da retaguarda e se concentra nas cidades, onde leva uma boa vida. Seus elementos mais leais são os rebeldes sobreviventes das fábricas de Ijevsk e Vorki – vencidos no outono anterior e que aderiram aos Brancos – e o destacamento de elite do coronel Kappel, que o filme *Tchapaiev*,* retrata vestido inteiramente de preto, atacando em fileiras cerradas, impávido sob os tiros.

No dia 4 de março, os legionários tchecoslovacos atacam o 2º e o 3º Exércitos soviéticos; no dia 6, as tropas do general Khanjin, o 5º. Com suas bandeiras nas cores branca e verde tremulando, a ala esquerda de Kolchak ataca Samara e Simbirsk, e a ala direita se volta para Vyatka** e Vologda, na

---

* N.T.: Épico de 1934, de S. e G. Vassiliev.
** N.T.: Atual Kirov.

tentativa de se unir às tropas britânicas do general Miller no norte, pouco entusiastas do combate. Em meados de março, as tropas de Kolchak se encontram a menos de 100 quilômetros de Kazan e de Samara. O esquema do verão de 1918 se repete...

A ameaça a Petrogrado

No início de janeiro de 1919, Yudenich comanda oficialmente o Exército do Noroeste, mas a única força armada existente, constituída pelos alemães em Pskov, ainda lhe escapa. Esse exército se refugiou na Estônia, governada por Johan Laidoner, comandante em chefe de seus pequenos exércitos. O general russo Rodzianko lhe afirma que apoia a independência de seu país e consegue o comando de uma brigada; em abril de 1919, passa a comandar também o modesto Exército do Noroeste, que conta com 758 oficiais e 2.624 infantes, 74 metralhadoras e 18 canhões. Duas vezes maior, a divisão do Exército Vermelho que o enfrenta possui 147 metralhadoras e 25 canhões.

Yudenich tenta conseguir o apoio da Finlândia e, em meados de dezembro de 1918, encontra em Estocolmo Mannerheim, ex-general do czar que vencera os Vermelhos finlandeses e regente desse país. Mas Yudenich se recusa a garantir a independência da Finlândia, e Mannerheim, que exige isso, afasta-se. Um novo encontro entre os dois homens, desta vez em Helsinque, confirma o impasse. A derrota alemã força Yudenich a se voltar para os Aliados, que não conseguem convencer Mannerheim a acolher seu exército em formação. Pede então ajuda ao jovem governo estoniano, mas, como proclama aos quatro ventos que os países bálticos fazem parte da "Grande Rússia una e indivisível", os ingleses, que financiam, precisam insistir vigorosamente para que a Estônia, dita independente, lhe conceda a contragosto uma ajuda mínima. Em uma entrevista ao jornal *Severnaia Jizn*, Yudenich declara: "A guarda branca russa tem um único objetivo: expulsar os bolcheviques. Ela não tem programa político." Ele pede por telegrama um auxílio financeiro a Kolchak, que lhe manda um milhão de rublos.

Ao raiar do dia 13 de maio de 1919, as tropas de Rodzianko e Yudenich atacam e vencem o Exército Vermelho, esgotado e desmoralizado. No dia 15, tomam Gdov; em 17, Jamburgo,* e em 19, Peterhof, a 30 quilômetros da cidade. Lenin considera indefensável o que resta da antiga capital; então, decide abandoná-la. Mas Trotski se opõe a isso. Fato raríssimo, Stalin o apoia contra Lenin, que o envia imediatamente a Petrogrado. No dia 19 de maio, Stalin chega à antiga capital, faminta, recém-saída de um inverno glacial que estourou os canos de água. Magros e pálidos, os habitantes se esquentam acendendo suas panelas com tacos de madeira, lambris, pedaços de armários e aparadores ou livros. Três quartos das fábricas estão parados. Somente em algumas raras chaminés – as que trabalham para o exército e cujos operários recebem uma ração especial para atenuar a fome – sai de vez em quando uma nuvem de fumaça. Nas ruas e nos canais se amontoam restos e detritos, onde fervilham ratos. Embora seja primavera e o céu esteja límpido, o moral da população trabalhadora está muitíssimo baixo, assim como seu ardor para defender a Revolução ameaçada.

Na própria noite de sua chegada, Stalin envia a Lenin um longo telegrama acusador: "O comandante da Frente Ocidental e o comandante do 7º Exército parecem umas nulidades, e seu lugar não é no *front*." Onde? Ele não diz; provavelmente nos porões da Checa. Em 21 de maio, as tropas de Yudenich se aproximam de Gatchina. Seu êxito leva o exército estoniano a se juntar a elas e a invadir o território russo. A vitória parece estar ao alcance da mão. Além disso, em 12 de junho, oficiais liderados por Nekliudov, comandante do próprio forte, amotinam-se e entregam aos Brancos o forte de Krasnaya Gorka, cujas baterias de canhão comandam o acesso ao golfo de Petrogrado. Trava-se uma batalha feroz, durante três dias, entre os amotinados e os destacamentos vermelhos que tentam retomar o forte. As baterias de Kronstadt bombardeiam Krasnaya Gorka. As tropas de Rodzianko nada fazem para ajudar os amotinados. Segundo alguns, o coronel do regimento estoniano da Íngria teria até prendido e mandado fuzilar os mensageiros enviados pelos amotinados a Rodzianko.

Na cidade, existem muitos complôs e espiões. Stalin e Zinoviev assinam a seguinte ordem: "Todos os desertores e covardes serão fuzilados na hora."

---

* N.T.: Atual Kingisepp.

Durante a batalha, um regimento vermelho massacra os comunistas, passa para o lado dos Brancos, que o enviam imediatamente ao combate e ele acaba esmagado. Stalin organiza "uma execução solene dos sobreviventes feitos prisioneiros". Com Zinoviev, ele ordena fuzilar na hora "os traidores que se bandearam para os Brancos", prender suas famílias e confiscar suas terras e bens. Eles proclamam: "É preciso matar até o último dos Brancos, senão a paz não será alcançada."

No dia 17 de junho, Stalin manda fuzilar 67 indivíduos acusados de "complô": todos os oficiais suspeitos de terem entregado Krasnaya Gorka aos Brancos, assim como os insolentes, que, contra sua opinião, retomaram o forte com uma ofensiva terrestre da infantaria, ao passo que ele queria organizar uma grande operação marítima. Em uma nota enviada a Lenin no dia 18 de junho, Stalin alega ter desmascarado um complô dos comandantes das baterias de todos os fortes do distrito fortificado de Kronstadt, que ele inventou ou aumentou para legitimar seu ódio aos "especialistas militares" (isto é, aos ex-oficiais czaristas, recrutados em grande número por Trotski para o Exército Vermelho) e justificar essas execuções maciças. Em 22 de junho, o Exército Vermelho contra-ataca e envia para a Estônia, no início de agosto, o exército de Yudenich, que lá se recupera.

A derrota de Kolchak

No leste, o exército de Kolchak, de tanto saquear os camponeses e açoitar ou enforcar os recalcitrantes, suscita na retaguarda insurreições dos camponeses, que se voltam então para os bolcheviques. Em 1º de julho de 1919, o Exército Vermelho retoma Perm; em 14, a cidade de Ekaterinburgo e transpõe os Urais; no dia 24, chega a Cheliabinsk, onde, 15 meses antes, havia começado a revolta dos legionários tchecoslovacos. As insurreições camponesas se multiplicam na retaguarda do exército de Kolchak, e algumas de suas companhias se aliam ao Exército Vermelho. Ivan Smirnov, um dos futuros condenados à morte no primeiro processo de Moscou, em agosto de 1936, responsável pelo gabinete siberiano do Partido Bolchevique e membro do estado-maior do 5º Exército,

Da Sibéria a Petrogrado

instala-se com seus colaboradores em um pequeno vagão estacionado numa via de garagem na estação de Bugulma. Eles enviam pequenos grupos de militantes à retaguarda do inimigo para desorganizar o tráfego ferroviário do exército de Kolchak, que está recuando. É para lá que os *partisans* lhes enviam emissários. Ele escreve:

> Em Cheliabinsk, vimos chegarem os primeiros enviados dos *partisans*. Primeiro, foi um jovem do destacamento de Mamontov, um camponês que, como todos os *partisans*, se considerava bolchevique, embora jamais tivesse ouvido falar do partido comunista [...]. Depois dele, veio do Extremo Oriente um ex-marinheiro idoso, outrora exilado, Andriachkino. Explicou em detalhes a situação na Sibéria, na primavera de 1919, e nos informou sobre as forças dos *partisans* de Slavgorod a Blagoveschensk. Ninguém o tinha enviado, ele veio por conta própria nos dar informações. Cumprida a tarefa, partiu imediatamente [...]. Provavelmente foi morto mais tarde pelos Brancos que estavam sendo derrotados na região de Irkutsk.
>
> Um dia, em Cheliabinsk, um velho camponês da província de Omsk se apresentou a nós. Ele trazia as propostas de paz de vários distritos rurais. Tinha escondido o texto dessas propostas no interior de uma bengala. Com uma ingenuidade infantil, os representantes de uma dezena de vilarejos tinham assinado esses papéis. Quando ele me entregou, fiquei petrificado de surpresa: ele carregava a sentença de morte de todos seus mandatários. À menor suspeita, qualquer patrulha poderia tê-lo revistado e teria encontrado o documento: não se podia enganar as pessoas com um bastão furado. Teriam sido fuzilados sem hesitação [...].
>
> Mantivemos o delegado conosco por algumas semanas para que se familiarizasse com nossos costumes, nossas intenções, nossa literatura. Depois, conseguimos um cavalo e um trenó para ele; nos esquis do trenó (perfurados), ele carregava livretos para distribuir em todos os vilarejos. Recebeu verbalmente a ordem de desencadear uma revolta no sul de Omsk e de lançar as massas camponesas contra Omsk quando nos aproximássemos da cidade pelo oeste. Ele cumpriu todas essas missões.

Boris Yeltsin, enviado por Stalin como trotskista ao Gulag, onde morrerá (e que não tem nenhuma relação com o primeiro presidente da Rússia, de 1991 a 2000!), visita o Altai, no sul da Sibéria, em setembro de 1919. Ele descreve de modo pitoresco os *partisans* do Altai, movimento camponês com características originais que quase não adere ao Exército Vermelho.

139

No triângulo do Altai havia três exércitos de *partisans*, que contabilizavam juntos 120 mil homens, e tinham estados-maiores, corpos de exército, brigadas, regimentos e até um grande quartel-general com seu comandante em chefe, Mamontov [...]. Por seu estado de espírito e métodos de combate, o exército dos *partisans* se fundia organicamente com o campesinato. O único armamento de massa dos *partisans* era uma lança, constituída de uma haste enorme (em forma de esgravatador) que terminava em uma ponta de ferro fina. Os *partisans* que só tinham essa arma, ou seja, três quartos desse exército, recebiam o nome de lançadores. Montados em seus cavalos rápidos, com a lança na mão, constituíam enormes destacamentos que o estado-maior central qualificava de "divisões de cavalaria".

Como as tropas de Makhno e os bandos verdes, esse exército de *partisans* soviéticos considera a cidade um depósito de mercadorias boas para saquear, ainda mais que as cidades da região, centros de comerciantes, de camponeses ricos, de funcionários públicos, de oficiais e de cossacos, são praças-fortes de Kolchak e do Exército Branco. Assim, alguns se voltarão facilmente contra os comunistas no ano seguinte. Continua Yeltsin:

> Em certos lugares, e cada vez mais frequentemente, vimos ao longo da estrada carroças carregadas de pregos, ferragem, correias, máquinas quebradas, torneiras desatarraxadas, samovares, todo tipo de utensílios. O camponês que nos acompanhava explicou: "Se estão carregando tantas coisas é porque os *partisans* trabalharam bem". Quando perguntamos onde eles tinham pegado todo aquele material, ele respondeu: "Principalmente nas vendas e nas lojas. E por que não pegariam? Todos nós lutamos; a cidade nem se mexeu. Na cidade, são todos partidários de Kolchak. Todos eles são contra os camponeses. Eles apoiaram os Brancos, é por isso."

A cidade abriga destacamentos de legionários poloneses odiados e destacamentos de soldados brancos, constituídos de oficiais e de estudantes. Ela nunca se insurgiu. Os camponeses siberianos veem nela o abrigo de Kolchak. O levante dos *partisans*, onde abundam os saqueadores, é um movimento espontâneo, sem partido, com *slogans* vagos, sem programa preciso, cujos chefes aparecem e desaparecem ao sabor das circunstâncias. Seu chefe mais conhecido, Mamontov (*partisan* vermelho), fornece uma imagem surpreendente deles:

Da Sibéria a Petrogrado

No início da instauração do poder de Kolchak, quando as contribuições e as exações se multiplicaram, o camponês Mamontov se desentendeu (por razões pessoais ou por causa do pagamento do tributo) com um guarda local e, num belo dia, acabou matando-o. A polícia se lançou à sua busca. Ele reuniu um grupo de vinte indivíduos "descontentes com Kolchak e ofendidos por ele" e organizou ataques, sobretudo contra a milícia branca [...]. A repercussão de suas proezas se espalhou rapidamente. Seu nome suscitou inúmeras lendas: ele havia matado dez homens de uma só vez, havia escapado à morte não se sabe por que milagre etc. Quanto mais se multiplicavam as exações contra os camponeses e os vilarejos isolados, mais seu "bando" crescia. Logo ele constituiu um verdadeiro destacamento capaz de efetuar ataques sistemáticos contra os soldados brancos e sua milícia. As expedições dos legionários poloneses que devastavam os vilarejos do Altai "a ferro e fogo" engendraram a virada de todo o movimento dos *partisans*. De líder de um pequeno destacamento, Mamontov se transformou em chefe de uma insurreição camponesa e de todo um exército de camponeses contra Kolchak. O próprio processo da insurreição e sua dinâmica tomaram conta dele, e o nome desse homem totalmente inculto politicamente se tornou a bandeira em torno da qual se reuniam os camponeses de toda a província.

A caminho de Moscou

No sul, em contrapartida, tudo parecia favorecer os Brancos. No dia 29 de junho de 1919, o exército caucasiano de Wrangel, sob as ordens de Denikin, rechaça o Exército Vermelho de Tsaritsyn, utilizando, pela primeira vez na guerra civil, tanques fornecidos pelos Aliados, embora sejam um tanto enferrujados, conforme conta o coronel Mikhail Izerguin. No dia 30 de junho, o general Wrangel organiza um grande banquete para comemorar essa vitória. Nessa ocasião, o general Denikin faz um brinde e o encerra com estas palavras: "Este 17 de junho [ou seja, dia 30, pois Denikin ainda seguia o calendário juliano, atrasado 13 dias em relação ao gregoriano] é um dia marcante para nossa história nacional. É dele que data minha ordem para que todas minhas tropas marchem rumo a Moscou". O coronel Izerguin escreve em seu diário:

> É difícil descrever a impressão grandiosa que esse discurso causou em seus ouvintes. Mais alguns esforços e, em duas ou três semanas, com certeza Moscou será tomada, e a Rússia despertará do pesadelo sangrento no qual está imersa já faz dois anos.

Passada uma semana, um acontecimento inesperado abala o Exército Vermelho: a Checa prende seu comandante em chefe, Vatsetis, protegido de Trotski, e imediatamente substituído por Serguei Kamenev, a quem Trotski se opõe sem sucesso. Vatsetis passará 97 dias preso e será solto por decisão do Comitê Executivo Central dos Sovietes, que o caracteriza como:

> [...] um indivíduo extremamente desequilibrado, relapso quanto às companhias que frequenta, apesar de sua situação. É incontestável que o comandante em chefe estava cercado de elementos comprometedores. Porém, perante a ausência de fatos capazes de questionar o antigo comandante em chefe sobre atividade contrarrevolucionária direta e, ademais, considerando seus grandes méritos passados, optou-se por arquivar o caso e colocar Vatsetis à disposição das autoridades militares.

Vatsetis permanece dois anos a serviço pessoal de Trotski.

Esse texto, a um só tempo vago e estranho, é uma indireta para Trotski, acusado, nas entrelinhas, de ter confiado o posto de comandante em chefe a um indivíduo "extremamente desequilibrado" e cujas companhias eram bastante questionáveis. Os opositores de Trotski, articulados em segredo a Stalin – que o detesta – e seu testa de ferro, Kliment Vorochilov, chefe militar frustrado que Trotski mal considerava capaz de comandar um regimento, usaram a situação dramática da República Soviética cambaleante e uma divergência tática para ajustar algumas contas.

Diante da subida das tropas de Denikin, no sul, e da ofensiva de Yudenich contra Petrogrado, Trotski e Vatsetis exigiram que a Frente Oriental (contra Kolchak), comandada por Serguei Kamenev, enviasse a 5ª Divisão de Infantaria para Petrogrado e a 2ª para a Frente Sul. Os dirigentes da Frente Oriental, dentre os quais Tukhachevsky, chefe do 5º Exército, recusam-se a obedecer e apelam para Lenin. Este, mesmo considerando mortal o avanço de Denikin, é convencido do prejuízo da decisão tática de Vatsetis e Trotski. Resta a intriga do grupo de Stalin, que consegue transformar uma divergência tática em uma questão de Estado. Percebe-se que o Exército Branco não é o único a ser consumido por conflitos de grupos – até mesmo por conluios. Porém, no caso do Exército Vermelho, o sucesso temporário da intriga de Stalin terá consequências catastróficas.

Pilhagens a torto e a direito

Os oficiais brancos, movidos por um ódio desdenhoso aos "mujiques", pilham à vontade os territórios que "libertam" dos Vermelhos. O general Denikin, percebendo o quanto esse comportamento distancia os Brancos da população – que passa a chamar o Exército Voluntário de "Exército Saqueador" –, multiplica as ordens e as circulares, cada uma mais ineficaz do que a outra. Em sua ordem do dia 21 de agosto de 1919, Denikin denuncia "agitações criminosas que ameaçam se tornar uma praga nacional":

> Nos distritos, diante do *front* de todas as tropas, assiste-se a uma verdadeira pilhagem dos bens do Estado e de tudo aquilo que a população civil havia conseguido preservar. Claramente encorajados pela condescendência do estado-maior e justificando seus atos com a ideia perniciosa, difundida entre as tropas, de que os bens públicos e privados deixados pelos bolcheviques são um espólio do qual se pode usufruir como quiserem, vários regimentos pilham em proporções assustadoras e, por consequência, causam perdas gigantescas ao Tesouro Público, terminando por arruinar a população civil.

A atividade das "Comissões Especiais Compostas de Generais" nomeadas por Denikin não surte nenhum efeito. Uma semana depois, ele precisa repreender o comandante do 3º Corpo do Exército, um dos campeões em pilhagem:

> O avanço constante das tropas e a ocupação de um território cada vez mais significativo são acompanhados por uma pilhagem monstruosa dos bens públicos retomados dos bolcheviques e dos bens privados dos civis. Essas pilhagens são obra de alguns oficiais, de pequenos grupos ou unidades inteiras, frequentemente com a complacência e, até mesmo, a permissão dos oficiais.

> Os bens mais diversos foram dilapidados, tomados e revendidos por dezenas de milhões de rublos, desde os depósitos da intendência até a *lingerie* feminina. Curtumes, armazéns de alimentos e de produtos manufaturados, centenas de toneladas de carvão, de coque e de sucata foram roubados. Nos postos de controle da ferrovia, param-se vagões disfarçados de comboios militares e carregados com quantidades enormes de açúcar, chá, material de escritório, cosméticos, produtos manufaturados [...].

Mesmo dilapidando o espólio tomado dos bolcheviques, algumas unidades não hesitam em também pilhar a população civil. Elas se apoderam de vagões que transportam produtos comerciais, pilham os depósitos e os armazéns, invadem os apartamentos privados, confiscam os objetos de valor e outros pertences, desde a roupa do corpo até a de cama.

Denikin chama a atenção de um de seus subordinados, o general Chilling, sobre os riscos políticos dessas pilhagens massivas:

> Nessas condições, as tropas que sitiam os territórios retomados dos bolcheviques trazem consigo não a tranquilidade almejada pela população civil, esgotada e que sofreu o jugo bolchevique, tampouco o reestabelecimento da ordem e da legalidade, e sim novos horrores, favorecendo o retorno do bolchevismo, pois criam um terreno fértil para os agitadores inimigos. A população não reconhecerá mais o exército como libertador do jugo e da violência e passará a amaldiçoá-lo. Ademais, ao dilapidar os bens do Estado, as tropas desmantelam definitivamente a economia e causam perdas incalculáveis ao tesouro.

O próprio general Wrangel expõe ainda mais abertamente a administração branca no vasto território ocupado pelos exércitos do sul, onde, segundo ele, nenhum poder central exerce de fato a autoridade:

> A região era controlada por uma série de pequenos marajás, a começar pelos comandantes, passando por qualquer oficial do exército, qualquer dirigente ou chefe dos serviços de inteligência. Confusos e amedrontados, os cidadãos não sabiam a quem obedecer. Uma horda de aventureiros de todo tipo, produtos típicos da guerra civil, soube utilizar a fraqueza do poder para se infiltrar em todos os setores do aparelho estatal. O conceito de legalidade era completamente ignorado. Os representantes locais do poder central se perdiam em meio a uma chuva de disposições contraditórias. Cada um agia conforme sua vontade; esse exemplo funesto vinha de cima. O comandante do Exército Voluntário e chefe da província de Kharkov, o general Mai-Maievski, era o primeiro a dar o exemplo com sua conduta escandalosa e sórdida. Os demais seguiam seus passos [...]. A vida desregrada de beberrão do comandante do Exército Voluntário, a indisciplina das tropas, a imoralidade e a arbitrariedade que reinavam na retaguarda do Exército Voluntário não eram segredo para ninguém; todos perceberam que era impossível continuar daquele jeito, que caminhávamos a passos largos para nossa derrota.

A caminho de Moscou

Essa conduta e o caos burocrático engendram uma corrupção generalizada:

> A pilhagem e a corrupção haviam penetrado profundamente em todos os setores da administração. Com uma boa propina, podia-se burlar qualquer disposição governamental. Apesar das imensas riquezas naturais das regiões que ocupávamos, nossa moeda continuava se desvalorizando. A exportação, confiada pelo alto-comando a empresários privados em troca do pagamento de taxa, rendia pouco para o caixa do Estado. O grosso do montante das taxas obrigatórias sobre os produtos vendidos no exterior não saía do bolso dos empresários. Os grandes estoques fornecidos pelos ingleses eram dilapidados de forma vergonhosa. O exército mal abastecido se alimentava exclusivamente às custas da população, curvada sob o peso de um fardo insuportável.

A incursão de Mamontov

Um dos episódios mais famosos e insólitos da guerra civil, a incursão de Mamontov – que não tem nada a ver com o guerrilheiro vermelho Mamontov do Altai –, confirma essa conjuntura. A partir de janeiro de 1918, o general Konstantin Mamontov, ex-coronel do exército czarista, uniu-se a um pequeno grupo de cossacos do Exército Voluntário. Apesar de ele próprio não ser um cossaco, Mamontov passa a comandar o 4º Corpo dos Cossacos do Don. No dia 10 de agosto de 1919, liderando esses homens, ele deixa o norte do Don e ataca o 8º e 9º Exércitos Vermelhos, fazendo com que recuem após alguns dias de combates violentos sob um calor extremo, ao qual se sucede rapidamente uma chuva intensa. Na sequência, ele investe em direção a Voronej, parte rumo ao nordeste, evita a cidade e destrói, durante sua passagem, as ferrovias que levam a Tambov, importante nó ferroviário; oito dias mais tarde, no dia 18, toma Tambov a cerca de 200 quilômetros do *front* e a apenas alguns quilômetros de Kozlov, onde está instalado o estado-maior da Frente Sul do Exército Vermelho. As tropas de Mamontov incendeiam os entrepostos de suprimento militar.

No dia 20 de agosto, a 56ª Divisão de fuzileiros do Exército Vermelho volta a se deslocar lentamente do sul rumo a Tambov em uma tentativa de impedir seu retorno. Regimentos vermelhos se dirigem para Tambov do oeste e do leste para tentar flanquear o destacamento de Mamontov. Este escapa da emboscada, deixa Tambov no dia 21 e toma Kozlov no dia seguinte – ali, o estado-maior da Frente Sul mal teve tempo de levantar acampamento, mas acabou conseguindo se refugiar mais ao norte, em Oriol. Em Kozlov, ele também incendeia os entrepostos, depois muda bruscamente de direção para o oeste e ocupa a cidade de Raneburgo, após um combate breve no dia 27. As divisões de infantaria vermelhas postas a seu encalço não chegam sequer a ver os rastros dos cossacos. O estado-maior soviético organiza suas tropas para impedir Mamontov de continuar rumo ao oeste. Este, por sua vez, cobre um raio de 50 quilômetros e, em dois dias, toma as cidades de Lebedian e de Ielets, sem encontrar resistência. No dia 4 de setembro, ele investe rumo ao sul; no dia 6, ocupa dois centros importantes (Kastornoje e Griaz), onde permanece por três dias, depois retoma a rota para oeste, destruindo tudo em sua passagem. Mamontov segue, então, para Voronej, toma Usman no dia 7, chega às portas da cidade no dia 8. Combates intensos entre Mamontov e a guarnição de Voronej duram três dias. No dia 11, destacamentos de cossacos invadem a cidade, mas são expulsos no dia seguinte.

No mesmo dia, como último recurso, o estado-maior do Exército Vermelho decide enviar ao seu encalço a célebre 1ª Divisão de Cavalaria de Budionny. Mamontov desiste de Voronej e parte novamente rumo ao norte; depois, de forma repentina, desce outra vez em direção ao sul. Os seus deslocamentos ficam cada vez mais lentos, pois sua coluna está mais e mais abarrotada de cabriolés e carroças, que carregam os espólios tomados das cidades; nesse fim de percurso, mais de dois mil desses veículos seguem na retaguarda. No dia 19 de setembro, a coluna de Mamontov se junta aos famosos lobos de Chkuro. A incursão durou 40 dias: percorreu 700 quilômetros em zigue-zague debochando de seus perseguidores. O Exército Branco celebra sua vitória.

A incursão demonstra a porosidade do *front*, mas também a indisciplina dos comandantes brancos, pois Mamontov, em sua cavalgada, recusou-se a seguir as diretrizes do general Denikin, que ordenava o ataque ao centro do Exército Vermelho em direção à Kharkov. Mamontov preferiu a incursão e o assalto aos interesses estratégicos de seu exército. Ao voltar da incursão, um membro de seu grupo, Andrei Rupert, encarregado de um blindado, relatou a experiência em uma longa carta a seus pais, narrando sobretudo as dificuldades relacionadas à falta de combustível:

Nós precisamos nos virar. Usamos touros. Arreamos ao carro de combate sete pares desses bichos e prosseguimos sem combustível. No começo, nosso avanço foi extremamente penoso. A chuva não parava de cair, as estradas estavam tão lamacentas que os cavalos mal conseguiam levantar as patas, que os homens se embarravam até os joelhos. Jogava-se fora tudo que podia: as caleches, os furgões e até os obuses! Mas o tanque, mesmo que enfiado na lama até a altura da metralhadora, não podia ser abandonado. Nós o empurramos dia e noite, noite e dia, usando todas nossas forças. Atrelamos nele ora 12 pares de cavalos de tração, ora 10 pares de bois. Atrás e dos lados, duas *sotnia*[1] de cossacos, especialmente incumbidos dessa tarefa, empurravam o veículo. As rodas estavam presas a correntes e cabos e o motor funcionava em potência máxima; retirava-se a lama com pás, estendia-se a palha etc. E assim avançávamos centímetro a centímetro, cobrindo 40 quilômetros de distância por dia.

Furioso com a facilidade com que a cavalaria de Mamontov devastava a retaguarda do *front*, Trotski ameaça de morte aqueles que a deixam agir impunemente por inércia ou pela propagação de burburinhos e rumores. Ele também critica seus métodos:

> Os cossacos de Mamontov não passam de ladrões e bandidos [...]. Esses bandidos a cavalo aniquilam, pilham, queimam tudo no que põem as mãos. A operação deles não tem uma grande importância militar, mas seus crimes são incontáveis. Eles roubam trigo e outros alimentos, levam o gado dos camponeses, as telegas, embriagam-se, violam as mulheres, agridem os velhos. Em Tambov, Kozlov e Lebedian, a passagem deles foi marcada por crimes repulsivos e por uma devassidão revoltante. A cavalaria de Mamontov – separada de suas tropas, distante dos campos de batalha – incendeia, pilha e viola e, portanto, não pode ser considerada um destacamento militar. É um bando de salteadores, de incendiários, de soldadecos, de bandidos. Não se pode mais seguir a lógica de guerra: é necessário caçá-los, assim como se caça um animal selvagem.

Trotski promete o perdão aos cavaleiros que se renderem por conta própria, mas aqueles que forem capturados com as armas em punho não serão considerados "[...] prisioneiros de guerra, e sim bandidos pegos em flagrante delito. Estes devem ser exterminados sem piedade". Ninguém será preso...

Em um consenso inesperado, o general barão Wrangel compartilha a opinião de Trotski, seu inimigo jurado, sobre esses cossacos e sua expedição:

O nome do general Mamontov estava em todas as bocas. O cerco militar ao Don rendia-lhe honras triunfais; todos os jornais estavam recheados de detalhes sobre sua incursão. Eu, no entanto, considerava as ações do general Mamontov um fracasso e escrachadamente criminosas. Se, por um lado, ele tinha penetrado a retaguarda do inimigo comandando uma cavalaria de primeira ordem, não aproveitou as vantagens de sua situação para esmagar as tropas do inimigo e – o que é pior ainda – de propósito evitou o combate ao se esquivar sempre dos conflitos.

Os regimentos do general Mamontov retornaram carregados de um enorme butim de manadas de gado, de comboios de tecidos e especiarias, baixelas de prata de mesa e de objetos religiosos. Chegando ao *front* de nossas tropas, o general Mamontov transmitiu por rádio sua saudação "a seu Don natal" e informou que trazia ao "Don pacificado", "a seus parentes e amigos ricos presentes". Seguiu-se a esse anúncio uma lista dos presentes, que incluíam objetos religiosos e casulas.

Assim, as tropas do general branco – muito abençoadas pelos representantes da Igreja Ortodoxa, que vislumbram nelas a sua salvação – pilham até mesmo as igrejas com afinco. Isso não impede seus soldados de se ajoelharem na missa dominical seguinte e rezarem em nome da "santa Rússia". Porém, o instinto do saqueador triunfa sobre a fé encenada, usada de fachada.

Todas as estações de rádio recebiam radiotelegramas que, portanto, não podiam passar despercebidos pelo estado-maior do comandante em chefe. E, ainda assim, não só o general Mamontov não foi destituído e levado à justiça, como o grande quartel-general claramente o incentivou.

A perseguição aos judeus

No dia 8 de agosto de 1919, os poloneses passam à ofensiva no leste, na Bielorrússia, e tomam Minsk; no sul, o exército de Denikin invade Kherson no dia 17 de agosto, Mykolaiv, em 18 e Odessa, em 23; o líder nacionalista ucraniano Petliura toma Kiev no dia 29. A socialista-revolucionária de esquerda Kakhovskaia – instalada nessa cidade com dois camaradas carregados de dinamite para tentar, em vão, matar Denikin – relata sua chegada:

Novas tropas chegavam sem cessar: cavaleiros enfeitados, flores recém-colhidas embelezando as crinas dos cavalos, oficiais de luvas brancas seguidos pela infantaria, canhões ornados com guirlandas de folhagens e de flores [...].

Sob forte escolta, vaiados pela ralé do mercado, sessenta membros da Associação Judaica de Defesa, detidos na prefeitura com armas em punho, eram conduzidos ao campo de tiro, conhecido como "campo do suplício", para ali serem fuzilados sem julgamento. Alguns conseguiram escapar, outros foram alvejados. No pavimento das ruas, nas escadarias das casas, jaziam os cadáveres dos assassinados. Com uma insistência feroz, a multidão os procurava e saciava neles todo o ódio e a sede de vingança que haviam acumulado contra os "servos da potência soviética"; aliás, nessa época, as palavras "bolchevique" e "judeu" eram sinônimos na Ucrânia [...].

De todos os regimes sucessivos que a Ucrânia teve de suportar, o domínio de Petliura foi o que teve a pior recepção em Kiev, cuja população era composta sobretudo de trabalhadores, empregados, burgueses russos e judeus.

Já à noite, no entanto, a cidade é cercada pelo Exército Voluntário. Ora, este, favorável à ideia de uma "Rússia una e indivisível", encara os nacionalistas ucranianos com hostilidade. No entanto, o Exército Voluntário deseja evitar um conflito armado com eles, pois ambos têm um inimigo comum: os bolcheviques. Petliura negocia, então, a retirada de Kiev, onde seu domínio não terá durado mais de 24 horas; no dia seguinte, 31 de agosto, os soldados de Denikin desfilam na grande avenida central de Kiev, a Kreschatik. Sem tardar, eles iniciam uma perseguição aos judeus; depois, visitam o necrotério onde a Checa amontoou os cadáveres de suas vítimas e lá descarregam os corpos dos judeus assassinados. Kakhovskaia narra:

Uma charrete chega, carregada com cadáveres de judeus, uma maré de gente se enfia atrás dela no necrotério. Na sala, esses cadáveres meio decompostos são colocados uns sobre os outros como sacos de batata; dentre eles, há muitos dos fuzilados, mas também vários corpos recolhidos ao acaso na rua, cadáveres de desconhecidos [...]. Em todas as campanhas houve massacres de judeus [...]. A cada dia, os jornais registram o assassinato de em média 60 a 70 pessoas de origem judia, não se sabe por quem nem em quais circunstâncias.

Um camarada do partido que chegou a Kharkov, escreveu-nos de lá: "Por tudo que é sagrado, não viajem!" Quando cheguei a Kharkov, meus cabelos ficaram brancos diante dos horrores que precisamos suportar no caminho. A União das Centenas Negras* age sobretudo nos trens: elas forçam os viajantes a recitar um *Pater noster* ou um *Credo* ou ainda os obrigam a dizer algumas palavras russas particularmente difíceis de pronunciar para quem tem sotaque judaico.[2] Quem é reconhecido como judeu acaba torturado sem piedade e jogado na estrada com o trem em movimento. Ao longo de todas as vias férreas que levam a Kiev se alinham assim centenas de cadáveres.

Em meados de setembro, uma contraofensiva do Exército Vermelho semeia o pânico no Exército Voluntário que, antes de abandonar Kiev – retomada alguns dias depois –, executa os prisioneiros.

A segurança se apressa para executar o máximo possível de prisioneiros do presídio Lukyanovka. Os prisioneiros são chamados por ordem alfabética e fuzilados em grupos. O desespero faz eclodir um motim na prisão: os detentos esperando por sua vez quebram as portas das celas, estabelecem comunicações entre as diferentes alas do prédio e se precipitam rapidamente para fora, atacando tudo no seu caminho. Dentre eles, algumas centenas de bandidos sem eira nem beira conseguem escapar. Eles farão uma rica colheita durante o interregno.

Três dias mais tarde, os bolcheviques são expulsos da cidade. Aos poucos, o "Antigo Regime", por pouco tempo rejeitado e exasperado, reinstala-se. À noite, o *pogrom* atinge proporções gigantescas [...]. Ele dura alguns dias. As pessoas fogem dos bairros poupados e se escondem naqueles onde os cavaleiros do *pogrom* já haviam passado ou buscam abrigo junto aos russos [...]. Na capital em si, os *pogroms* cessam, mas ao longo da ferrovia e em algumas vilas, eles continuam. Dentre os mais terríveis figuram os *pogroms* de Fastov: essa localidade sofreu oito ou nove sucessivos. Ali as pessoas foram açoitadas, fuziladas, enforcadas, e famílias inteiras foram queimadas vivas em uma fogueira feita com móveis empilhados.

O começo do fim?

Culpando a política bolchevique por esse colapso, o cossaco vermelho Mironov se insurge com sua divisão de quatro mil soldados de infantaria –

---

* N. T.: Movimento armado, nacionalista e monarquista de extrema-direita, defensor do regime czarista.

que não dispõem de mais de duas mil carabinas – e mil cavaleiros, com dois canhões em mau estado e 14 metralhadoras. No dia 22 de agosto de 1919, enquanto "comandante do corpo de exército do Don", ele apela aos cossacos, criticando o recuo do Exército Vermelho "sob a pressão das hordas de Denikin [...] e das legiões polonesas [...] que apertam o cerco em torno da revolução russa". Relembrando a derrota esmagadora da Revolução Húngara pelas tropas da Entente, sobretudo pelas romenas, no início de agosto, ele escreve:

> Um perigo mortal que a Revolução Húngara não soube evitar ameaça a terra e a liberdade. Esse fracasso da revolução se deve às más ações contínuas do partido dirigente, do partido dos comunistas, que despertaram contra si a indignação geral e o descontentamento das massas trabalhadoras.

> Por seus delitos, os comunistas suscitaram uma insurreição geral no Don e agora forçam o povo russo a corrigir seu sinistro erro.

> Todos os cossacos se transformaram em vingadores obstinados da verdade e da justiça profanadas pelos comunistas; isso, aliado à insatisfação geral do campesinato trabalhador da Rússia, provocada pelos comunistas, ameaça destruir para sempre as conquistas da revolução e o povo, a ser novamente escravizado. Para salvar as conquistas revolucionárias só resta um caminho: derrubar o partido dos comunistas.

> Para salvar as conquistas revolucionárias, que o *slogan* de nosso corpo de exército do Don seja:
> "Toda a terra para os camponeses!"
> "Todas as fábricas para o povo!"
> "Todo o poder para o povo trabalhador por meio dos verdadeiros sovietes de operários, de camponeses e de cossacos!"
> "Abaixo a autocracia pessoal e o burocratismo dos comissários e dos comunistas!"

No dia 8 de setembro, o comandante da 1ª Divisão de Cavalaria Vermelha, Budionny, prende Mironov e reúne um conselho de guerra que decide fuzilá-lo no dia 15 às dez horas, diante das tropas, junto a seu comissário de corpo de exército, Bulatkin, e seu chefe de estado-maior, Lebedev, acusados de não impedir sua aventura. Alertado sobre o fato em Moscou, Trotski chega apressado às dez horas. Budionny fornece-lhe um relatório das decisões tomadas. Ele relata:

Trotski franziu a testa, desgostoso, e me disse: "Suas sanções contra Mironov estão erradas. Anulo essa ordem e proponho o envio, por trem e sob escolta, de Mironov, Bulatkin e Lebedev a Moscou, para colocá-los à disposição do Conselho Militar da República, e o de todos os cossacos do corpo de Mironov, inclusive os comandantes, sob escolta, a pé, ao estado-maior do 9º Exército".

Eu tentei relembrar a Trotski que Mironov fora considerado um criminoso pelo governo soviético e que, portanto, tínhamos todo o direito de fuzilá-lo sem julgamento ou inquérito. Trotski me interrompeu: "Por que se preocupar com Mironov? Sua função é prendê-lo e encaminhá-lo. Cuidar dele cabe aos próprios responsáveis por decretarem-no fora da lei."

Tomei a liberdade de dizer a Trotski que deveríamos destinar uma parte de nosso esquadrão para a escolta dos seguidores de Mironov. Ademais, deveríamos nos responsabilizar pelos cavalos e pelo comboio do destacamento de Mironov e então transformar uma de nossas brigadas em uma equipe de batedores, de condutores de cavalos e de transportadores, enquanto nosso esquadrão ainda estava incumbido da tarefa de eliminar Mamontov.

– Eu sei – respondeu Trotski – e essa tarefa ainda é de sua inteira responsabilidade.
– Mas como posso esperar uma vitória se uma das minhas duas divisões deve se ocupar do pessoal de Mironov?

Trotski me interrompeu:
– Compreendo tudo isso. E, entretanto, presumo que, mesmo com algumas dificuldades, você fará valer a ordem do presidente do Conselho Revolucionário da República.

No dia seguinte, Mironov e Bulatkin foram enviados com escolta a Saratov. Os soldados e os comandantes do antigo corpo de Mironov que desejavam combater ao lado do poder soviético foram divididos entre as unidades do corpo e os outros, enviados sob escolta para o 9º Exército.

Desde dezembro de 1918, pode-se dizer que Makhno colaborou mais ou menos de perto com o Exército Vermelho. Durante um período, sua divisão até mesmo se incorporou às fileiras vermelhas, mas Trotski julga que, por sua indisciplina e comportamento anárquico, os makhnovistas têm uma influência desagregadora em um Exército Vermelho, por si só, corroído pela hostilidade de inúmeros suboficiais e comunistas que sonham com um exército de *partisans* "guerrilheiros", mais ou menos independentes de

154

um exército centralizado composto de milhares de oficiais "profissionais" (os "especialistas") czaristas.

A partir de 2 de junho de 1919, Trotski chama a atenção para Makhno:

> O exército de Makhno é a pior face da guerrilha, embora haja ali meia dúzia de bons soldados. É impossível encontrar o menor traço de disciplina ou ordem nesse "exército", ou qualquer organização em seu aprovisionamento. A alimentação, os uniformes, as reservas de armamento se acumulam por toda parte e se desperdiçam de qualquer jeito.

Em setembro, a ofensiva de Denikin apressa o passo no sul e ameaça o território controlado por Makhno nos arredores de Gulai-Pole. No dia 25 de setembro, as tropas de Makhno, perseguidas pelo exército de Denikin, dão uma volta brusca e inesperada em direção ao centro das tropas brancas e colidem com sua infantaria em Peregonovka. O combate se inicia por volta das três horas da madrugada e atinge seu ápice perto das oito horas. Arshinov narra o combate em um tom épico:

> Perto das nove horas da manhã, os makhnovistas começaram a ficar sem chão. Combatíamos já nos limites do vilarejo [...]. O estado-maior do exército insurgente e todos aqueles que se encontravam no vilarejo e em condições de manusear uma carabina se armaram e se lançaram no emaranhado de pessoas.

A batalha parecia, então, perdida, quando os tiros das metralhadoras e os hurras do inimigo enfraqueceram:

> Coberto de poeira, morto de cansaço, Makhno surgiu no flanco do inimigo, saindo de um barranco fundo. Em silêncio, sem gritar sequer uma palavra de ordem, mas com um desejo ardente e muito determinado estampado no rosto, ele se precipitou bem rápido, seguido por sua escolta, contra o inimigo e penetrou em suas fileiras. Dentre os makhnovistas, toda fadiga e desmotivação desapareceram como em um passe de mágica. Escutavam-se seus gritos: "*Batko* chegou! *Batko* brande a espada!" E foi então que, com uma energia redobrada, todos se lançaram outra vez adiante, no rastro do líder amado que parecia ter assinado sua sentença de morte. Uma luta corpo a corpo, de uma obstinação renovada, uma "carnificina", como diziam os makhnovistas, acontece a seguir [...]. Todas as tropas de Denikin fugiram, tentando atravessar o rio Siniukha, que corria a cerca de 15 quilômetros do vilarejo, e se refugiar na margem oposta.

História da guerra civil russa

No entanto, a cavalaria makhnovista os apanha ali e os joga na água; centenas de soldados de Denikin morrem afogados. Makhno e seu destacamento esperam aqueles que conseguem chegar à outra margem e capturam o estado-maior da divisão de Denikin e um regimento reserva.

> Apenas uma parte insignificante das tropas de Denikin, que persistiam há dez meses na perseguição obstinada a Makhno, consegue se salvar. O primeiro regimento de oficiais de Simferopol e alguns outros foram completamente massacrados a golpes de sabre. Em uma extensão de dois a três quilômetros, a estrada estava cheia de cadáveres.

Makhno avança em direção a Stavropol, onde está localizado o quartel-general de Denikin. No início de outubro de 1919, ele está apenas a 24 quilômetros dali e sua aproximação assusta. O chefe dos serviços de inteligência de Denikin, Sokolov, descreve o terror causado na cidade pelo rumor de sua proximidade:

> Por toda parte o pânico reinava. As missões estrangeiras estavam em pânico, as donzelas do estado-maior estavam em pânico e algumas já haviam conseguido ser evacuadas. Reuniam-se às pressas os oficiais. Dizia-se que os destacamentos de Makhno já ocupavam Mariupol e que os makhnovistas estavam a 80 quilômetros de Taganrog. Não dispúnhamos de praticamente nenhuma força capaz de detê-los. Os soldados do Kuban, chamados do *front*, não podiam chegar até Taganrog por causa da desorganização dos transportes e dos "bandidos" que sabotavam as estradas. Um regimento de oficiais que subia em direção a Taganrog costeando o Cáucaso estava preso em alto-mar devido ao mau tempo. A ameaça ao quartel-general era palpável.

> Ao cair da noite, eu estava com o comandante em chefe,[3] em geral muito calmo e sossegado; ele me detalhava os últimos acontecimentos, fazendo brincadeiras como sempre. Porém, confirmou que a situação era bastante crítica. Makhno estava a 80 quilômetros dali e seu pessoal em charretes poderia chegar a Taganrog nos dois dias seguintes. Alguns aconselhavam o comandante em chefe a partir. Claro que ele não iria embora e continuaria no quartel-general até o fim.

> Os makhnovistas foram expulsos de Taganrog e o pânico que se espalhava até Rostov do Don se dissipou. Mas o exército insurgente makhnovista continuou. Makhno se locomovia ao longo do território sob a autoridade do comandante em chefe, assaltava Ekaterinoslav, tomava os nós ferroviá-

rios, interrompia o tráfego, pilhava, queimava, matava e reprimia com especial selvageria os membros da seção de propaganda. Finalmente, tropas foram reunidas para combatê-lo, e o general Slaschiov ficou encarregado da pacificação. No final de outubro, de nossa parte, já considerávamos que seu movimento havia sido esmagado.

A derrota e o desmantelamento do Exército Voluntário

Em 6 de outubro de 1919, as tropas de Denikin tomam Voronej, 400 quilômetros ao sul de Moscou, e avançam numa velocidade surpreendente diante de um Exército Vermelho desmoralizado e minado pelas deserções. No dia 13, elas tomam Orel, 300 quilômetros ao sul da capital; seu próximo alvo é Tula, apenas 200 quilômetros ao sul de Moscou. Ora, em Tula se encontra a principal fábrica de armamento da Rússia soviética e a maioria dos operários dali permanece fiel até a morte aos mencheviques. Ao mesmo tempo, a ofensiva de Yudenich a Petrogrado, ao norte, parece um sucesso.

As duas ofensivas, no entanto, desandam em um piscar de olhos. O fracasso do Exército Voluntário se deve a causas profundas sobre as quais o gabinete de propaganda de Denikin chama sua atenção. Em um relatório datado de 12 de outubro de 1919, o gabinete descreve a Denikin um comportamento capaz de minar a "atitude indulgente dos camponeses perante o Exército Voluntário" no Don:

> Listam-se numerosos casos de castigos corporais infligidos a camponeses por erros insignificantes. O trabalho de propaganda é jogado fora pela corrupção cínica e ilimitada das autoridades [...]. Em toda parte, as pilhagens, os crimes e as requisições aterrorizam a população. De um lado, os agentes da propaganda declaram que o Exército Voluntário restabeleceu a ordem legal, a calma e a defesa do bem-estar geral; do outro, a corrupção, as pilhagens, os assassinatos se espalham como nunca fora visto antes da revolução.

> As liberdades de imprensa, de reunião e de organização foram suspensas [...]. A pena de morte se tornou corriqueira. Não raras vezes as pessoas são fuziladas sem julgamento sob o pretexto de tentativa de fuga. As prisões – e até mesmo as execuções – motivadas por vingança pessoal ou política são comuns.

História da guerra civil russa

Pogroms, encorajados pela perseguição a certas nacionalidades e atiçados pelo ódio nacional, atingiram um grande número de cidades (Ekaterinoslav, Kremenchuk, Elisabethgrado etc.).

As violências cometidas contra as organizações operárias são constantes, assim como os atos de ingerência ilegal em seu funcionamento, as prisões e a repressão aos militantes do movimento operário sob pretexto de luta contra o bolchevismo.

Nove dias mais tarde, o boletim informativo do estado-maior critica um dos *pogroms*:

> Em Makarov, todos esperavam a chegada dos destacamentos do Exército Voluntário na esperança de se livrar das pilhagens perpetradas pelos grupos locais independentes e também dos alistamentos incessantes decretados pelo poder soviético. Quando Makarov ficou sabendo da chegada de um destacamento do Exército Voluntário, a população, tanto cristã quanto judia, decidiu acolhê-lo com uma oferta de pão e sal. A delegação cristã se postou perto do centro administrativo; a delegação judia se acomodou discretamente, a alguma distância. Um oficial se aproximou dos delegados cristãos e puxou uma conversa. Quando notou a delegação judia, um pouco distanciada, perguntou: "O que são esses espantalhos?" (Os judeus, homens velhos, vestiam o cafetã longo.) Então, os soldados pediram permissão ao oficial para lidarem com os judeus. O oficial concedeu a autorização, e os soldados logo se puseram a atacar todos os membros da delegação com golpes de sabre, primeiro com a arma ainda na bainha, depois com a lâmina nua. A maioria dos membros da delegação judia foi morta, e o restante ficou gravemente ferido. As pilhagens e as violências realizadas contra a população judia continuam até agora. Os camponeses que vêm de Makarov afirmam que as ruas estão apinhadas de cadáveres. Ninguém enterra os corpos, pois os judeus têm medo de deixar suas casas.

Trata-se de um velho hábito dos soldados e oficiais de Denikin. No dia 17 de outubro de 1918, por exemplo, um soldado do 3º Regimento de Cavalaria de Chernigov escrevia satisfeito a seus pais: "Fomos a Konotop açoitar os judeus, consegui degolar três judeus e mais um velho judeu, e por isso cada soldado ganhou 500 rublos."

Os soldados de Denikin, aliás, entravam nas cidades cantando a plenos pulmões:

A caminho de Moscou

Nós iremos ao combate com coragem
Pela santa Rússia
E vamos varrer
Todo o lixo judeu.

Em três meses, o Exército Voluntário conquistou um vasto território, controlado cada vez mais precariamente à medida que avançava e que suas linhas se expandiam. Ora, em suas retaguardas a revolta crescia. No dia seguinte à batalha de Peregonovka, os makhnovistas realizaram uma grande manobra de flanco e tomaram, em menos de duas semanas, Alexandrovsk, Melitopol e Mariupol, onde se apossaram de estoques enormes de munições, equipamento, material, provisões e armas. Dentre elas, canhões, carros e trens blindados – dados pelos ingleses a Denikin –, metralhadoras e obuses. Quando terminaram as pilhagens, eles abandonaram Melitopol e Mariupol. Makhno não gostava da cidade – a seus olhos, seu único atrativo era o saque – nem dos citadinos, e menos ainda dos burgueses, de quem extorque grandes quantias (um mês depois, exigirá uma contribuição de 50 milhões de rublos dos "burgueses" de Ekaterinoslav), nem dos operários aos quais não tem nada a dizer nem a propor. De 28 de outubro a 3 de novembro de 1919, ele reúne em Alexandrovsk um congresso camponês (220 delegados) e operário (30 delegados). Em seu discurso de abertura, ataca violentamente os ferroviários e os operários das pequenas empresas das cidades ucranianas. Os 30 delegados operários, todos mencheviques, deixam o congresso sob as vaias dos 220 camponeses makhnovistas.

As incursões audaciosas do exército de Makhno semeiam o terror na retaguarda do Exército Voluntário. Denikin e seus generais têm dificuldades para compreender que existe a possibilidade de hordas camponesas derrotarem seus esquadrões ou regimentos. O general Mai-Maievski, tão presunçoso quanto beberrão, declara ao final de setembro:

A incursão de Makhno é um episódio isolado que não pode ter qualquer influência no andamento das operações militares. O alto-comando do Exército Voluntário tomou providências para liquidá-la. Um animal ferido sempre procura recuperar as forças em sua toca, basta apenas dar o tiro de misericórdia ali. As incursões de bandidos das hordas makhnovistas estão às vésperas de sua liquidação. Não se deve esperar nenhuma oposição de seus destacamentos. Todos os seus bandos estão dispersos e enfraquecidos. Eles foram completamente varridos de toda a margem esquerda do Dnieper. A ligação ferroviária com a Crimeia deve ser reestabelecida em alguns dias.

História da guerra civil russa

O general falava da boca para fora. Um mês depois, o mesmo general, em uma entrevista ao jornal *Iujny Krai* (o *Território do Sul*), atribui a resistência do exército makhnovista, a seu ver inesperada, às suas conexões (imaginárias) com o estado-maior alemão!

> Temos provas incontestáveis das ligações desses bandos com o estado-maior alemão (oficiais alemães servem na artilharia de Makhno) e com o principal atamã, Petliura. Em todos os acessos de mau humor na retaguarda, pode-se ver a mão dos bolcheviques, cujo objetivo é dispersar o *front* do Exército Voluntário ao desviar uma parte das forças para o *front* interior.

Indignados pelas extorsões dos Brancos, os camponeses definitivamente não precisam de incitação bolchevique para se rebelar na retaguarda de Denikin; os desertores saem em massa das florestas e se juntam, no sul, aos makhnovistas e, no norte, ao Exército Vermelho, que começa sua contraofensiva no dia 19 de outubro. Por sua vez, no sul, Makhno toma – ou melhor, retoma – Berdiansk, Sinelnikov, Lozovaia, Nikopol, Mariupol, onde ainda saqueia vários estoques do Exército Voluntário que, acuado pelas insurreições camponesas, desloca-se e se desmantela.

No dia 26 de outubro, os makhnovistas atacam Ekaterinoslav com um de seus estratagemas usuais: um comboio de charretes carregadas com variedades de legumes entra na cidade e ruma para o mercado onde os camponeses se instalam e vendem suas mercadorias por um baixo preço. Subitamente, os verdureiros makhnovistas sacam carabinas escondidas embaixo dos legumes e metralham os soldados de Denikin. Após dez dias de combate e de bombardeio de artilharia, a cidade cai no dia 9 de novembro. Nesse meio tempo, Makhno põe fim a uma incursão da cavalaria de Chkuro com um ardil típico: ele mandou colocar cerca de 30 barris de vodca em uma estrada bem no centro de um vilarejo abandonado pelos insurgentes. Ao avistá-los, os cossacos pararam e não retomaram o seu caminho até que a última gota dos barris fosse bebida.

É o começo do fim para Denikin, que, mesmo em sua derrocada, ainda teve forças para causar uma derrota a Makhno, que ele expulsa de Ekaterinoslav no dia 8 de dezembro de 1919. Tendo perdido um terço de seus combatentes, Makhno recua, levando consigo um exército devastado pelo tifo. Na véspera do novo ano, Yakir detém o tenente do *Batko*, Mikheyev, chamado de "o Diabo"; a maioria de seus homens deseja se unir ao Exército Vermelho. Alguns dias mais tarde, o comandante do Exército Vermelho ordena que Makhno leve seu destacamento para a fronteira polonesa. Um ataque polonês parece, de fato, cada vez mais provável. Makhno, sem querer deixar a Ucrânia, sua terra natal, recusa sem rodeios. Imediatamente, é declarado fora da lei.

A guerra com a Polônia, e depois contra Wrangel, inicia um novo período de cooperação entre Makhno e o Exército Vermelho. No dia 18 de junho de 1920, Wrangel propõe uma aliança a Makhno por meio de um bilhete assinado por seu chefe de estado-maior, Chatilov. Essa mensagem diplomática tenta atrair Makhno, garantindo-lhe que as terras continuariam nas mãos dos camponeses e atacando Trotski, a quem odeia.

> Ao atamã dos exércitos insurrecionais, Makhno. O exército russo marcha exclusivamente contra os comunistas, visando a ajudar o povo a se livrar da comuna e dos comissários e a permitir que o campesinato laborioso tome posse das terras do Estado, dos proprietários fundiários e de outros proprietários privados.

Wrangel pede a Makhno para "reforçar sua atividade na luta contra os comunistas atacando suas retaguardas, destruindo seus meios de transporte e nos ajudando de todas as formas a liquidar definitivamente os exércitos de Trotski (Bronstein)" e ele se dispõe a fornecer armas e munições para esse fim. A resposta de Makhno é brutal: o portador da mensagem, Mikhailov, antigo makhnovista que havia debandado para os Brancos, é julgado, condenado à morte e enforcado; a mensagem de Wrangel é grampeada em seu peito.

Ao mesmo tempo, o exército de Denikin recua em desordem. Wrangel, seu futuro comandante, descreve-o, nessa derrocada, como uma horda de bandidos:

> No decorrer dos longos meses de retirada desordenada, as tropas escaparam do controle de seus comandantes. A arbitrariedade, as bebedeiras, as pilhagens e até os assassinatos se tornaram comuns nos locais onde a maioria das unidades se instalava. A degradação atingia até mesmo os mais altos escalões do exército: fazia-se "politicagem"; fofocas e intrigas fervilhavam. Esse terreno favorável criava enormes oportunidades para a ação de grandes e pequenos aventureiros. Os mais ativos eram os generais, cuja promoção não correspondia a seus méritos; devorados por um amor próprio insaciável, eles se mantinham afastados, a exemplo do ex-comandante do exército do Cáucaso, o general Pokrovski e do general Borovsky, que havia

contribuído à investida do general Mamontov, seu chefe do estado-maior, o general Postovski. Em torno deles, reunia-se um bando de carreiristas de todos os naipes, ex-oficiais de todo tipo de serviços de contraespionagem, da seção secreta da Osvag* etc.

A degradação do exército se agravava ainda mais pela atitude de seu comandante, que permitia a política de "autoabastecimento" das tropas. O estado-maior do exército, ao não se responsabilizar de forma alguma pelo abastecimento das tropas, permitia que elas o fizessem com os únicos recursos locais explorados pelas próprias unidades e com o uso do butim militar obtido para benefício próprio. A guerra se tornava, assim, uma fonte de lucro, e o abastecimento por meio dos recursos locais desencadeava a pilhagem e a especulação.

Cada unidade se apressava para saquear o máximo possível. Pegava-se de tudo: o que não podia ser usado no local era enviado à retaguarda para ser vendido e transformado em dinheiro vivo. Os comboios das tropas alcançavam dimensões homéricas: algumas unidades chegavam a ter 200 vagões de comboios carregados com butim. Uma enorme quantidade de funcionários passava para a retaguarda. Vários oficiais manobravam para receber longas missões na retaguarda para transformar em dinheiro o butim de suas unidades, vendê-lo etc. O exército se corrompia e se convertia em um bando de traficantes e especuladores.

Quantias absurdas passavam pelas mãos de todos os indivíduos responsáveis pelo "autoabastecimento", e todos exerciam essa função, desde o suboficial até o administrador do destacamento, e essas somas eram acompanhadas, sem exceção, de torpeza, jogo e bebedeira. Infelizmente, alguns dos altos oficiais davam o exemplo ao organizarem grandes farras dionisíacas e gastarem somas astronômicas bem debaixo do nariz de todo o exército. A população que, tendo aguentado os bolcheviques, desejava calma e havia acolhido com um entusiasmo sincero o Exército Voluntário durante seu avanço, logo sentiu na pele os horrores das pilhagens, das violências e da arbitrariedade.

A consequência de tudo isso era a destruição do *front* e as insurreições em nossas retaguardas.

Nicolas Savitch, membro da Conferência Especial do exército de Denikin, pinta um quadro parecido no início de 1920:

---

* N. T.: Aparelho de propaganda de Denikin.

A caminho de Moscou

Ao chegar ao *front*, Wrangel se deparou com uma degradação e caos completos. A disciplina caía por terra, a depravação reinava, os soldados se deixavam levar e desertavam em massa. A população, constatando a decadência e exaurida pelas pilhagens, mudou de atitude em relação ao Exército Voluntário e começou a se mostrar hostil. A amplitude da pilhagem pode ser medida pelo fato de que um regimento com cerca de 200 combatentes possuía 200 vagões cheios de riquezas – que eles deveriam, claro, vigiar e transportar. Essas tarefas exigiam tantas pessoas que não sobrava uma sequer para o combate. Os trens abarrotados de riquezas continuavam nos trilhos, mas faltavam vagões para o transporte dos reforços e do carvão. Ninguém ouvia ninguém e os ferroviários sabotavam à vontade. Em tal situação, Wrangel estava de mãos atadas. Pode-se avaliar a amplitude da desordem só pelo fato de que foram necessários pelo menos cinco dias para saber onde se encontravam os diversos membros do estado-maior.

As cartas dos soldados confirmam essa conjuntura. No dia 11 de dezembro de 1919, o Exército Voluntário precisa abandonar a Kharkov. Um soldado narra a confusão em uma carta aos seus pais:

> Escrevo a vocês de Kharkov no último minuto. Hoje, ao que tudo indica, vamos entregar a cidade. Sinto-me mal. Mesmo sem querer, esta ideia martela minha cabeça: será que tomei a decisão certa ao me alistar no Exército Voluntário? Por toda parte, reina a desordem, o caos, a atitude para com os oficiais é ruim, beirando a chacota; a conduta dos próprios oficiais é verdadeiramente revoltante. Em resumo: estou definitivamente desencantado com o Exército Voluntário [...]. Ah, a vida não é feliz aqui. É pior do que viver com os bolcheviques! O soldo não é pago aos oficiais. Não é surpreendente que eles se ponham a pilhar.

Alguns oficiais encontram formas mais civilizadas do que a pilhagem para compensar a ausência de soldo. No início de dezembro, um soldado branco relata em Kiev:

> Os oficiais organizam espetáculos, atuam neles e recolhem dinheiro em nome de suas unidades. Uma ordem foi emitida proibindo esse tipo de atividade e ordena a prisão de todos os oficiais que participarem desse tipo de espetáculo.

O alto-comando não escapa da degradação geral. Wrangel pinta um retrato feroz de seu adjunto, o general Slaschiov, que, na liderança de sua cavalaria, em plena debandada do Exército Voluntário, barra durante meses o acesso ao estreito da Crimeia:

Desequilibrado por natureza, de caráter frágil, seduzido com facilidade pela bajulação de mau gosto, incapaz de compreender bem as pessoas, e ainda por cima doentiamente viciado em drogas e em vinho, ele se emaranhou de vez na atmosfera de devassidão geral.

Wrangel dá os toques finais nesse retrato com a descrição pitoresca – e talvez caricata – do general, que encontra em agosto de 1920 em Sebastopol:

> Sua aparência era assustadora: pálido como um cadáver, com a mandíbula trêmula. Lágrimas escorriam sem parar pelas bochechas. Ele me apresentou um relatório cujo conteúdo não deixava margem de dúvida: o homem diante de mim estava psiquicamente doente [...]. Iachchev vivia em seu vagão estacionado na estação. Uma desordem inacreditável reinava ali: a mesa estava abarrotada com garrafas e comidas, roupas, cartas; armas espalhadas pelos divãs. No meio dessa desordem, reinava Slaschiov, vestido com um impressionante uniforme de hussardo branco, barrado com cordões amarelos e com um debrum de pele, cercado por uma horda de pássaros de todo tipo. Uma cegonha, um corvo, uma andorinha, um estorninho saltavam sobre as mesas e os divãs e bicavam a cabeça e os ombros de seu dono.

Após a derrota do Exército Branco, Slaschiov permanecerá na Crimeia, irá se juntar ao Exército Vermelho e será morto em 1927 por um ex-soldado da guerra civil, sedento por se vingar sabe-se lá do quê.

As ações de Budionny e Makhno

No dia 24 de dezembro de 1919, o Exército Vermelho conquista Novocherkassk; à noite, encontra-se diante de Rostov do Don, que havia sido, durante dois anos, a capital política do Exército Voluntário, tomada alguns dias depois pela cavalaria vermelha de Budionny, que faz uma pilhagem sistemática na cidade. Um habitante descreve a cena:

> Nos primeiros dias, roubavam basicamente as lojas de vinho, bastante numerosas em Rostov do Don. Com frequência, podia-se encontrar um cossaco de Budionny ou um soldado vermelho com um lote inteiro de garrafas na cintura ou nos bolsos. O vinho era carregado em baldes cheios até as bordas. A bebedeira e a devassidão não tinham fim [...].

A caminho de Moscou

Como punição, algumas pessoas foram fuziladas, inclusive comandantes de regimentos e comissários políticos. Mas as pilhagens e a bebedeira só cessaram quando não havia mais nada a ser roubado e a última garrafa de vinho fora tomada. As principais ruas comerciais eram palco de um espetáculo lastimável: janelas e garrafas quebradas, grades arrancadas, portas arrebentadas, vitrines escancaradas, papéis e escombros diversos pelas calçadas etc. Em vários locais, as poças na rua emanavam um cheiro de conhaque. Todo o exército de Budionny se instalou nas alamedas e casas de Rostov do Don. Várias casas foram, então, o cenário das piores violências, de assassinatos brutais e de pilhagens.

Esse cadete, por ser adversário dos bolcheviques, poderia ser acusado de parcialidade. Porém, o plenipotenciário da Checa, Peters, mesmo acostumado às cenas de violência, faz uma descrição idêntica em um relatório a Dzerjinski:

> Após a ocupação de Rostov do Don, os Brancos fugiram, em pânico, rumo a Bataisk, mas o exército de Budionny, ao invés de perseguir o inimigo em debandada, pôs-se a pilhar e beber na cidade. Os camaradas dali relatam horrores sobre os *pogroms* liderados pela gente de Budionny. Mas isso tem menos importância do que a própria conduta de Budionny, incapaz de discutir com alguém e sofrendo de megalomania. É preciso parar de cantar louvores a ele e nomear outras pessoas para o comitê militar revolucionário, talvez sob o comando temporário de Vorochilov. Ao que tudo indica, os camaradas Sokolnikov[4] e Alexandrov,[5] classificados como contrarrevolucionários por Budionny diante de seus especialistas militares, escreveram sobre isso ao comando. Ademais, no estado-maior, apesar da proibição formal – editada por Trotski – de levar mulheres para a zona do *front*, é triste a constatação: sempre levam mulheres, que, às vezes, são simplesmente sequestradas na rua.

Pouco antes, em um conflito com Piatakov – nomeado comissário político de sua divisão e apontado mais tarde por Lenin em seu testamento como um dos seis dirigentes eminentes do Partido Comunista –, Budionny o havia golpeado com sua bengala e depois tentado matá-lo com um tiro de revólver, gritando: "Eu acabei com Chkuro, Mamontov e Ulagai, quem você pensa que é para me julgar?", mas sua arma emperrou. À noite mesmo, uma bebedeira foi organizada aos gritos de "Viva a ditadura do proletariado e nosso líder Budionny!".

165

A tomada das cidades se realiza em meio a um caos frequentemente difícil de descrever, haja vista a diversidade das forças envolvidas. Primakov narra os sobressaltos que a cidade de Ekaterinoslav, até então nas mãos dos nacionalistas ucranianos de Symon Petliura, vivenciou durante alguns dias:

> No dia 27 de dezembro [de 1919], uma insurreição eclodiu em Ekaterinoslav. A fábrica de Briansk estava no centro da revolta. Os insurgentes fizeram um acordo com Makhno e com insurgentes do distrito de Novomoskovsk e ocuparam a cidade. A primeira fase dessa operação, elaborada pelo comitê revolucionário, foi bem-sucedida. Alguns insurgentes vestidos de operários, carregando nas costas sacos cheios de granadas, atravessaram a ponte ferroviária de Ekaterinoslav e dispuseram as granadas no posto de vigilância do lado oposto da ponte. Depois, atravessaram a ponte e, após uma breve troca de tiros, ocuparam uma parte da cidade e da estação. O oficial petliurista Martinenko passou para o lado dos rebeldes com 16 canhões que foram instalados próximos à estação e que lhes permitiram bombardear a cidade e o estado-maior petliurista. Os insurgentes tomaram Ekaterinoslav. No entanto, durante a noite, os makhnovistas começaram a pilhar a cidade e suas lojas. A pilhagem durou a noite toda. Na manhã seguinte, os makhnovistas eram donos da cidade, da qual se aproximava um importante destacamento petliurista que caçou os guerrilheiros, incapazes de organizar a resistência. Assim, por um momento, Ekaterinoslav caiu de novo nas mãos dos petliuristas.

Fazia um frio incomum no sul da Ucrânia, as tempestades de neve envolviam os destacamentos do Exército Vermelho, que tomaram Kherson e Nikolaiev no dia 2 de fevereiro, e os de Denikin, que recuaram em desordem. A brigada de cavalaria de Kotovsky, reforçada por 60 mineiros insurgentes das retaguardas de Denikin e que montavam mal a cavalo, põe-se em uma louca cavalgada. Na véspera de sua ofensiva, ele protesta, no entanto, em um relatório ao general Yakir: "Os cavalos não comeram desde ontem à noite até hoje ao meio dia [...]. Não há absolutamente nenhuma forragem. Os homens não dormem há 36 horas: um dia, uma noite inteira e mais o dia seguinte." Todavia, sua cavalaria vai explorar o terreno e atacar. Nos vilarejos por onde passa, convida os jovens camponeses – muitas vezes, com sucesso – a se alistarem em sua brigada; chega no dia 29 de janeiro, à noite, em meio a uma tempestade de neve, na entrada de Voznesensk, o principal centro defensivo dos Brancos, onde estão concentrados 1.500 soldados, dos quais 600 são cavaleiros. Kotovsky parte ao assalto em plena noite, em meio ao temporal, e toma a cidade na manhã seguinte; os Vermelhos se apoderam de um trem-hospital cheio de cadáveres gelados.

A cena do hospital onde os Brancos estão sob cuidados, descrita pela mulher de Kotovsky, médica, vale para o hospital dos Vermelhos:

> Todas as peças estavam cheias de moribundos deitados ao lado de cadáveres; os que ainda tinham um pingo de força rastejavam, arrancavam com as unhas pedaços de gelo sujo do chão do corredor e os metiam na boca. Não havia nem enfermeiros nem médicos.

Todos haviam fugido, com medo de serem fuzilados.

O Exército Vermelho toma Odessa no dia 7 de fevereiro. Em 26 de março, Denikin, humilhado, abandona o combate. O bispo de Sebastopol, Benjamin, declara: "Foi sua orientação liberal que o desgraçou, o povo russo, que espera um mestre, rejeitou-a." E ainda acrescenta: "O barão Wrangel, ditador pela graça de Deus, é o ungido do Senhor e de suas mãos receberá o poder e o reino." Em 4 de abril, Denikin assina o decreto designando Wrangel comandante em chefe do Exército Voluntário (rebatizado por Wrangel, em 11 de maio, como "Exército do Sul") e foge para o exterior. Wrangel, que descreve todo o estado-maior de Denikin como um amontoado de incapazes, instala-se na Crimeia; os Brancos ainda controlam uma parte do Cáucaso.

Notas

[1] "Companhias".
[2] Em especial, a palavra *kukuruza*, que significa "milho".
[3] O general Denikin.
[4] Comandante do 8º Exército.
[5] Seu adjunto para questões políticas.

O decisivo mês de outubro de 1919

Voltemos um pouco no tempo. No dia 21 de outubro de 1919, o Exército Vermelho lançou sua contraofensiva em Petrogrado. No dia 22, Trotski escreve a seguinte ordem do dia número 158, endereçada aos soldados vermelhos:

> Poupem os prisioneiros! Recebam amigavelmente os desertores. No Exército Branco, os inimigos pérfidos, corruptos sem honra, os inimigos do povo trabalhador são uma minoria insignificante. A maioria esmagadora é composta de homens ingênuos ou recrutados à força. Mesmo uma parcela importante dos oficiais brancos combate a Rússia soviética à base de ameaças físicas ou por ter sido enganada pelos agentes dos financistas, tanto russos quanto anglo-franceses, e dos proprietários.
>
> Contra os soldados brancos que nos atacam e ameaçam Petrogrado, agimos e sempre agiremos de forma implacável. Nós os perseguiremos sem dó nem piedade até os eliminar da face da Terra. Mas pouparemos os prisioneiros. O Exército Vermelho operário e camponês não perpetuará a crueldade vã. Os desertores não precisam temer qualquer ameaça de nossa parte. Aos que reconheceram a desonra da campanha dos soldados brancos, aos que tiveram a consciência do povo trabalhador despertada em si, venham se juntar às nossas fileiras sem temer: são nossos amigos e irmãos.

Esse convite não se estende apenas aos soldados, mas também aos oficiais. Na Frente Oriental, várias centenas de oficiais do exército de Kolchak, estimulados por um imenso respeito ao heroísmo, coesão e organização do Exército Vermelho, juntaram-se a nós. Desde então, eles lutam do nosso lado.

A fim de ajudar Petrogrado, o estado-maior ordena que a brigada do comandante Kotovsky deixe o centro da Ucrânia, onde combate Denikin. Seus soldados se encontram em condições precárias: famintos, assolados pelo tifo, muitos deles estavam descalços; seus cavalos, dias a fio sem forragem. Ainda assim, eles cumprem a ordem e sobem em direção ao norte. Kotovsky se queixa a seu superior, o general Iona Yakir: "Todos os dias o tifo faz novas vítimas em nossa brigada; precisamos de uma ajuda substancial e urgente." Essa ajuda jamais chegará. No dia 25 de outubro, Yakir anuncia o envio de um reforço de 15 mil homens e mais seis vagões de feno, completado pela remessa posterior de uma leva de pão. Yakir estima que os enfermeiros cheguem nos dois dias seguintes. Não muito tempo depois, Kotovsky informa-lhe que 459 soldados – ou seja, um terço de seu efetivo – desertaram no caminho. No dia 30 de outubro, o chefe da seção política da segunda brigada escreve estas linhas em um relatório a Moscou: "O tifo está acabando com a segunda brigada [...]. Os homens não têm nem mesmo o que vestir [...]. Os reforços enviados enojam: desertores com dois anos de serviço, ladrõezinhos, covardes". Porém, o comissário político ainda encontra alguns pontos positivos:

> Foram organizadas algumas reuniões na segunda brigada, dois espetáculos e, por causa do tifo, fizemos todos os dias – nas companhias, batalhões, destacamentos – rodas de conversa política que deram bons frutos. A plateia escutava atentamente, com grande curiosidade e interesse.

A brigada segue seu percurso para Petrogrado. No entanto, a situação continua piorando. No dia 4 de novembro, Kotovsky envia um relatório furioso ao comandante do 7º Exército:

> Nós só conseguimos deixar a Ucrânia – abrindo caminho para o norte – ao quebrar o cerco de ferro do inimigo, que nos mantivera em condições muito precárias, sem equipamento, sem munições. Transferimos as unidades exauridas de nossa brigada de Jitomir a Kiev, depois de Kiev a Korosten;

O decisivo mês de outubro de 1919

Grigori Kotovsky

então de Korosten a Kiev, em seguida de Kiev a Roslavl; e, finalmente, de Roslavl para o *front* de Petrogrado – tudo isso estando, literalmente, nus e descalços, o que teve um enorme impacto nas capacidades combativas de nossa brigada. A sarna, o eczema, uma epidemia generalizada de tifo, doenças causadas pelo frio devido à falta de agasalho, uniformes e banhos: tudo isso acamou de 75% a 85% de nosso efetivo composto de velhos combatentes que ficaram pelas enfermarias e hospitais ao longo do caminho. A maior, e melhor, parte dos antigos membros do comando[1] também adoeceu e ficou pelas enfermarias [...]. Tudo isso teve uma forte influência psicológica nos velhos combatentes [...]. As unidades da brigada não têm munição [...]. Não temos praticamente nenhum meio de transporte – tanto para a artilharia quanto para a cavalaria e a infantaria – por causa da assustadora mortandade de nossos magníficos cavalos por falta de forragem nessa arrancada rumo ao norte [...]. Esse pesadelo da forragem não tem fim. Todos os nossos cavalos estão condenados à morte em pouco tempo [...]. A seção sanitária quase não existe mais [...]. O serviço veterinário foi extinto.

A cena anterior foi descrita por Kotovsky, mas um quadro idêntico poderia ter sido pintado por centenas de outros comandantes de brigadas vermelhas, de tropas verdes e, inclusive, de brigadas brancas – nesse último caso, até o envio de ajuda pelos Aliados, no começo de 1919. Essas tropas, além de sofrerem com o tifo, estão mal equipadas, malvestidas, mal alimentadas. A pilhagem frequente da população local é uma consequência dessa conjuntura. Os comandantes do Exército Vermelho emitem, periodicamente, ordens muito severas contra a pilhagem, mas a própria necessidade de reiteração ressalta a impossibilidade de eliminar a praga. Os roubos frequentes jogam a população contra o exército, que, em um estado de profunda miséria, acaba depenando os civis. Kotovsky, típico chefe *partisan*, publica, ainda no mês de setembro de 1919, a seguinte ordem: "Qualquer soldado que ficar para trás de sua unidade, para saquear, será considerado desligado dela por vontade própria e será fuzilado na hora".

Apesar do tifo, do frio e da fome, os soldados eventualmente encontram formas de distração. Em uma noite de setembro de 1919, o esquadrão de Kotovsky estaciona em um vilarejo. A brigada cultural do esquadrão decide interpretar para os soldados a peça *O casamento*, uma comédia hilária de Gogol. Quando o soldado intérprete do noivo Podkolessin salta pela janela, como deveria, depara-se com um batedor do regimento de soldados petliuristas, que se prepara para atacar o esquadrão. Os atores maquiados e fantasiados empunham seus sabres e começam a lutar – a caráter – para grande surpresa de embasbacados petliuristas, que fogem correndo dessa trupe de teatro.

No dia 1º de novembro, o estado-maior ordena à brigada de Kotovsky que se junte ao contra-ataque às tropas de Yudenich, partindo de Petrogrado. O comandante de um de seus regimentos protesta com palavras firmes e claras sobre o estado miserável dos soldados:

> Eu não sou um covarde, mas também não sou louco. Conduzi o confronto em Novaia Greblia, levei ao combate soldados descalços enquanto as balas de um batalhão de Brancos zuniam sobre nossas cabeças. Enfiados até o pescoço na água gelada, forçamos nossa passagem pelo rio Zdvij e permanecemos várias horas com os rostos colados no chão sob uma chuva de balas. Mas eu me recuso a levar ao combate, nem que seja por um segundo, homens maltrapilhos, com os -20° C e a neve caindo lá fora.

O decisivo mês de outubro de 1919

Kotovsky se enfurece com essas declarações, exige a execução das ordens do alto-comando e ameaça fuzilar quem se opuser. Contudo, o comandante que protestara terá seu pedido atendido. Ao invés de enviar a brigada de Kotovsky para o combate, seus soldados serão alocados para as casernas de Tsarskoie Selo, a fim de descansarem e servirem de reserva. A emenda sai quase pior que o soneto, conforme narra um membro da brigada:

> Deparamo-nos então com outras dificuldades. A epidemia de tifo se alastrou e doenças causadas pelo frio destruíram a brigada. Os soldados e os comandantes viviam em galpões militares sem aquecimento e recebiam rações mínimas: 200 gramas de *sukhari*[2] e 300 gramas de repolho. Doía em nossos corações ver os cavalos morrerem por falta de forragem.

Em Petrogrado, nesse meio tempo, o exército de Yudenich, lutando contra os últimos batalhões de operários famintos organizados por Trotski, não consegue tomar a cidade e recua. A cidade mal começa a mudar de lado e o exército de Yudenich já bate em retirada a todo vapor, deixando uma horda de refugiados para trás. Um dos sobreviventes, Gorn, recorda-se:

> A subnutrição, o fato de comer todos os dias a mesma coisa, o início do frio rigoroso abalaram a saúde dos soldados. E, depois, atrás do exército que se retirava, somavam-se hordas de fugitivos maltrapilhos, igualmente mortos de fome, por vezes levando consigo crianças, instalados em escombros de vilarejos destruídos e famintos ou em vagões de mercadorias sem aquecimento. Os fugitivos morriam como moscas, minando ainda mais o moral já baixo do exército. Ademais, nossa retirada acontecia na maior desordem.

O exército de Yudenich recua até a fronteira da Estônia, de onde partira para o assalto dois meses antes. Mas os estonianos, embora hostis aos bolcheviques, não veem com bons olhos esses monarquistas russos, partidários da "Rússia una e indivisível", da qual os países bálticos haviam feito parte durante dois séculos, e sua acolhida nem sempre foi amigável. Gorn relembra:

> Várias vezes, ao baterem em retirada, acuados na fronteira estoniana, nossos soldados foram feridos pelas metralhadoras estonianas e assim se encontraram - literalmente - em fogo cruzado. Era impossível forçar caminho em frente, e os estonianos não nos deixavam passar por trás. Essa situação desmoralizou nossos soldados...

... que, uma vez em solo estoniano, são desarmados pelas autoridades locais.

O fim de Kolchak

No extremo oriente siberiano, a aventura de Kolchak termina em fiasco. No dia 31 de janeiro de 1920, o Exército Vermelho entra em Vladivostok. Segundo o dr. Montandon, da Cruz Vermelha, presente durante os fatos, as últimas tropas do general Rozanov, completamente desmoralizadas, não apresentam quase nenhuma resistência:

> Quando as colunas vermelhas entraram na cidade, não encontraram mais nenhuma unidade intacta. Mal precisaram atirar algumas vezes em frente à cidade de Rozanov, onde ainda havia alguns cossacos. Ao mesmo tempo, se você caminhasse conosco pelas ruas de Vladivostok nos dias de decadência do antigo regime, você as teria visto lotadas de oficiais com uniformes e espadas reluzentes. *Oficiais* e não *soldados* [...]. Ao invés de empunhar uma arma, o antigo oficial russo preferia se sentar à mesa ao som de músicas ciganas, a algibeira de seda enfiada em sua camisa. Havia histórias sobre como alguns deles, vários dias antes da entrada dos Vermelhos na cidade, já se refugiavam à noite no estado-maior japonês. Sabíamos de outros que, despreocupados até o último minuto – inclusive a ponto de celebrar verdadeiras e pomposas núpcias quando o inimigo já estava na entrada da cidade –, apressaram-se para arrancar as dragonas de seus uniformes durante a chegada dos bolcheviques. É que eles conheciam a punição que, no auge do conflito entre os dois partidos, fora aplicada àqueles que insistiam em se emperiquitar com suas insígnias czaristas: a dragona pregada no ombro com bons e sólidos pregos.

Durante três meses, coexistem em Vladivostok o estado-maior japonês e a coalizão do poder soviético – formada por bolcheviques, socialistas-revolucionários e mencheviques –, que condena Kolchak à morte por fuzilamento, ordem executada no dia 7 de fevereiro de 1920. Na madrugada de 4 para 5 de abril, os japoneses tentam tomar o controle da cidade; o seu golpe de Estado dura dois dias.

Um jovem comunista de Odessa contra os Verdes

No dia 7 de fevereiro de 1920, enquanto Kolchak é fuzilado no leste, o Exército Vermelho, no sul, entra em Odessa, onde as juventudes comunistas saem da clandestinidade à qual haviam sido condenadas pelo regime de Denikin. Participa desse movimento o jovem Baitalsky, futuro opositor de esquerda e prisioneiro do Gulag. Ele narra os difíceis combates que os *komsomols*, jovens comunistas, do burgo de Ananiev, nos arredores de Odessa, precisaram travar nos campos vizinhos:

A organização dos *komsomols* de Ananiev não contava com muitos jovens operários; nesse fim de mundo, a indústria se resumia a uma meia dúzia de moinhos e manufaturas. A ferrovia passava a 15 quilômetros dali. Nos arredores, nas florestas e vilarejos, em todos os cantos e em todas as estradas, a guerra civil chegava a seu ápice. Nossa jovem organização logo enfrentou seu primeiro combate. Uma insurreição eclodiu nas cercanias da cidade. Havia alguns vilarejos ricos ao longo do caminho que separava Ananiev e Balta. O centro da revolta foi o vilarejo de Passitsela, onde, segundo boatos, um grupo de oficiais brancos se escondera. Um *kulak* mandara vir um destacamento de cavalaria das florestas de Balta e os insurgentes dispunham até de um canhão de três polegadas.

A organização do Partido e dos *komsomols* da cidade foi posta em estado de alerta. Distribuíram-nos armas. Ao pegar uma carabina, percebi que eu ainda não estava em condições de usá-la. A guarnição da cidade era composta de uma divisão de soldados vermelhos. Um pequeno destacamento foi formado com os comunistas e os *komsomols* e batizado de "Companhia de Marcha Comunista". Partimos rumo a Passitsela.

Ao amanhecer, deitado no campo recém-arado, vi o comandante da companhia, um rapaz corpulento e jovem que caminhava a passos decididos, com um sabre numa mão e um revólver na outra, sem se abaixar diante das balas que voavam, repetindo: "Rapazes, não desperdicem os cartuchos!"

Quando ele se aproximou, reconheci Vania Nedoyujenko; antes da revolução, havíamos estudado juntos em uma escola rural, que tinha duas turmas, no povoado de Tchernovo, onde nasci. Três ou quatro anos mais velho que eu, Vania já tivera a oportunidade de combater os alemães no *front*, quando se tornara bolchevique [...].

Uma espada retiniu no ar e, seguindo a deixa de Vania Nedoyujenko, eu corri gritando "Hurra!" contra o vilarejo insurgente, contra os filhos dos *kulaks*. Nós chegamos à fronteira do vilarejo, atingimos as primeiras choupanas e galopamos pela larga rua central. As mulheres se escondiam nos porões, os homens se abrigavam nos celeiros, as carabinas em mão, e nós galopávamos, galopávamos [...]. Precipitamo-nos ao ataque. Meus companheiros de batalha mais próximos eram, de um lado, um soldado vermelho desconhecido, com a barba negra fechada, e, de outro, um jovem colegial como eu. Não distribuíram em uma mesma fileira todos os garotos como

História da guerra civil russa

nós, que jamais haviam combatido, e sim nos misturaram com soldados experientes, encarregados de nos instruírem durante a batalha.

Perto de mim, Semion Kogan foi ferido. Ele era meu colega de escola, um garoto muito calmo, o melhor aluno da turma, com seus óculos de armação de ferro e lentes grossas. O que esse míope fazia em um combate? Ao mesmo tempo, Semion poderia deixar de lutar lado a lado conosco por causa da miopia? Embora não enxergasse direito, ele ainda podia, em compensação, sacrificar-se por um camarada – papel que, de fato, desempenhou bravamente. Um destacamento de Verdes se juntou aos insurgentes e forneceu-lhes a cavalaria. Naquela época, chamávamos de "verdes" quaisquer tipos de *kulaks* insurgentes, como forma de ressaltar que não eram soldados nem brancos, nem vermelhos. Em números, não passávamos de um punhado de pessoas e sequer tínhamos uma metralhadora para usar. O combate foi retomado no dia seguinte: menos da metade de nosso destacamento conseguiu sobreviver. Após o combate, perdi de vista meu amigo Mishka Patlis; seu corpo não foi encontrado entre os cadáveres. Demonstrando uma vontade de viver impressionante, mesmo tendo o crânio praticamente partido em dois, esvaindo-se em sangue, Mishka se arrastou, desmaiou, rastejou mais um pouco, retomou a consciência, pôs-se outra vez a rastejar com obstinação e, enfim, conseguiu se juntar a nós na manhã seguinte. Nossas enfermeiras, *komsomols* tão jovens quanto nós, enfaixaram sua cabeça derramando todas as lágrimas que tinham para chorar [...].

Voltei a Ananiev tomado pelo fervor comunista. Percorria os vilarejos na função de instrutor do comitê distrital, a cavalo ou a pé; aliás, mais a pé do que a cavalo. Éramos enviados em duplas. Calçando botinas esfarrapadas, que geralmente tirávamos para caminhar com mais conforto, com a carabina nos ombros, íamos de vilarejo em vilarejo, um mandato do comitê distrital no bolso [...]. Em Saransk e nos cantões vizinhos próximos a Balta, os remanescentes de bandos verdes se esconderam após a liquidação da insurreição. Ir ao *volost* [cantão] de Saransk para as requisições, durante um período, fora sinônimo quase perfeito de morte. No entanto, jamais um *komsomol* recusou essa missão [...].

Os corpos de nossos camaradas, mortos na floresta de Saransk, jaziam ali, cobertos até os ombros com uma lona velha. Os rostos inchados estavam azulados. Antes de os assassinarem, os Verdes abriram suas barrigas e encheram-nas com grãos: tal era a ferocidade de sua vingança [...].

Apenas no fim de 1921, o distrito de Balta acabou com os grupos de bandidos remanescentes que infestavam suas florestas. Mas, por um tempo, ainda mantivemos o hábito de carregar uma carabina conosco. Depois trocamos a carabina pelo revólver e, enfim, deixamos de lado até mesmo o revólver, mas a pólvora com a qual carregávamos nossas armas jamais se dissipou.

Os combates com baionetas ou sabres são marcados por uma obstinação e uma selvageria testemunhadas por Kotovsky. Uma noite, sua unidade esbarra com uma unidade de Brancos em maior número. No dia seguinte, a aurora revela aos sobreviventes o resultado da luta corpo a corpo:

> Os cadáveres se acumulavam aos montes, às vezes em grupos de quatro ou seis. Dois soldados, atracados em um último abraço mortal, haviam se perfurado, antes de terem sido mortos, ambos, pelos seus adversários, eles mesmos cravados por lâminas inimigas. Os corpos se empilhavam [...]. Os soldados haviam rasgado a glote, devorado o nariz, arrancado as orelhas uns dos outros.

A Crimeia de Wrangel

Em março de 1920, Wrangel substitui Denikin no comando das forças armadas do sul da Rússia. Ele se retira para a Crimeia, separada do continente pelo istmo de Perekop, protegido por defesas naturais, fáceis de reforçar; mas os recursos escassos da região não possibilitam o sustento da população local e das forças armadas. Não satisfeito em pedir assistência aos Aliados – ajuda concedida pelos franceses, mas não pelos ingleses, pois estes estavam seguros de que o confronto entre Kolchak e Denikin marcara o fim da aventura branca –, ele toma uma medida radical: decreta três dias de jejum por semana!

Para Wrangel, um grupo de Verdes organizado pelos Vermelhos agia na Crimeia:

> No dia 5 de agosto de 1920, um pequeno grupo de doze homens comandados pelo marujo Mokrousov desembarca perto do vilarejo de Kapsokh, depois do naufrágio de seu barco a motor. Esse destacamento estava equipado com metralhadoras, munição, granadas de mão e carregava uma grande quantia de dinheiro, aproximadamente 500 milhões de rublos czaristas, cuja cotação era 70 vezes superior àquela da moeda emitida pelo alto-comando, e 200.000 liras turcas. Tendo sido bem-sucedido, graças à ajuda de cúmplices, a se embrenhar pelas florestas, Mokrousov passa a se autointitular "comandante do exército insurrecional da Crimeia", e tenta atrair avulsos e canalhas para seu destacamento. Ao final de agosto, ele reuniu cerca de 300 homens, divididos em três regimentos.

Um desses regimentos, segundo Wrangel, saqueia a torto e a direito por conta própria.

Ele responsabiliza esses "Verdes" por diversas ações ao longo de seis semanas: o ataque a um comboio de artilharia, a pilhagem de uma madeireira, com um butim de um milhão de rublos, uma incursão às minas coroada pelo roubo do caixa, o incêndio da fábrica de pólvora e a destruição da mineradora, e, por fim, o ataque a dois vilarejos...

Notas

[1] Refere-se aos oficiais e suboficiais na faixa etária dos 30 aos 40 anos.

[2] Espécie de pão torrado.

De Varsóvia a Duchambé

A Polônia de Pilsudski ataca

Em 15 de abril de 1920, às vésperas de um acordo com Symon Petliura, o líder polonês Pilsudski invade a Ucrânia. O governo francês lhe forneceu 3 mil metralhadoras, 1.500 canhões e 150 aviões. Em um primeiro momento, Pilsudski acumula vitórias, abre caminho até o coração da Ucrânia, toma Jitomir e Berdychiv no dia 25; Mogilev, no dia 28; Kiev, no dia 6 de maio. Toda a metade ocidental da Ucrânia fica sob seu controle. No entanto, o ódio pelo *pan* (senhor) polonês permanece vivo entre os camponeses da região e a invasão se depara com uma resistência crescente; o Exército Vermelho se aproveita disso para, no final de maio, lançar uma contraofensiva comandada por Tukhachevsky, que emite esta ordem do dia, em tom inflamado:

> Combatentes da revolução operária! Voltem seus olhares para o Ocidente. É ali que se decidem os rumos da revolução mundial. O caminho para a conflagração mundial passa por cima do cadáver da Polônia. Nós levaremos a felicidade e a paz à humanidade trabalhadora na ponta de nossas baionetas! Avante rumo ao Ocidente! Rumo a Vilnius, Minsk, Varsóvia!

Os últimos escombros das ferrovias soviéticas conseguem, aos poucos, levar reforços em trens sujos de excrementos e pus. O *front* sudoeste é dividido em dois: uma ala direita frágil na Crimeia, com Wrangel, e uma ala esquerda, comandada pelo general Yegorov e por Stalin, que combate a ala direita do exército polonês empurrada pela contraofensiva do Exército Vermelho.

O Politburo quer aplicar a fórmula siberiana na Polônia: no dia 19 de junho, ele forma um escritório polonês do Comitê Central, presidido por Dzerjinski, à semelhança do escritório siberiano do Comitê Central, outrora incumbido da agitação e da propaganda na retaguarda de Kolchak. Embora Dzerjinski tivesse origem polonesa, nomeá-lo presidente da Checa, dada sua hostilidade reiterada e pública à independência da Polônia, não foi uma escolha muito feliz. Por sua vez, esse escritório polonês forma um comitê revolucionário provisório, presidido pelo bolchevique polonês Marchevski, que mal consegue criar uma milícia operária e camponesa com a ajuda dos comunistas locais. Com a chegada do Exército Vermelho, essa milícia se volta contra ele. Mais tarde, um bolchevique desabafa: "Não encontramos em lugar nenhum sequer um pingo de apoio efetivo e ativo do proletariado polonês."

No começo de julho, o Exército Vermelho chega ao limite da Linha Curzon, ou seja, à fronteira russo-polonesa proposta pelo diplomata inglês George Curzon – que corresponde, *grosso modo*, à fronteira atual dos dois países. Paira a questão: deveriam ir em frente e invadir a Polônia? Trotski e Radek são contra; Stalin, compartilhando de seu ponto de vista, critica "[...] a fanfarronice e a complacência perigosa de alguns companheiros [que] bradam por uma marcha a Varsóvia", depois adere a Lenin, que pede "[...] uma aceleração implacável na ofensiva contra a Polônia" e deseja "[...] sondar a Europa com a baioneta do Exército Vermelho". Lenin acredita que o avanço do Exército Vermelho na Polônia desencadeará um levante dos operários e dos camponeses locais e lançará uma fagulha de revolta na Alemanha.

O exército de Tukhachevsky se precipita para Varsóvia. Stalin e Yegorov avançam lentamente rumo a Lvov, no sul da Polônia. Ao mesmo tempo, Wrangel sai de seu isolamento na Crimeia e invade a Táurica, ao norte da península.

Inquieto, o Politburo decide unificar a condução da guerra na Polônia em um *front* oeste comandado por Tukhachevsky e organizar um *front* contra Wrangel na Crimeia. Nas palavras de Lenin, Wrangel "[...] representa um perigo substancial, hajam vista as sublevações que rebentam sobretudo em Kuban e também na Sibéria". Stalin e Yegorov, que comanda o exército em marcha para Lvov, no sul da Polônia, recebem a ordem de enviar com urgência a 1ª Divisão de Cavalaria e o 12º Exército para reforçar as fileiras de Tukhachevsky, o que impediria Stalin de tomar Lvov. Este se recusa a assinar a ordem de transferência das tropas solicitada por Tukhachevsky, cujo exército está espalhado em um *front* extenso, o que é preocupante.

O que acontece, na sequência, é o "milagre (polonês) do Vístula": a contraofensiva de Pilsudski ataca o Exército Vermelho e o empurra quase 400 quilômetros! Na perspectiva dos operários e camponeses poloneses, o Exército Vermelho, longe de ser um libertador, é visto como um exército russo e, portanto, inimigo. A atitude de Stalin transformou o fracasso pontual de Varsóvia em uma derrota completa, acarretou a captura de 40 mil soldados e obrigou Moscou a assinar um armistício seguido, em 20 de outubro de 1921, do Tratado de Paz de Riga – capital da Letônia, onde ocorreram as negociações. Como resultado, a Polônia recebe a Ucrânia ocidental (ou Rutênia) e a Bielorrússia ocidental, que Stalin recuperará vinte anos mais tarde pelo protocolo secreto do Pacto Germano-Soviético.

A guerra contra a Polônia agrada a Wrangel, pois afasta o Exército Vermelho da Crimeia. Ele conta satisfeito:

> No fim de agosto, o resto das tropas bolcheviques fugia rapidamente para leste, perseguido pelas forças polonesas. No flanco direito dos poloneses, tropas ucranianas atacavam em território ucraniano. Na Ucrânia ocidental, insurreições eclodiam em toda parte. Os destacamentos de Makhno, Grishin, Omelianovich-Pavlenko, dentre outros, acuavam sem trégua as tropas vermelhas, atacando seus transportes, comboios e trens. Nós retomamos o contato com os *partisans* ucranianos e demos-lhes armas, munição e dinheiro.

O temor de Wrangel era a assinatura de um armistício entre Varsóvia e Moscou, o que liberaria o Exército Vermelho da luta no oeste e seria, em suas próprias palavras, "fatal" para ele:

> Eu fiz de tudo para persuadir os governos francês e polonês da necessidade de os poloneses continuarem lutando ou, pelo menos, prolongarem as negociações de paz que se iniciaram. Dessa forma, eu poderia aproveitar a

manutenção de uma parte das tropas vermelhas no *front* polonês, completar e equipar minhas tropas recolhendo uma parte do butim generoso confiscado pelos poloneses e utilizar como unidades combatentes regimentos bolcheviques que haviam passado para o lado dos poloneses e sido aprisionados na Alemanha, bem como o material tomado pelos vencedores. Eu propus a criação, na própria Polônia, de um terceiro exército russo a partir da união do que sobrara dos destacamentos do general Bredov, de Bulak-Balakhovich e do coronel Permikin, ainda em solo polonês, e da população russa dos territórios ocupados novamente pelos poloneses. Propus a união do comando dos exércitos polonês e russo sob a direção de um general francês, assistido por representantes de nossas tropas e das tropas polonesas [...].

O comandante da missão militar polonesa me informou que o governo polonês concedera permissão para a formação de um exército russo de 80 mil homens dentro das fronteiras polonesas.

Desde o Tempo dos Tumultos, compreendido entre 1598 e 1613, durante o qual as tropas polonesas tentaram impor o "falso Demétrio" como czar, desde as três partilhas da Polônia entre a Rússia, a Áustria e a Prússia, realizadas no fim no século XVIII e inspiradas por Catarina II, e desde a repressão selvagem das duas insurreições polonesas de 1832 e de 1863, um ódio nacional muito forte opunha russos e poloneses. Esse ódio foi mobilizado pelo governo de Piłsudski contra o Exército Vermelho. Wrangel abre mão dos preconceitos nacionais de sua casta em nome de seus interesses sociais, mas, afirma: "[...] a aliança com os poloneses foi extremamente difícil. Só conseguimos concluir as negociações com a mediação dos franceses. Nossas tentativas de estabelecer uma radiocomunicação com Varsóvia fracassaram." No dia 26 de setembro, Moscou e Varsóvia assinam um armistício. Dessa forma, Moscou pode enviar uma parte das tropas, outrora ocupadas com a guerra da Polônia, para combater Wrangel.

As tropas vermelhas em Bucara

Na outra extremidade do Império Russo, no dia 3 de setembro de 1920, os comunistas uzbeques, com a ajuda do Exército Vermelho, derrubam o emir de Bucara, Alim-Khan, que foge e organiza a resistência nas tribos da estepe vizinha. Assim inicia o movimento dos chamados *basmachi*. Naquela época, o Turquestão, país de clãs, ainda não saíra da Idade Média sob nenhum aspecto – material, social, político ou intelectual. Os *basmachi* se armam com arcabuzes, pederneiras – inclusive aquelas antigas, com fecho de mecha. Apenas os nobres ricos têm fuzis modernos. O emir destituído apela ao rei da Inglaterra, George V: "Anseio que, nesta hora difícil, Vossa Majestade tenha a bondade e a benevolência de me estender uma mão amiga enviando 100 mil libras esterlinas como dívida de Estado, 20 mil fuzis, 30 canhões com seus obuses e 10 aeroplanos com o equipamento adequado". O governo de Sua Majestade, já cético quanto às chances dos Brancos da Rússia ocidental, sequer se dá ao trabalho de responder ao emir, que precisa se contentar em equipar o grosso de suas tropas com arcabuzes e suas pederneiras de sílex ou com fecho de mecha. A partir desse ponto, minguam suas chances de êxito.

O Exército Vermelho, que recuava a oeste sob a contraofensiva polonesa, tinha outras preocupações em mente além do Turquestão. Trotski fala disso abertamente na 9ª Conferência do Partido, que ocorre em setembro de 1920 a portas fechadas:

> O *front* do Turquestão saiu da posição defensiva e do estado de semitranquilidade por causa dos acontecimentos de Bucara. Devo dizer aqui que essa decisão foi tomada contra a vontade do comando militar central. Tornar Bucara soviética não estava em nossos planos, pois nesse período estávamos ocupados com a ofensiva a Varsóvia; Bucara, como vocês sabem, é um pouco distante dali e não tínhamos qualquer razão para deixar nossa atenção se desviar para lá. Porém, nossa situação internacional é tal que cada pedaço de território fronteiriço ao nosso se transforma em um local de concentração da contrarrevolução. Foi isso que aconteceu em Bucara, onde se concentrava a contrarrevolução russa, muçulmana, islamista e wrangeliana, cuja política se tornava agressiva. O camarada Frunze, que comandava o *front* do Turquestão, insistia na necessidade de acabar de uma vez por todas com essa ameaça militar. Mas não o escutamos pelas razões que acabo de mencionar: como fomos pegos pela ofensiva contra a Entente,[1] não tínhamos o direito de suprimir nenhum soldado, nem de desperdiçar sequer uma bala em outras empreitadas. No entanto, a movimentação foi tão intensa em Bucara que, agora, contra nossa vontade, temos uma Bucara soviética. Foi necessário para nós e também para o emir de Bucara que, pouco antes de nós, tinha enviado um presente.

O emir não conseguiu organizar a resistência por muito tempo. No início de novembro, o comitê militar revolucionário do Turquestão prevê a criação, para o final de dezembro de 1919, de um destacamento expedicionário de mil soldados que, no decorrer das semanas, chegará a 4 mil homens, flanqueado por um pelotão de cavalaria com 70 sabres, para liquidar o exército do emir e "liberar" a região oriental de Bucara. Um sobrevivente narrou sua marcha triunfal:

> O pelotão de Pervukhin se aproximou a um quilômetro do vilarejo de Sarai. Ele recebeu a ordem de atacá-lo pelo lado oeste, sem dar margem para que os *basmachi*, então comandados pelo oficial Nurulla, se precipitassem para o desfiladeiro. O pelotão de Pervukhin atacou o vilarejo pela frente. A cerca de 250 metros do vilarejo, o primeiro posto de vigia foi metralhado a leste do vilarejo. O pelotão se preparou e se lançou a galope, até chegar à mesquita, onde estavam mais de cem *basmachi*. O pelotão cercou os *basmachi* por três lados e a maioria deles foi massacrada. Sua única saída era saltar um grande barranco lateral à mesquita. Uma parte dos *basmachi* abandonou seus cavalos, saltou para o barranco e fugiu a pé. O pelotão, quando os notou, atirou à queima-roupa. Nurulla perdeu 56 homens, os outros foram feridos e muitos *basmachi* foram feitos prisioneiros.

No dia 16 de fevereiro, o destacamento ocupa Denov; em 21, Duchambé, a futura capital do Tajiquistão, de onde o emir foge para se refugiar no burgo de Kuliab; no dia 23 de fevereiro, os Vermelhos tomam Faizabad e, em 15 de março, Kuliab, abandonada dez dias antes pelo emir, que se refugia com seu séquito no Afeganistão. Ele será seguido por quase 200 mil habitantes do sul da região, o equivalente a 25% da população local.

Nota

[1] A França e a Inglaterra.

O penúltimo ato

A derrota de Wrangel

No dia 15 de outubro de 1920, a Cavalaria Vermelha, a 1ª Divisão de Cavalaria de Budionny e a 2ª Divisão de Cavalaria de Mironov investem contra as posições do exército de Wrangel na Táurica do Norte, atacam-no e repelem-no até o istmo de Perekop, que separa a Crimeia do continente. A Crimeia é palco do último conflito militar entre Vermelhos e Brancos. A batalha ali travada deu origem a relatos contraditórios e a alguns mitos. Um deles – repetido muitas vezes desde que um tal Melgunov o espalhou em 1923 – conta que, após a derrota de Wrangel, Trotski mandou executar, além de 500 estivadores (!), 50 mil soldados e oficiais brancos – quando, na verdade, a maioria esmagadora deles conseguira escapar. Cada lado garante que o adversário contava com uma superioridade gritante de recursos. A verdade talvez se aproxime mais do relato dos Brancos do que o do bol-chevique Gussev, que atribui ao inimigo uma superioridade de recursos imaginária, afirmando, contraditoriamente, que as tropas brancas foram "dizimadas em duas semanas":

> O mais incrível em toda essa operação foi sua elaboração a partir de Kharkov, sem o aconselhamento dos especialistas militares. O camarada Frunze, que

liderou a operação, não é um especialista militar, mas um simples partidário comunista. Ainda assim, embora o estado-maior não tenha contado com o auxílio de qualquer especialista militar, essa operação foi conduzida no mais fino estilo militar.

Em suma, a formação e os conhecimentos militares são inúteis; a convicção política basta e compensa a própria inferioridade material. Gussev defende essa tese com uma narrativa heroica. Naturalmente, ele se tornou um fiel partidário de Stalin, que execrava qualquer competência considerada "burguesa".

Tudo acontece durante combates violentos ocorridos entre 7 e 9 de novembro de 1920:

> Diante de nós, estava o exército de Wrangel, a melhor tropa branca da guerra civil, que viera se reunir aos membros do Exército Branco que haviam combatido na Frente Oriental, nas fileiras de Yudenich e na Polônia [...]. Wrangel havia construído fortificações poderosas no estreito de Perekop, no istmo de Salkovsky e na península de Chugarsky. Seu exército tinha tanques formidáveis e muitos aviões. As fortificações eram equipadas com um potente armamento pesado. Não tínhamos como combatê-los. Nós tomamos as fortificações de Perekop praticamente desarmados. Nossa artilharia pesada não chegou a tempo; a aviação permaneceu em nossa retaguarda; não tínhamos tanques de guerra. Se comparados aos canhões de 10 e de 8 centímetros de Wrangel, nossos canhões de 3 centímetros eram patéticos [...].

> A 51ª Divisão, privada de artilharia pesada, abre uma passagem por uma cerca rala de arame farpado e, no último momento, precisa recuar 40 passos das fortificações de Perekop, incapaz de lançar o assalto contra as centenas de metralhadoras ali concentradas. Mas Frunze, comandante do *front* sul, opta por não esperar a chegada, na manhã seguinte, das divisões de Markov, Drozdov e Kornilov do exército de Wrangel e acaba partindo à ofensiva. O assalto acaba pela tomada do reparo turco, a principal posição do istmo de Perekop. As 52ª e 15ª divisões surpreendem as tropas de Wrangel que ocupavam Perekop. Só falta tomar as posições de Chugarsky.

Os oficiais de Wrangel têm outra visão da batalha. Eis como Wrangel descreve esse embate decisivo – seguindo as datas do antigo calendário juliano:

O penúltimo ato

Na noite de 21 de outubro,[1] os Vermelhos partiram para Salkov, rompe-ram o *front* mantido pela divisão de Drozdov e se precipitaram em seu encalce até a península de Chongarmais; eles foram rechaçados por um contra-ataque e a situação foi restabelecida. O 2º Corpo do Exército ocupou o estreito de Perekop. A batalha decisiva na Táurica do Norte havia terminado.

O adversário havia ocupado todo o território que conquistamos ao longo do verão. Ainda pôs as mãos em um butim militar significativo: 6 trens blindados, 18 canhões, quase 100 vagões carregados com obuses, milhões de cartuchos, 25 locomotivas, comboios carregados com suprimentos e material de intendência e cerca de 2 milhões de *pud*[2] de trigo em Melito-pol e Henichesk. Contabilizando os mortos, feridos e congelados, nossas tropas haviam sofrido perdas espantosas. Deixaram para trás muitos pri-sioneiros e retardatários, basicamente ex-soldados do Exército Vermelho que combatiam de novo ao nosso lado. Também houve casos de rendições maciças. Um dos batalhões da divisão de Drozdov se rendeu totalmen-te. Ao mesmo tempo, nosso exército se mantinha intacto e nossas tropas capturaram 15 canhões, cerca de 2 mil prisioneiros, várias armas e metra-lhadoras. Se, por um lado, o exército se mantinha intacto, por outro, seu ânimo para o combate não era mais o mesmo.

Nesse momento, Wrangel pede ao general Chatilov que organize um plano para evacuação marítima de uma parte do exército. Inicialmente, Chatilov esboça um plano para evacuar 60 mil oficiais e soldados, mas Wrangel exige que esse número seja elevado para 75 mil – em um exército composto de 150 mil homens.

O capitão Victor Larionov, membro de um destacamento de artilharia a cavalo do general Kutepov, descreve a retirada da Táurica do Norte para a Crimeia:

> Em minha direção, vinham centenas de homens fardados, desarmados, em grupos ou sozinhos. Claramente, eram soldados de nossas tropas de re-serva prestes a se renderem aos Vermelhos. Eles não respondiam às nossas perguntas [...]. O ânimo do Exército Branco fora minado pelos combates árduos e contínuos e pelo retorno às nossas posições iniciais, além do muro de Perekop e de Sivach. Os rumores sobre o embarque das tropas aumentavam e isso minava de vez nossa vontade de lutar. Nem o general Turkul, que comandava a divisão de Drozdov, conseguiu sustentar sua po-sição na parte ocidental de Sivach, perto de Perekop.

História da guerra civil russa

As divisões vermelhas, especialmente preparadas para o assalto a Perekop (a 51ª Divisão de Lenin, as 15ª e 52ª divisões, que tinham como reserva a divisão letã e um grupo de cavalaria), partiram para o ataque à muralha de Perekop após uma longa preparação de artilharia. Ao mesmo tempo, nossa artilharia rechaçou todos os ataques à muralha. Durante esses assaltos, os Vermelhos sofreram perdas graves, e o comandante em chefe, Frunze, reagrupou todas as suas forças e desviou o grosso de sua infantaria por um vão no estreito de Sivach, causado pela baixa estiagem, para o promontório tártaro e para a meação de Karandja. O promontório tártaro era mantido pela gente de Kuban, velhos soldados do destacamento do general Fostikov recentemente repatriados da Geórgia e quase sem artilharia e metralhadoras.

Na noite do dia 3 de novembro, as tropas vermelhas atacaram o promontório tártaro, reprimiram os homens de Kuban e se aproximaram do longo de Sivach, por trás do muro de Perekop. O general Kutepov ordenou que o general Turkul reunisse os soldados de Drozdov na parte oriental da muralha de Perekop e iniciasse um contra-ataque ao longo de Sivach, em direção ao promontório tártaro, no qual Frunze deixara todas suas reservas.

Os soldados de Drozdov – exaustos, famintos, congelando de frio – contiveram os soldados vermelhos durante três dias diante de Karandja, depois começaram a sucumbir. A divisão de Markov não chegou a tempo ao campo de batalha. O corpo de cavalaria de Barbovich não pôde se estender nessa linha de frente estreita, ficou sob o fogo das metralhadoras inimigas e sofreu perdas enormes. O general Wrangel ainda tinha uma divisão de cavalaria cossaca e um destacamento de aspirantes a oficiais de reserva, mas não queria comprometer esse último recurso, necessário para fornecer cobertura em caso de retirada. A fé na vitória se evaporou. Quem podia, recuava para o sul.

O oficial Smolensky observa amargamente:

A partir da retirada na Crimeia começou a agonia do exército russo. Os regimentos que haviam perdido suas bases, as tropas encarregadas da intendência, sem alimento nem acampamento, permaneciam concentradas no distrito ao norte de Jankoi, onde não havia sequer um grande vilarejo, região habitada apenas por alguns colonos alemães e outros poucos meeiros alemães ou tártaros isolados.

Na falta de acampamento, as condições de nossa instalação foram um pesadelo. Oficiais e soldados passaram várias noites seguidas a céu aberto, encolhidos perto de fogueiras.

O penúltimo ato

Todos sabiam perfeitamente da existência de grandes estoques de fardamentos quentes, roupas de baixo, peliças, *chapkas*, botas. Mas tudo isso permanecia guardado nos entrepostos enquanto muitas unidades marchavam sem casacões ou túnicas, e os soldados, para sobreviver, enfiavam-se em sacos cheios de palha, perdendo a aparência de guerreiros e parecendo maltrapilhos.

O general Chatilov, encarregado da evacuação, complementa essa narrativa em suas memórias:

> O general Wrangel e eu conhecíamos perfeitamente as características de nosso exército, que era impecável no momento da ofensiva, mas não conseguia resistir em caso de retirada, tampouco era capaz de se defender atrás de linhas de arame farpado. Já em Tsaritsyn, com frequência, nossas tropas, que ocupavam posições bastante privilegiadas em termos de fortificação, por trás de fileiras de arame farpado, abandonaram-nas quase sem resistência [...].

> As muralhas de Perekop tiveram um imenso significado simbólico enquanto combatemos para conquistá-las, mas, assim que ocupamos essas posições, não conseguimos sustentá-las por muito tempo, apesar da abundância da artilharia instalada, protegida por trincheiras, arames farpados e abrigos.

> No dia 28 de outubro,[3] a evacuação foi anunciada. Em conformidade com as instruções, as tropas começaram sua retirada em direção aos locais de embarque na madrugada de 29 para 30 de outubro. Na maioria dos casos, as unidades realizaram essa retirada sem serem pressionadas pelos Vermelhos [...].

> No momento em que o general Wrangel devia se instalar em seu navio-patrulha, o coronel Novikov, comandante do regimento Smolensky da 6ª Divisão de infantaria, que acabara de chegar do *front*, pede autorização para permanecer na Crimeia com um grupo de seus oficiais e soldados para continuar a luta de *partisans* contra os bolcheviques. O comandante em chefe expressou sua gratidão a Novikov e o promoveu imediatamente a general. Em seguida, após inúmeras provações difíceis, Novikov conseguiu atravessar para a Polônia, onde continuou a agir em prol de nossa causa, como chefe de unidades internas nos campos de concentração poloneses.

Dessa forma, o estado-maior de Wrangel conseguiu evacuar cerca de 145 mil soldados de um exército de pouco mais de 150 mil. Portanto, os

História da guerra civil russa

50 mil oficiais do exército de Wrangel, cujo fuzilamento vários "historiadores" atribuíram a Trotski e a Béla Kun, são fruto de uma imaginação fértil e alheia à realidade. Com a ajuda da marinha francesa, americana e inglesa, os soldados evacuados se estabeleceram em campos próximos a Constantinopla e Galípoli, na Turquia, e a Lemnos. A maioria emigra aos poucos para a Europa, mas, nos campos, oficiais e cossacos dispostos a continuar combatendo a Rússia soviética até derrotá-la formam um "movimento dos intransigentes", que clama:

> Nós acreditamos que está chegando o dia iluminado e glorioso em que vestiremos o uniforme nacional, montaremos nos nossos cavalos e atravessaremos a fronteira para combater "por nossa fé, por nosso czar, por nossa pátria".

Apesar de algumas raras tentativas de infiltração, esse dia jamais chegará.

O fim de Makhno

A derrota de Wrangel em novembro de 1920 parece marcar o fim da guerra civil. Portanto, Moscou não deseja permitir a reconstrução, no coração da Ucrânia, de um exército insurgente de *partisans* com cerca de 20 mil homens de comportamento imprevisível. Frunze, que acabara de liderar as operações vitoriosas contra Wrangel, percebendo que as operações militares se aproximam do fim, exige de Makhno a dissolução de seu exército ou sua integração aos destacamentos como unidades regulares do Exército Vermelho, subordinadas ao seu comando. No dia 26 de novembro, Makhno se recusa. No dia 4 de janeiro de 1921, Frunze ordena que o Exército Vermelho prenda Makhno e liquide seu exército. Esse será o início de uma perseguição de nove meses, com várias reviravoltas e episódios, que acabará no dia 28 de outubro de 1921, quando, junto a um punhado de sobreviventes de seu exército destruído, Makhno atravessará o rio Dniestre e se refugiará na Romênia.

Um dos episódios dessa perseguição poderia ter sido fatal para Mikhail Frunze, que substituirá Trotski no Comissariado para a Guerra em janeiro de 1925. Membro do primeiro soviete da história, formado em Ivanovo em

O penúltimo ato

maio de 1905, militante forçado a se tornar militar, Frunze é o responsável por tentar liquidar o restante das tropas de Makhno. Ele conta com o apoio de Robert Eideman, futuro marechal, fuzilado por Stalin em junho de 1937 como membro de um mítico complô de líderes militares soviéticos. Alertados por Eideman sobre a presença de um destacamento de Makhno, comandando pelo próprio, próximo ao vilarejo de Rechetilovka, Frunze e seu auxiliar Kutiakov se dirigem para lá com um porta-bandeira e um adjunto. Recém-chegados, eles escutam tiros; um grupo de makhnovistas cerca o carro de Eideman, que consegue escapar. Eles chegam galopando na praça da igreja, de onde, subitamente, surge uma coluna conduzida por três homens vestindo longas capas de feltro negro; um deles, sem chapéu, com longos cabelos pretos; os outros dois com as cabeças protegidas por gorros de pele. Acima deles, uma grande bandeira negra oscilando. A coluna com cerca de 200 homens é seguida por *tachankas* carregadas de metralhadoras e objetos diversos. Os quatro homens param a 30 metros da coluna que, surpresa, fica imobilizada. Os dois grupos se entreolham por um momento. Então, o líder da coluna, Makhno, tira sua carabina da cintura e abre fogo. Frunze começa a galopar. Kutiakov narra:

> Eu esporeei meu cavalo e fui em direção de Rechetilovka, mas os makhnovistas cortavam o meu caminho. Cerca de cinquenta homens me perseguiam, sabre em mãos, atirando em todas as direções. Nosso adjunto, talvez por distração, não havia deixado seu cavalo selado. Os makhnovistas o cercaram rapidamente e o golpearam. Frunze e eu lhe devemos nossas vidas, pois seu cadáver barrou o caminho dos primeiros makhnovistas, o que nos deu uma vantagem de mais ou menos 20 metros.

Frunze de um lado, Kutiakov e os soldados do outro, galopam, o primeiro rumo a Poltava, os outros em direção a Rechetilovka em duas rotas paralelas por mais de 5 quilômetros antes de se separarem: "uns 30 cavaleiros me perseguiram a uma distância de 8 a 15 metros. Eu ouvia o tilintar de seus sabres e distinguia o rosto moreno, perverso, o nariz arrebitado de seu comandante."

Kutiakov se volta para trás e o atinge com um tiro de revólver, os outros makhnovistas tropeçam em seu cadáver e cavalo. Kutiakov cavalga paralelamente a Frunze:

A cena era realmente bonita. Com céu azul de fundo, o puro sangue de Frunze parecia negro, esticava-se como uma flecha em um arco e parecia voar, perseguido por uns 50 homens montados em bons cavalos, sabres erguidos brilhando ao sol, seus mantos pretos e seus *bachlyk*[4] multicoloridos balançando ao vento. Frunze, tomando a dianteira, alvejava os perseguidores com sua Mauser.

Frunze desce do cavalo e atira nos cinco perseguidores da frente, que respondem com fogo pesado, disparando suas carabinas, monta outra vez e volta a galopar. Alguns minutos mais tarde, os dois homens se reencontram. Os makhnovistas logo abandonam sua perseguição. Frunze escapa com um ferimento leve em um lado do corpo, assim como seu cavalo, ferido na anca.

O cavalo negro ou os Verdes de Savinkov

Enquanto Wrangel proclamava um governo da Rússia do Sul em seu pedaço de terra na Crimeia, Boris Savinkov, sempre envolvido em complôs, buscava apoio e financiamento estrangeiros. Expulso da Polônia por Piłsudski, decidido a prescindir de seus serviços no dia seguinte ao armistício com Moscou, Savinkov planeja uma operação de recuperação dos Verdes no momento em que as insurreições camponesas contra o governo bolchevique se multiplicam. Para os governos ocidentais, Savinkov tenta se apresentar como o idealizador ou coordenador dos Exércitos Verdes. No entanto, a maioria dos comandantes verdes não tem qualquer contato com ele, menos ainda os membros do movimento, e muito provavelmente não o conhecem nem de nome. Savinkov organiza por conta própria um destacamento que batiza de "verde".

Savinkov afirmará ter apresentado ao embaixador soviético Leonid Krassin, em Londres, um plano infalível de união nacional:

> Eu disse que parecia mais razoável, neste momento, que a ala direita dos comunistas, disposta a reconhecer a propriedade privada, as eleições livres nos sovietes e a supressão da Checa, entrasse em acordo com os Verdes sobre esse programa e, unindo forças, acabassem com Trotski, Dzerjinski e companhia. Acrescentei que, caso tal acordo não acontecesse, os Verdes, ou seja, os camponeses insurgentes, liquidariam todos os comunistas, sem fazer diferença entre os de direita e os de esquerda.

O penúltimo ato

Os planos de Savinkov dependem de dinheiro. Seu representante em Varsóvia, Dima Filosofov, insiste:

> Repito pela enésima vez que tudo depende do dinheiro [...]. Rebeliões podem eclodir a qualquer momento e, se não conseguirmos apoiá-las, possivelmente elas serão reprimidas. Mesmo Boris Savinkov não poderá estar presente devido à falta de um apoio financeiro suficiente. Em outras palavras, o que precisamos é de dinheiro, dinheiro.

E ainda complementa:

> E eu posso lhe afirmar que, caso o comitê central[5] emita ordens para mobilização geral, podemos contar com 28 distritos, incluindo Petrogrado, Smolensk e Gomel. Por outro lado, os ucranianos viraram aliados e aceitaram agir de forma coordenada conosco. Temos contato com aproximadamente outros 20 governos em distritos distantes.

Tratava-se apenas de um blefe para arrancar dinheiro dos governos ocidentais. O enviado de Savinkov inventou uma influência fantasiosa de seu chefe nas insurreições camponesas, que se multiplicavam no final do inverno de 1920-1921. Mas Savinkov não tinha nada a ver com isso. A fim de arrecadar dinheiro, ele solicita uma visita a Mussolini, que o recebe, faz um grande discurso, mas não lhe dá um tostão. Savinkov volta para a Rússia, organiza um pequeno bando antibolchevique – que classifica como "verde" – e assola alguns quilômetros quadrados ao norte da Bielorrússia.

Em *O cavalo negro*, ele narra a chegada de seu pequeno destacamento a um vilarejo da região, no dia 3 de novembro de 1920:

> Os judeus fugiram para as florestas com seus velhos, mulheres, crianças, vacas, bugigangas. Aos seus olhos, não somos libertadores, mas assassinos e ladrões. Se eu fosse eles, também fugiria, sem dúvida.

Em sua tropa, no entanto, "[...] os *pogroms*, as pilhagens e a violação estão rigorosamente proibidos, sob pena de morte". Savinkov continua:

> Ainda assim, sei que ontem os homens do 12º esquadrão jogavam cartas apostando relógios e anéis; o capitão Ygune pilhou uma loja judaica; os ulanos apareceram com dólares americanos; o cadáver mutilado de uma mulher foi encontrado na floresta. Executar os culpados? Inclusive, já mandei executar dois deles. Mas estou de mãos atadas, pois não posso mandar fuzilar a metade do regimento.

No dia 15 de novembro, o destacamento chega a outro vilarejo:

> Ordenei que todos os habitantes fossem reunidos. Uns 50 camponeses se aglomeraram perto da igreja. Havia muitas mulheres e ainda mais crianças. Tentei lhes explicar quem nós éramos e por que lutávamos. Eles escutavam atentamente, mas com ar pouco amistoso. Sentia que eles não acreditavam em minhas palavras. Aos seus olhos, eu era um "senhor de terra".[6] Assim que falei da terra, várias vozes me interromperam:
>
> — Por que o senhor tem generais?
> — Por que os proprietários fundiários estão ao seu lado?
> — Por que não paga os transportadores?
>
> O que eu poderia lhes responder? Bem, é verdade que os generais do exército imperial estão ao meu lado. Também é verdade que os proprietários de terras estão grudados em nós como sanguessugas. Realmente, o roubo é a regra entre os membros do exército.

O adjunto de Savinkov, o camponês Yegorov, salva a situação com um discurso breve que termina com um convite para "matar os malditos demônios, os comissários e os senhores da terra". Um camponês então pergunta: "Você jura que é contra os proprietários fundiários?" Yegorov tira seu chapéu, volta-se para igreja e faz o sinal da cruz.

> Você colocaria isso por escrito?
>
> — Sim.
> — De papel passado?
> — Também.
>
> A multidão se animou. As mulheres, sobretudo, gritavam alto [...]. À noite, Fedia me informou que o vilarejo tinha tomado a decisão de nos oferecer sete recrutas.

Esses camponeses, assumidamente hostis aos comunistas, são ainda mais avessos a qualquer um capaz de trazer de volta ao poder os "proprietários fundiários" expropriados e execrados. Apesar de sua promessa e assinatura, o papel de Yegorov não tem qualquer valor. Para todos os efeitos, ele serve para convencer a comunidade do vilarejo, mas nem todos os camponeses – aliás, longe disso – compartilham a mesma opinião.

Seis dias mais tarde, o destacamento de Savinkov captura 800 camponeses vestidos com uniformes do Exército Vermelho.

O penúltimo ato

Em roupas militares, 800 camponeses me olham fixamente. Todos os olhares estão desconfiados e tensos. Eles permanecem na posição de sentido, enquanto esperam a morte. Fedia, então, pergunta:

— Devemos trazer as metralhadoras, meu coronel?
— As metralhadoras? Não. Não vou fuzilar ninguém. Vou deixar que escolham: quem quiser pode retornar a Babruysk; os voluntários podem se juntar às nossas fileiras.

Ainda acrescentei que todos estavam livres para retornar às suas casas. Eles não compreenderam. Alguns flocos de neve caíam, tocavam em meu colarinho e ali derretiam. Fui embora. Eles continuaram esperando... Esperando pelo quê? Pelas metralhadoras.

Notas

[1] Corresponde ao dia 4 de novembro no calendário gregoriano.
[2] Um *pud* equivale a 16,38 kg.
[3] No calendário gregoriano, dia 10 de novembro.
[4] Espécie de boné.
[5] De seu movimento imaginário.
[6] Um nobre.

Insurreições camponesas e Exércitos Verdes

A crise do comunismo de guerra

A derrota polonesa se conjuga com uma crise de início latente, e depois manifesta, do comunismo de guerra. Do verão europeu de 1918 a março de 1920, a guerra civil dominou todas as atividades do regime e da sociedade. Esse "comunismo de guerra", caracterizado pela militarização geral da sociedade, imprime sua marca em todas as instituições: tudo fica condicionado ao esforço de guerra e à necessidade de fornecer armas, roupas, botinas e alimentos para um exército de quase cinco milhões de homens, contando desertores. A totalidade da vida econômica e social do país estava subordinada ao exército: quaisquer atividades produtivas sem ligação direta com suas necessidades acabam ruindo.

Trotski definira o comunismo de guerra como "uma regulamentação do consumo em uma fortaleza sitiada", baseada na requisição sistemática de toda a produção agrícola. O aumento do fardo dessa política sobre os camponeses se expressa de forma brutal nos números: em 1917, o campesinato entregou ao Estado, a título de requisições 47,5 milhões de *puds* de trigo; em 1918, 108 milhões de *puds*; em 1919, 212 milhões; em 1920, 284 milhões – sendo que a meta era de 319 milhões.

Apesar disso, a ração diária alimentar pouco mudou. No governo de Petrogrado, por exemplo, as quantidades continuaram iguais àquelas fixadas no dia 21 de dezembro de 1918: a ração reforçada (destinada aos operários de três fábricas, encarregados do corte da madeira, da extração de xisto para combustível e de turba, e aos doentes mentais) era de três quartos de libra de pão (o equivalente a cerca de 410, 303 gramas); a primeira categoria (todos os outros operários, enfermeiros e enfermeiras, mulheres grávidas de quatro meses, detentos, filhos de operários na faixa etária dos 3 aos 14 anos etc.) recebia meia libra de pão, ou seja, 205 gramas; a segunda categoria (intelectuais, população agrícola sem restrições alimentares) ganhava um quarto de libra (102 gramas); a terceira (pregadores de diversos cultos, comerciantes, empregadores de uma mão de obra assalariada), um oitavo de libra (51 gramas). Ademais, o decreto estipulava:

> A distribuição acima não obriga, de forma alguma, o comissário governamental da Alimentação a fornecer necessariamente o pão ou seus substitutos conforme as normas apresentadas. Estas têm o objetivo de servir apenas como um guia para a divisão da população em grupos uniformes.

Às vezes, eram adicionadas a essa ração alguns gramas de carne ou de peixe – em geral podres – e açúcar: menos do que no Gulag stalinista, onde a restrição da ração, como forma de punição no cárcere, era fixada em 300 gramas. A fome é onipresente e constante, embora diversos arranjos – posse de vários cartões de racionamento obtidos por artimanhas variadas (certidão de nascimento de diferentes locais, simulação de morte) – aliviem um pouco esse regime de fome.

O fim da guerra civil torna essa forma de comunismo tão insuportável para os camponeses, que têm praticamente toda sua colheita confiscada, quanto para os operários, que estão cadavéricos, morrendo de fome.

Tambov

Desde o verão de 1919, agitações camponesas endêmicas abalam a região de Tambov, onde, em fevereiro, o socialista-revolucionário Alexandre Antonov formou um pequeno grupo de 12 homens; dentre eles, estavam seu irmão Dmitri e seu cunhado, ex-miliciano como ele. À época com 30 anos, Antonov era, embora ainda jovem, um antigo militante do partido SR. Com 16 anos, ele participara da Revolução de 1905. Condenado a trabalho forçado perpétuo pelo tribunal militar provisório de Tambov no dia 15 de março de 1910, ele é liberado pela Revolução de Fevereiro, torna-se comandante da milícia de seu distrito natal, Kirsanov, composta sobretudo de socialistas-revolucionários de esquerda como ele. Em fevereiro de 1918, a maior parte do soviete se junta aos bolcheviques. A tensão se instala entre a milícia e eles, na medida em que Antonov protesta contra a política de requisição do trigo. Acusado de conspiração, ele foge e se esconde em uma floresta próxima. Logo o seu grupo atinge o número de 150 membros e, no final do verão, já coleciona uma centena de mortes de comunistas.

Haja vista a reconquista quase completa da Sibéria, da Ucrânia e do Cáucaso do Norte pelo Exército Vermelho, o governo anuncia a meta obrigatória de 423 milhões de *puds* de trigo para o ano de 1921, expandindo simultaneamente o sistema de requisições para todos os gêneros agrícolas. Ora, considerando que a administração soviética ainda não estava bem estabelecida nos territórios reconquistados, esse aumento pesará, invariavelmente, sobre os ombros dos trabalhadores da Rússia central, já sobrecarregados. Em 1966, durante o governo de Brejnev, o historiador soviético Ivan Donkov sublinhava: "Isso agravou a crise que engendrou o esgotamento, um sentimento de desespero que encontrou sua expressão no anarquismo."

O governo atiçou o fogo ao emitir, em 20 de julho de 1920, um decreto "sobre o confisco dos excedentes de trigo na Sibéria", no qual determinava que os camponeses entregassem, antes do dia 1º de janeiro de 1921, todos seus excedentes de trigo – inclusive os eventuais estoques dos anos anteriores –, mais uma determinada quantia de ovos, carne, manteiga, batatas, frutas, couro, lã, tabaco: ao todo, 37 tipos de produtos! Tais requisições exigem o emprego da força. Os habitantes de um vilarejo do distrito do Ishim expressam isso claramente: "Vocês, comunistas, são uns ladrões! Vivia-se mais ou menos bem na época do czar, havia dinheiro e mercadorias, se vocês nos pagarem em uma dessas moedas, nós lhe daremos nossos cavalos." No entanto, o dinheiro não valia nada naquele momento e a cidade não produzia mais mercadorias.

A província rural de Tambov, localizada alguns quilômetros a sudeste de Moscou, é pouquíssimo industrializada; os camponeses, distribuídos em aproximadamente 557 mil propriedades, compõem 92,7% da população, que parece predestinada a se revoltar. Por estar próxima a grandes centros industriais, aos quais está ligada por meio da ferrovia, ela foi, mais do que qualquer outra província, sugada até a última gota para sustentar a capital e o exército. Em 1920, a onda de calor e a seca queimaram metade da colheita e do feno. Milhares de vacas e cavalos morreram de fome por falta de forragem. Nas eleições de novembro de 1917 da Assembleia Constituinte, os socialistas-revolucionários conseguiram 837.497 votos de um total de 1.175.138 votantes contra 240.652 dos bolcheviques. Isso representa mais de dois terços dos votos. Em 1920, a organização regional do Partido Comunista tem 13.500 adeptos, mas algumas células nos vilarejos são compostas sobretudo de ex-socialistas-revolucionários. Enfim, a combinação é explosiva. A faísca final das requisições alimentares, previstas para 1921, faz tudo ir aos ares. No dia 21 de agosto de 1920, os camponeses do distrito de Kirsanov se sublevam, e logo os distritos vizinhos seguem seu exemplo. Antonov se junta a eles e organiza o movimento.

Ivan Donkov sublinha:

> Dentre os insurgentes, havia trabalhadores rurais honestos, camponeses médios e camponeses pobres. Alguns deles, depois do trabalho de agitação dos cadetes[1] e dos SR,[2] uniam-se aos insurgentes por falta de consciência, motivados por um protesto espontâneo contra suas existências sofridas e as ações injustas de alguns membros dos destacamentos de requisição.

Os abusos dos destacamentos realmente eram gritantes. Donkov chama a atenção para um, especialmente óbvio: para ir mais rápido, "[...] os membros dessas comissões muitas vezes recolhiam o trigo calculando sua quantia 'pelo número de cabeças',[3] arruinando as propriedades dos camponeses pobres", ou seja, uma das bases sociais de sustentação do regime.

Em um relatório posterior, Antonov-Ovseenko, encarregado de combater a insurreição, questionaria as taxas impostas aos camponeses, a brutalidade da administração soviética local e a dos destacamentos de requisição: "O imposto sobre o transporte pesava muito para os camponeses, sobretudo aqueles dos distritos meridionais, haja vista a falta de forragem e o fato de que os comitês da madeira não cumpriam com as obrigações assumidas".

Em seguida, ele destaca "a militarização da administração do poder dos sovietes":

Vladimir
Antonov-Ovseenko

A maioria dos camponeses associava o poder dos sovietes aos comissários e delegados que davam ordens secas aos comitês executivos dos sovietes de cantão e aos sovietes rurais, prendiam os representantes desses órgãos locais do poder por não haverem cumprido exigências que, com frequência, eram totalmente absurdas e nocivas à propriedade camponesa e sem a menor utilidade para o Estado. O grosso do campesinato considerava o poder dos sovietes uma instituição alheia a seus interesses, boa apenas para, e muito disposta a, dar ordens, mas sem qualquer preocupação em fazer uma boa gestão.

O relatório acrescenta com alguns volteios:

Na província de Tambov, a campanha do abastecimento – tanto no ano de 1919 quanto no de 1920 – fugiu à norma. É compreensível que a difícil situação alimentar da república tenha despido de cerimônias os agentes dos órgãos de abastecimento em seus métodos para recolher os cereais. Assumindo o seu ponto de vista, ligado estritamente ao abastecimento, eles não mediram esforços para executar de forma completa a requisição,

Disso emerge "um amplo descontentamento, terreno fértil para o banditismo e a insurreição".

O fato é que os destacamentos especiais fizeram as requisições do trigo sem ponderar sobre a situação difícil dos camponeses e aplicaram a todos as medidas mais brutais – o que tornou a insurreição inevitável. No começo de janeiro de 1921, o estado-maior das tropas internas, espécie de policiais soviéticos, destaca o papel da arbitrariedade no desencadeamento do "grandioso incêndio que faz arder de cima a baixo" três distritos inteiros. De acordo com ele, em sua primeira aparição:

> [...] o grupo de Antonov tinha mal e mal 60 homens. Mas os métodos de repressão desajeitados e cruéis da Checa provincial [...], as medidas desprovidas de tato em relação ao campesinato hesitante mobilizaram a massa e trouxeram resultados negativos, contrários aos seus objetivos: o grupo não foi liquidado de vez, ele se dispersou; depois cresceu aos poucos e atingiu dimensões bastante significativas ao se expandir dia após dia na província.

A organização local do partido dos socialistas-revolucionários funda, então, uma União do Campesinato Trabalhador (UCT), destinada, segundo Antonov-Ovseenko, a "preparar uma revolta armada". Após o congresso provincial do partido, os SR lhe propõem, conforme Antonov conta, que organize o movimento. Em agosto de 1920, a Checa prende a maioria dos membros do comitê dos SR de Tambov. Passado esse golpe, diz Antonov-Ovseenko, "o movimento, como um todo, havia escapado da influência do comitê central do partido dos SR no que tangia à organização. Os SR locais organizaram esse movimento alheio a qualquer ligação com o comitê central".

No final de dezembro de 1920, a União do Campesinato Trabalhador divulga seu programa na região de Tambov: "A União do Campesinato Trabalhador elege como sua primeira tarefa derrubar o poder dos comunistas-bolcheviques, que levaram o país à miséria, ruína e vergonha, para então destruir esse poder detestável e a ordem criada por ele."

Em seguida, a União propõe um programa de 18 pontos, exigindo, antes de mais nada, "a convocação de uma Assembleia Constituinte" e esperando o "estabelecimento de um poder local provisório", aliado à continuidade dos "destacamentos voluntários de camponeses organizados; a igualdade entre todos os cidadãos, abolindo a divisão por classes; a interrupção da guerra civil; a liberdade de expressão e pensamento, de imprensa, de associação e de reuniões". A UCT demanda ainda:

> A desnacionalização parcial das fábricas e das indústrias; a grande indústria, extrativa e metalúrgica, deve permanecer nas mãos do Estado; o controle operário e a inspeção estatal da produção; a admissão do capital russo e estrangeiro para o reestabelecimento da vida produtiva e econômica do país, a retomada imediata das relações políticas, comerciais e econômicas com as potências estrangeiras; a autodeterminação das nacionalidades existentes no antigo Império Russo e a livre produção artesanal.

Os socialistas-revolucionários de esquerda difundem uma proposta similar de programa, cujo primeiro ponto anuncia a "insurreição armada geral para derrubar os opressores comunistas" e o oitavo e último exige "um fomento de peso para a atividade comercial e a produção agrícola".

No dia 25 de dezembro de 1920, Lenin conversa com a delegação de Tambov no 7º Congresso dos Sovietes e, na sequência, pede que enviem para lá, com rapidez, uma delegação de camponeses simpatizantes do grupo de Antonov. Em 12 de janeiro de 1921, o Comitê Central do Partido Bolchevique cria duas comissões para Tambov: uma encarregada de "tomar as medidas para o extermínio militar do banditismo o mais rápido possível" e a outra, de "debater possíveis ações para o alívio imediato da situação dos camponeses". O desejo de Lenin é, ao mesmo tempo, manter a qualquer custo o poder ameaçado pela insurreição, que se alastra, e encontrar os meios de atender às exigências dos camponeses. Em 2 de fevereiro, o Comitê Central volta a discutir sobre Tambov e estuda uma eventual redução das coletas nos setores mais assolados pela seca do verão de 1920. No dia 8 desse mês, o Politburo adota o primeiro esboço do plano traçado por Lenin, focado na substituição da requisição alimentar pela cobrança de um imposto em espécie, concedendo aos camponeses o direito de vender livremente o excedente de sua colheita; logo, de praticar o comércio.

Ao final de janeiro de 1921, a União do Campesinato Trabalhador distribui panfletos que transbordam otimismo, tendo como base o *slogan* dos SR ("É por meio da luta que conquistarás teus direitos"):

> Camponês e operário, veja a vitória rápida e definitiva diante de teu inimigo jurado, o opressor comunista que subjuga e pisoteia teus direitos sagrados e inalienáveis: direito à terra, direito ao teu próprio trabalho, direito a usufruir de ambos conforme tuas urgências e tuas necessidades.

Outro panfleto, destinado aos operários, acusa os comissários do povo – chamados de "novos senhores opressores" e "parasitas" – de quererem entregar o país aos capitalistas estrangeiros:

> Enquanto vocês se dedicam com honra à luta na linha de frente contra seu inimigo jurado, os capitalistas, a um trabalho incansável nas fábricas e indústrias, com apenas 100 gramas de pão ao todo e para todos, não podem estar cientes da diplomacia secreta conduzida por Lenin e Trotski junto aos capitalistas estrangeiros, para quem, ao fim e ao cabo, eles venderam vocês, com suas fábricas, suas indústrias e suas ferrovias, cumprindo as cláusulas da paz selada com a Polônia, ou seja, com o capital aliado. Após ter asfixiado a burguesia local, eles convidam outras, com um apetite muito mais voraz, para reinarem soberanas em nosso país.
> É provável que os estrangeiros não aceitem ter operários socialistas, operários revolucionários, trabalhando para eles; precisam de escravos, apenas de escravos; e vocês, desprotegidos, foram entregues como se entrega uma mercadoria da qual não se precisa mais, ao subjugá-los, pela mercadoria, a longos anos de escravidão, de trabalho forçado, de humilhação total perante os mestres estrangeiros.

Essa acusação de vender o país aos capitalistas estrangeiros é falsa: o tratado de paz de Riga, selado com a Polônia, não prevê direito algum para o capital polonês investir de forma livre na Rússia, tampouco faz qualquer concessão a empresas. O panfleto joga com o patriotismo soviético dos operários – tal acusação, por exemplo, é suprimida nos materiais destinados aos camponeses, nem um pouco entusiastas diante da ideia de continuar em guerra com a Polônia. Aliás, a própria UCT exige ao mesmo tempo a "admissão do capital russo e estrangeiro para o restabelecimento da vida produtiva e econômica do país".

Altai

O Altai é uma região de montanhas e de florestas, localizada no sul da Sibéria ocidental, fazendo fronteira com a China e a Mongólia. O movimento dos *partisans* contrários a Kolchak fez dali um local de muita atividade. Mal Kolchak havia caído, Moscou estende a requisição dos produtos agrícolas à Sibéria, pois a guerra contra a Polônia exige um esforço suplementar para abastecer o Exército Vermelho e a população faminta das cidades da Rússia ocidental.

Em um primeiro momento, essa medida se depara com uma resistência generalizada, mas passiva, do campesinato local; os destacamentos de requisição logo se ocupam em sufocá-la com a única arma da qual dispunham para esse tipo de situação: a coerção. As consequências não demoram a se mostrar. No começo de maio de 1920, o antigo líder dos *partisans*, Bobrov, organiza um destacamento insurgente com cerca de 800 homens, armados com quatro metralhadoras, e que se apresenta como a "federação anarquista do Altai". Certamente essa insurreição não é a mais representativa dos movimentos camponeses que se multiplicarão na região, mas é, sem dúvida, a mais inusitada.

A Federação anuncia a insurreição em uma chamada bastante ideológica, recheada de fórmulas vagas, e divulgada no início de maio, assinada por quatro anarquistas: Leonov, Novosselov, Bobrov e Gabov. Eles convidam os camponeses e os operários a "se armar contra a violência e o logro" para realizar "a revolução social, capaz de libertar o trabalhador da labuta desumana, da miséria e da escravidão". A convocação adverte os leitores:

> Isso exige de vocês um esforço ainda maior para se libertar de todos os tiranos, de todos os senhores e de todos os exploradores do trabalho dos camponeses e do operário. Para tanto, camaradas operários e camponeses, é indispensável que vocês se sublevem como um corpo só e cacem todos aqueles que impedem sua liberdade; além disso, devem aniquilar quaisquer instituições legislativas capazes de subjugá-los, como: os comitês revolucionários, os sovietes, os comissariados e o Serviço Hídrico e Florestal, pois essas instituições serviram apenas para escravizá-los, eis a razão pela qual devem se recusar a obedecer a qualquer tipo de poder. Por esse mesmo motivo, devem proclamar a autogestão do próprio povo, isto é, ninguém deve se intrometer nos assuntos do campo a não ser vocês. Assim como nenhuma pessoa, além dos próprios operários, tem o direito de se intrometer nos assuntos das fábricas e indústrias. Cada trabalhador deve ser o dono de seu próprio trabalho a fim de forçar os parasitas, por sua vez, a trabalharem.

Com a bandeira negra estendida, os insurgentes – armados com revólveres, carabinas e espingardas – começam a invadir os primeiros vilarejos a uma centena de quilômetros da capital de Altai, Barnaul, a partir de 5 de maio. Em sua maioria ex-guerrilheiros, os milicianos (policiais) se unem a eles. Apesar de terem degolado os padres nos vilarejos ocupados, os insurgentes têm a clara simpatia da população, fato destacado várias vezes pelo comandante da Checa de Altai, Karklin. Eles escolhem como palavras de ordem: "Abaixo os exploradores do poder do povo trabalhador."

Divulgada no dia 11 de maio, a segunda chamada aos camponeses da região, assim como a primeira, não menciona as requisições e convida os leitores a se rebelarem "pela liberdade, igualdade e fraternidade". Uma terceira chamada, sempre no mesmo tom, convida os camponeses a "tomar para si todas as riquezas naturais e construir sua vida sem as babás ou mãezinhas comunistas, esses parasitas" e a gritar a plenos pulmões "abaixo toda forma de poder! Viva a Anarquia, mãe da ordem!". Uma chamada aos comunistas de Altai os convida a lutar contra os insurgentes "pela comuna livre e contra os falsos comunistas".

Na prática, essas generalizações mobilizam muito pouco a população camponesa, apesar de sua hostilidade em relação à política bolchevique; mas, embora os insurgentes roubassem, com frequência, a vodca dos camponeses e se embriagassem, estes se recusam a informar os destacamentos do Exército Vermelho sobre os movimentos dos rebeldes, a quem avisam, em contrapartida, sobre os de seus inimigos.

Um apelo dos responsáveis pelo Partido Comunista local, feito aos habitantes da região, insiste: entre os comunistas e os Brancos, não há uma terceira via possível.

> Camaradas, não esqueçam: uma grande guerra opõe, de um lado, o poder operário e camponês e, de outro, os Estados capitalistas. Quem quer que tente dividir os operários e os camponeses em lados opostos, enfraquecer a fortaleza e a potência da República Soviética, independentemente de seu pretexto ou intenção, é um traidor e um defensor branco. Camaradas, de que lado vocês estão: com os Vermelhos ou com os Brancos? Lembrem-se de que não há meio termo, nem escapatória. O mundo inteiro está dividido em dois.

Insurreições camponesas e Exércitos Verdes

Para acabar de vez com a insurreição, o Exército Vermelho conta, sobretudo, com um batalhão de soldados de infantaria estrangeiros, composto por húngaros e alemães. No entanto, como essa infantaria estrangeira poderia localizar e alcançar um pelotão de cavaleiros que conhecem a região como a palma da mão? A sorte sorri para eles. Na noite de 4 de julho, Rogov, ferido no ataque a um vilarejo, comete suicídio. Privado de seu líder, o bando se dissolve.

Ao mesmo tempo, outro chefe de *partisans*, Plotnikov, cercado por alguns antigos companheiros (Schischkin, Smolin), organiza um levante um pouco mais a leste, na região de Semipalatinsk, comandado por um grupo de antigos *partisans*. De forma um pouco pomposa, Plotnikov batiza o grupo de "Exército Insurrecional Popular" – ao qual ele também se referirá como "Exército Insurrecional Camponês e Cossaco". Os seus chamados à população são bem mais precisos em comparação àqueles diletantes da falecida Federação Anarquista. O do dia 5 de agosto postula a ideia de sovietes sem comunistas, o ódio aos judeus e à propriedade coletiva (a "comuna"), e um vivo nacionalismo russo:

> Nós, camponeses e cossacos da província de Semipalatinsk, revoltamo-nos pelo poder soviético, contra a comuna, contra o poder ladrão dos violadores. Basta de sangue e de violência, chega de prisões e de execuções. Nós nos revoltamos em nome da paz, da ordem e da justiça e, armas em punho, decidimos lutar até a morte ou até a liquidação da comuna judaica odiada.
>
> Quem está a favor de que o povo russo conduza o poder, de que esse poder esteja efetivamente nas mãos populares, de que não sejam os húngaros ou outros estrangeiros a dispor de nossas vidas e de nossos bens, e sim nós, russos, escolhidos do povo, quem quer isso, seu lugar é ao nosso lado, em nossas fileiras.
>
> Armas em punho contra a comuna, pelo poder soviético popular!

Outro apelo, feito em 9 de agosto, bate ainda mais forte na tecla do nacionalismo:

> O poder comunista estrangeiro leva o povo russo à perda, à miséria, à arbitrariedade. O que desejamos é apenas a ordem, a justiça e um poder popular russo [...]. Lutamos somente contra a comuna, pelos direitos populares conquistados pela revolução [...]. Compatriotas russos, parem de destruir a Rússia [...] Cidadãos, libertem-se, salvem a Rússia.

Essa última frase retoma a primeira parte do famoso *slogan* dos Centenas Negras, do início do século: "Salve a Rússia, ataque os judeus."

O grupo de Plotnikov e Schischkin reúne cerca de 700 cossacos e camponeses, que atravessam a região, cercados da simpatia da população local. Entretanto, desde o início da insurreição, eles reivindicam para si, "haja vista a situação excepcional", o direito de requisitar – em troca de recibos que, obviamente, não valiam nada – os bens dos camponeses, dos quais precisam para se sustentar, e decretam o alistamento obrigatório da população masculina de seus distritos em idade para lutar. Um instrutor do Partido Comunista explica essa popularidade: os camponeses não recebem qualquer mercadoria da cidade, por vezes as requisições são feitas – como em Tambov – em função do número de cabeças e não da produção real. É mais rápido e fácil contar o número de membros de uma família do que calcular a produção real de uma propriedade! A brutalidade frequentemente cega da repressão agrava esse quadro. O comandante do destacamento especial encarregado do extermínio da insurreição, Koritsky, conta vantagem em um relatório: "Fuzilamos vários insurgentes que haviam se rendido assim que terminamos seu interrogatório, que expôs todas as características do movimento insurrecional." O instrutor citado destaca em um relatório: "Os insurgentes expressavam uma indignação muito maior do que a do levante contra Kolchak". E acrescenta: "houve muitas vítimas inocentes durante a liquidação dessa insurreição." No dia 20 de outubro, Plotnikov e Smolin são mortos em uma emboscada. O grupo se dispersa sem ter conseguido expandir seu movimento para além da região de Semipalatinsk.

Porém, no dia 6 de julho, outra insurreição camponesa se deflagrou, um pouco mais no norte, na região central do rio Ob, nos vilarejos de Viuny, Kolyvan e Tyrychkino. O primeiro comunicado de Alexandrov, comandante do "destacamento de guerrilheiros camponeses de Tyrychkino", reafirma a mesma ideia das chamadas do Exército Insurrecional Popular de Plotnikov: "Cidadãos, ao entrar na luta contra os comunistas, [lembrem-se de que] o poder continua sendo dos sovietes, mas não dos sovietes comunistas." O comandante prossegue: "Em Tyrychkino, exterminamos todos os comunistas e criamos um destacamento de *partisans* detentores do poder."

Logo a insurreição se espalha para dez cantões do distrito de Novo-Nicolmaievsk e para alguns outros do distrito de Tomsk, a verdadeira capital da região. Os insurgentes clamam: "morte aos comunistas, morte aos

Insurreições camponesas e Exércitos Verdes

judeus!" O comitê responsável por orientar a revolta não é totalmente camponês, pois é composto por um agrônomo e seu adjunto, um capitão e um coronel. Ele ordena a mobilização dos homens em idade de portar armas, de 18 a 45 anos, e – o que era novidade – os de 45 a 60 anos para garantir o serviço de guarnição. Um grupo de 500 guerrilheiros a cavalo forma o núcleo da insurreição, rodeado por cerca de 5 a 6 mil camponeses mobilizados e armados com algumas centenas de fuzis e, sobretudo, lanças, machados e foices. O comitê ostenta aqui e acolá bandeiras monarquistas brancas. Logo que aderem à insurreição, os camponeses concordam com o mote "matar os comunistas e os judeus". Aliás, os insurgentes nos vilarejos conquistados exterminam todos os membros do Partido Comunista... Até mesmo os que haviam sido expulsos!

Os camponeses, por sua vez, manifestam sua vontade de "restabelecer o poder soviético", ou seja, o poder de *seus* sovietes em *seus* vilarejos. Logo eles também estão, aqui e acolá, arrancando as bandeiras brancas para colocar bandeiras vermelhas em seu lugar. Essa divisão acaba com a insurreição, abafada na metade do mês de agosto. A repressão é implacável: o Exército Vermelho fuzila na hora quase 250 insurgentes capturados. Outros 600 são levados para campos de concentração. Na sequência, a Checa executa 28 dirigentes da rebelião e condena 89 insurgentes a penas que variam de seis meses a cinco anos de prisão. Simultaneamente, é tomada a decisão de dobrar o total das requisições de cereais para os camponeses ricos.

Insurreições com as mesmas características haviam eclodido no início de julho em vários vilarejos próximos à cidade de Semipalatinsk e, depois, perto do distrito de Mariino, na região de Tomsk, uma cidade grande. Esta última é liderada por um membro do Partido Comunista, Lubkov. Outras revoltas de camponeses pegam fogo em outubro e em novembro em muitos distritos do governo de Ienissei, ao longo do grande rio homônimo de 3.354 quilômetros que separa a Sibéria ocidental da central; depois, em novembro, uma dúzia de distritos do governo de Irkutsk, mais a leste. A revolta se desenvolve no curso do Angara, afluente do Ienissei, e, enfim, em dezembro de 1920, dissipa-se.

Nesse mesmo período, porém, a revolta da região de Tiumen, na Sibéria Ocidental, onde a seca castiga com a fome dezenas de milhares de camponeses – convidados a dar sua colheita para o Estado –, controla, por um breve momento, um território de um milhão de quilômetros quadrados. A causa

209

principal dessas derrotas sucessivas é sempre a mesma: os comandantes dos destacamentos insurrecionais, apesar de suas declarações grandiosas, não enxergam muito além de seus próprios narizes e distritos e se apegam acima de tudo à autoridade efêmera que ali exercem. Qualquer perspectiva de coordenação com outros movimentos similares, capaz de propagar o seu combate, passa reto por eles ou apavora-os.

Tiumen ou a revolta da Sibéria ocidental

Desde outubro de 1920, nas cidades e vilarejos da parte oriental dos Urais, circulam panfletos manuscritos, hostis ao poder, com *slogans* do tipo: "Viva os líderes judeus" – uma chamada claramente irônica, baseada no senso comum difundido pelas propagandas branca e verde de que o partido comunista era comandado por judeus. Outras frases eram: "Quantas refeições você fez hoje?"; "Com fome, camaradas? Ora, cantem 'A Terceira Internacional'". Em Ishim, panfletos convidam a população a apontar suas armas para os comunistas. Em dezembro, no vilarejo de Ialutorovsk, circulam convocações para derrubar o poder soviético.

Para ajudar os destacamentos a efetuar as requisições obrigatórias em meio a esse clima tenso, o chefe da guarda interna se vê compelido a providenciar uma força com 9 mil baionetas para os soldados de infantaria e 300 sabres para os cavaleiros. Como os sovietes camponeses se queixam e reiteram que cumprirão as imposições "na medida do possível", os responsáveis pelos destacamentos de requisição os ameaçam e chegam a prendê-los: assim, de novembro de 1920 a fevereiro de 1921, eles detêm 96 membros de sovietes locais sem qualquer sanção judicial.

Apenas um passo separa a coação do abuso. A justiça dará vários exemplos dessa premissa três semanas após o começo da insurreição, em uma tentativa de explicar a revolta em razão de abusos individuais e tranquilizar os camponeses, garantindo seu caráter excepcional: as ameaças de fuzilar os camponeses sem julgamento, até mesmo de incendiar suas casas; desvio de fundos e de produtos coletados (açúcar, manteiga, ovos, presunto); violências e estupros; confisco de bens para fins pessoais; camponeses rebeldes mortos a coronhadas pelos soldados; a exigência feita pelo membro de uma troica de requisição para que os camponeses preparassem um pequeno banquete para ele e seu destacamento. O procurador apresenta uma lista de seis culpados de abuso; ela cobre apenas uma pequena parte dos casos de violência que atingem os camponeses sob a forma extrema de uma coação generalizada, que eles se recusam a aceitar doravante. Os acusados são condenados à morte, mas somente um é fuzilado; os demais retomam rapidamente suas funções, à exceção de outro, morto na prisão. O aparato em gestação protege os seus.

Um choque entre destacamentos de requisição e camponeses ao norte do distrito de Ishim detona a revolta no dia 31 de janeiro de 1921. Durante a manhã, no vilarejo de Tchurtanskoe, os camponeses tentam impedir os soldados de levar o grão estocado. Encurralados, estes atiram e matam dois rebeldes. Os camponeses se armam de pedras, forcados, espingardas e atacam o destacamento, que foge. A notícia se espalha pelos vilarejos vizinhos. Em dois dias, todos eles se juntam à revolta que se propaga como pólvora e, na metade de fevereiro, já controla um território de aproximadamente um milhão de quilômetros quadrados. Os insurgentes tomam partes das duas ferroviais do transiberiano Omsk-Cheliabinsk e Omsk-Ekaterinburgo, depois partem em direção a Tobolsk, ao sul.

Eles proclamam um "exército insurgente" e tentam se organizar, algo que jamais conseguirão de fato. Os grupos de *partisans* torcem o nariz diante da ideia de se distanciar de seus distritos e não aceitam uma autoridade superior. Os comandantes, zelosos de sua autoridade, completamente nova, recusam-se a compartilhá-la e rivalizam entre si; às vezes, até suas unidades se confrontam sob pretexto de que uma invadiu o território da outra. Os insurgentes adotam medidas brutais: expulsam os "estrangeiros" (pessoas de passagem ou os novos moradores da localidade) dos vilarejos e das vilas, até fuzilam-nos sem mais nem menos. Os insurgentes do *volost* (cantão) de Orlov, por exemplo, exigem o extermínio de todos os habitantes vindos da Rússia central, caracterizados como "ociosos, parasitas, ateus, que não trabalharam um só dia de suas vidas, contentando-se em comer com gula e vestir-se bem às custas do que roubaram de nós". A própria população local, aterrorizada, organiza o expurgo exigido. Milhares de perseguidos fogem e se aglomeram ao longo das ferrovias para tentar voltar à Rússia central, ameaçada pela fome.

Os insurgentes difundem também panfletos e manifestos antissemitas declarando: "abaixo o poder judeu!", "vamos aniquilar os judeus!". Quando capturam os soldados do Exército Vermelho, eles separam os comunistas dos demais e deixam os primeiros nus ao ar livre, no frio, até que morram congelados, ou impõem-lhes um tratamento com ainda mais requintes de crueldade: arrancam olhos, cortam narizes e orelhas, perfuram seus corpos a golpes de lanças ou de forcado, depois queimam em fossas seus restos estraçalhados. Quanto aos homens dos destacamentos capturados, os camponeses os estripam, arrancam seus intestinos, enchem seu ventre com palha ou feno e plantam na vítima um aviso anunciando: "Requisição encerrada". Nos cantões de Arkhangelsk – sem relação com a cidade de Arkhangelsk ao norte da Rússia ocidental – e de Krasnogorsk, todos os comunistas, sem exceção, são fuzilados. A seção regional do Partido Comunista de Tiumen perde 2 mil membros ou estagiários, todos assassinados.

Em Tobolsk, forma-se um "soviete camponês e urbano", que restaura a liberdade de comércio, liquida as instituições soviéticas e restabelece as antigas, suprime a divisão da população em quatro categorias sociais para a distribuição desigual de alimentos, propõe a privatização das empresas nacionalizadas – e sua restituição aos proprietários originais – e a reintrodução facultativa do ensino religioso nas escolas. O verdadeiro poder é mantido pelo estado-maior do exército rebelde, composto de vários camponeses e de um ex-oficial do exército de Kolchak, Boris Sviatoch, e publica o jornal *A voz do Exército Popular*, no período de 27 de fevereiro a 7 de abril de 1921. Na edição de 11 de março, um longo artigo versa sobre a necessidade histórica de restauração da propriedade privada. Todas as comunas agrícolas do território ocupado pela insurreição são liquidadas. Os Verdes são, tanto quanto os Brancos, adversários da propriedade coletiva.

No dia 7 de maio de 1921, Burintchekov, comandante dos exércitos soviéticos da região do Tiumen, envia um telegrama ao presidente do comitê militar revolucionário da Sibéria, Ivan Smirnov, resumindo em algumas linhas a tragédia da perspectiva dos soldados e comandantes do Exército Vermelho: como é possível atirar em camponeses famintos, em suas mulheres e filhos, que bloqueiam as entradas dos depósitos de trigo destinados às cidades?

> Os camponeses do distrito de Ishim, incitados pela fome, reúnem-se em massa e pilham os depósitos de trigo. O que sobrou da cavalaria dos bandidos galopa de um cantão a outro tendo por meta principal a tomada de depósitos de trigo e sua distribuição à população. Essa atitude lhes garante um imenso respeito junto aos camponeses, que, por sua vez, oferecem voluntários e cavalos a seus destacamentos.

Burintchekov colocou os depósitos sob proteção militar e acelerou o transporte do trigo para as ferrovias, por onde era levado até a cidade. Para tanto, era preciso o uso de charretes...

> Uma parte dos camponeses do distrito de Ishim começou a carregar o trigo nas charretes sem maiores protestos, mas outra parte, bem mais engajada com os comitês executivos dos sovietes dos cantões e células do Partido, recusou-se categoricamente a fornecer charretes para transportar o trigo e exigiu que, antes de mais nada, os camponeses famintos fossem alimentados. Em alguns locais, conferências especiais reunindo os comitês executivos de sovietes de cantão e as células do Partido Comunista adotaram medidas nesse sentido; depois disso, começaram a distribuir por conta própria o trigo aos que passavam fome. As tentativas do nosso destacamento de retomar o trigo à força não levaram a lugar algum. Atirar para assustar as multidões que cercavam os depósitos de trigo e tentavam roubá-los não surtiu qualquer efeito; pelo contrário, os camponeses trouxeram para junto de si suas mulheres e filhos e cercaram outra vez os depósitos de trigo dizendo: "Vocês podem levar o trigo, mas antes vão precisar passar por cima dos nossos cadáveres e dos de nossas mulheres e filhos!"
>
> Essa situação perturba nossas tropas, pois os soldados vermelhos, naturalmente, diante de tais cenas, não abrirão fogo contra os camponeses. Então, para executar a ordem do centro e para coagir os camponeses a entregar o trigo e os soltados vermelhos a tomá-lo à força, será preciso fuzilar um aglomerado de camponeses e de soldados do Exército Vermelho.
>
> Informo-lhes sobre a situação criada e peço instruções urgentes sobre como proceder, pois, para cumprir a ordem do centro, serei obrigado a abrir fogo contra a própria força soviética à qual eu mesmo pertenço, ou seja, fuzilar comitês executivos de sovietes de cantão, células do Partido Comunista, camponeses, soldados do Exército Vermelho.

Os métodos da guerrilha

Encarregado de liquidá-los, Tukhachevsky descreveu os métodos desses movimentos em 1926, classificados por ele de "banditismo", seu armamento, seu comportamento e a simpatia de que gozam junto à população local:

História da guerra civil russa

A força armada campesina sempre tem um caráter de milícia territorial. Os bandos representam uma parte viva que constitui o campesinato local e, em tais condições, sua natureza de milícia é a força motora do banditismo e dificulta sua extinção [...].

Normalmente, a rebelião camponesa é formada por destacamentos de cavalaria divididos em unidades por vilarejo, por cantão e, por fim, território, que servem aos grupos como fonte fundamental de armamento, de manutenção e de abastecimento. Em linhas gerais, a organização se constrói apenas a partir do princípio territorial. É claro que, durante suas incursões, os destacamentos insurgentes trocam, sem problema algum, seus cavalos fatigados pelos descansados em outros territórios além dos seus, mas sempre terminam voltando para seu território, sobretudo após um fracasso.

Carabinas, revólveres e sabres são as armas mais usadas. Porém, várias vezes durante a revolta de Tambov nos deparamos com grupos muito numerosos formados, a um só tempo, por homens armados e homens com armas improvisadas, antigas ferramentas da vida camponesa: forcados, machados etc. Os grupos fazem de tudo, então, para provocar conflitos coroados por vitórias sobre o Exército Vermelho a fim de se apropriar do maior número possível de armas. Em Tambov, após vários encontros desse tipo, nós topamos com grupos armados com carabinas, metralhadoras e canhões. Nos distritos fronteiriços, o armamento vinha do estrangeiro; nas zonas centrais, dos estoques da população, da compra nas cidades, do roubo de depósitos de artilharia ou, enfim, da obtenção junto aos destacamentos esmigalhados do Exército Vermelho. Embora esses grupos estejam quase sempre a cavalo, deslocando-se até 150 quilômetros por dia, geralmente lhes faltam selas, que substituem por travesseiros. Os grupos insurrecionais primeiro agem de forma caótica, depois começam a se organizar aos poucos. Constitui-se um estado-maior, desenvolve-se uma formação de combate nas unidades, e, dia após dia, esses grupos se transformam em unidades semirregulares mantendo ao mesmo tempo, até o fim, os princípios da formação territorial. Os contatos são avaliados com cuidado, sobretudo por delegados do vilarejo. Haja vista a simpatia da população camponesa e seu apoio ativo aos bandos, esses contatos são naturalmente seguros e protegidos de problemas. É praticamente impossível descobri-los [...]. Todo o campesinato, simpático a esses bandos, participa de sua atividade de inteligência, que os permite localizar as unidades do Exército Vermelho e saber onde se reabastecer com armas e munições.

Prosseguindo sua descrição, Tukhachevsky narra como esses bandos se multiplicam:

Insurreições camponesas e Exércitos Verdes

> [...] ataques, combates inesperados, emboscadas, incursões a longa distância e ataques de destacamentos locais... Suas ações táticas se caracterizam sempre pela tomada da iniciativa e pela espontaneidade. Tendo à sua disposição um bom serviço de inteligência, os grupos esperam pelas unidades do Exército Vermelho nos locais que melhor lhes convêm [...]. Eles partem ao ataque com rapidez e firmeza: se vitoriosos, reprimem os perdedores de forma feroz e levam todo seu armamento e munição [...]. Em caso de fracasso, o bando se passa por um agrupamento de moradores perfeitamente pacíficos, disfarçam suas armas sob as roupas, nas charretes ou em esconderijos e voltam para suas casas [...]. A aparência das unidades territoriais de bandidos não difere em nada daquela do resto da população camponesa. Não é possível distinguir o bandido que parte ao combate do camponês que vai ao trabalho.

Os Exércitos Verdes ficam tão à vontade em seu território natal quanto peixes na água.

Fevereiro de 1921: o mês de todos os perigos

No início de fevereiro, a seção política do Exército Vermelho de Tambov lança um longo apelo convidando "os insurgentes das fileiras combatentes" a encerrar a luta.

> Você sabe por que luta, derrama o sangue de seus irmãos, saqueia e destrói a propriedade do povo?
>
> É cego ou não quer ver que, durante esse meio ano de guerra cruel e fratricida fomentada por Antonov, a única coisa alcançada pelo campesinato foi a ruína?
>
> É possível que não compreenda que, se essa luta se estender por mais dois ou três meses, grandes desgraças, a fome e a epidemia, ameaçarão toda a população trabalhadora dos distritos onde se desenrola a guerra civil?

Na sequência, o apelo hostiliza a política dos socialistas-revolucionários que, encabeçando o governo provisório de Kerensky, em 1917, "apoiaram os proprietários de terras", tentaram, por trás de todas as promessas de "terra e liberdade", manter as terras nas mãos desses "parasitas", mandando prender os camponeses que tiravam as terras dos senhores e convocando o campesinato a combater até derrotar os alemães "em nome dos interesses da burguesia russa, inglesa e francesa". O panfleto, então, denuncia a "mentira" de seus chefes, que "fingem que tais insurreições imbecis aconteceram em 17 províncias e mentem que não existe mais poder soviético em Moscou", anuncia uma grande concentração de forças para "acabar com o massacre sangrento fomentado por Antonov e eliminar rapidamente o banditismo", relembra as ofertas de paz e de anistia e conclui:

> Você não compreende que há apenas uma saída: depor as armas e render-se à misericórdia dos Vermelhos, parar e entregar ao poder soviético todos os chefes, todos esses canalhas, com seus discursos vazios, que fomentaram um massacre fratricida e o arrastaram para isso?

> Não vê que cada hora de espera e cada novo golpe que desfere contra o povo trabalhador, a mando desses canalhas que chama de chefes, levarão inevitavelmente a sua própria perda?

Aparentemente, os destinatários não veem nada disso, pois o panfleto não surte muito efeito. Longe de enfraquecer, a insurreição se amplia ainda mais. Os insurgentes sabotam as ferrovias e cortam os fios de telégrafo. O comando do Exército Vermelho reage fazendo reféns, ameaçados de fuzilamento caso os insurgentes continuem com essa dupla sabotagem. Porém, essa ameaça não muda nada. A maior parte das operações é de ataques improvisados e escaramuças. Em 15 de fevereiro, um destacamento de 120 homens chega ao povoado de Tsarskoie, reúne os camponeses, informa-os de que suas tropas tomaram Ishim, Ialutogorsk e Tiumen e convida-os a se juntarem ao destacamento. A população escuta, passiva, e se dispersa. Os insurgentes se apropriam das charretes dos camponeses e se dirigem para a cidade de Tobolsk, de onde os dirigentes dos sovietes, atordoados, enviam um telegrama ao comitê executivo do Soviete de Tiumen:

> As ligações foram interrompidas. Os insurgentes estão a 12 quilômetros da cidade. Tomamos as medidas mais energéticas para protegê-la. A situação está crítica, estamos sem munição e temos apenas espingardas. Sem a ajuda urgente de Tiumen, a evacuação da cidade é inevitável.

Em sua resposta, o Soviete de Tiumen lava as mãos: "Não temos homens e quase não temos munição [...]. De nós, vocês não receberão nem um nem outro."

Os próprios chefes insurgentes se nomeiam. No dia 11 de fevereiro de 1921, por exemplo, Kutyrev publica a ordem número um do "Comando do Exército Verde Popular e Camponês do distrito de Rajevsk da zona de Ishim", cujo primeiro ponto estipula: "A fim de organizar o movimento insurrecional, eu me declaro comandante do Exército Verde Popular e Camponês." Eles controlam de perto a instauração de novas autoridades. No mesmo dia, o líder da "Frente Insurrecional de Ishim", Rodin, ordena "[...] a imediata indicação, pelos presidentes dos comitês executivos de cantão, dos candidatos às funções de comandante de cantão e de localidade de cada cantão, e a submissão dos nomes para confirmação". Ele acrescenta: "Declaro que todos os indivíduos que ajam contra os destacamentos camponeses ou se ponham no caminho de suas ações serão considerados inimigos do povo trabalhador e as medidas mais severas serão tomadas sem falta contra essas pessoas."

A delegação camponesa de Tambov

No dia 14 de fevereiro de 1921, Lenin recebe uma delegação de camponeses de Tambov – seriam simpatizantes de Alexandre Antonov? Difícil afirmar. A delegação, sem dúvida escolhida a dedo, põe as cartas na mesa. Um camponês declara: "a requisição de bens imposta vai além de nossa capacidade". Ao que Lenin se contrapõe: "no entanto, em 1918 e 1919 vocês cumpriram a requisição sem fazer escândalos." O camponês responde: "sim, sem fazer escândalos, mas a colheita foi muito ruim esse ano e não temos condições de entregar o que se exige." Ele acrescenta:

> Os agentes dos órgãos de abastecimento exigem e confiscam sem considerar nada, e as autoridades não prestam atenção. Outra coisa muito humilhante: eles pegam nossas batatas, nós transportamos essas batatas e, quando elas apodrecem antes de serem usadas, eles nos obrigam a limpar o lugar.

Ademais, "[...] preguiçosos reinam nos *sovkhozes* e caem nas graças dos responsáveis, recebem de tudo: querosene, fósforo, sal". Em suma, na visão desses camponeses, o aparelho estatal consegue ser a um só tempo implacável e incompetente.

Como solução, Lenin convida os camponeses a "elegerem nos sovietes os melhores membros da classe trabalhadora, os mais honrados". Depois acrescenta: "Se os escolhidos se revelarem inadequados para o poder, então vocês devem cassá-los e substituí-los por outros." No entanto, ele parece cético quanto à capacidade de a base camponesa impor seu controle ao aparelho do Partido, pois acrescenta:

> Se os camponeses sofrerem, no futuro, humilhações por parte das autoridades, comuniquem à província, e, caso as autoridades provinciais não deem a devida atenção, informem a Moscou, ao Kremlin, a mim. Vocês podem fazer isso por escrito ou pessoalmente.

Resumidamente, Lenin sugere aos camponeses que apelem para ele contra as arrecadações, abusos e humilhações perpetradas pelos membros do aparelho estatal. Ele é o último recurso contra o aparato e a burocracia. Mas, nesse ano de 1921, só sobra à Rússia soviética, arruinada e faminta, reforçar o aparelho partidário, a Checa e o Exército Vermelho. Portanto, a pressão que Lenin sugere que os camponeses exerçam sobre essas instituições precisa ser bastante comedida. Se ultrapassar o limite rígido que ele definiu, ela corre o risco de se tornar a fagulha para explosão de um equilíbrio frágil, como a Revolta de Kronstadt demonstrará duas semanas mais tarde.

A delegação volta a Tambov. Um membro do comitê executivo dos sovietes do distrito de Tambov redige um texto, "nos termos" dos dois camponeses citados, intitulado "O que o camarada Lenin disse aos camponeses da província de Tambov", publicado na primeira edição do novo jornal comunista da província, *O trabalhador de Tambov*, e divulgado em panfleto a partir de 27 de fevereiro. No mesmo dia 14, e ainda no dia 16, o Comitê Central estuda as medidas militares a serem adotadas para abafar a revolta.

"O camponês, pressionado até o limite, pega em armas"

Na Sibéria ocidental, no dia 18 de fevereiro de 1921, o líder do destacamento rebelde do distrito de Ishim lança um apelo aos sovietes da região vizinha. O tom é de uma violência extrema e de um antissemitismo virulento:

Chegou o momento em que o camponês, pressionado até o limite, agarrou com suas mãos calejadas o porrete de seus algozes e usou-o para defender seus interesses vitais, para defender seu trabalho e sua liberdade. No começo, era assustador ter a audácia de criar agitações diante da Alteza de Sião Trotski, cercado de canhões e metralhadoras e milhares de seus escravos comunistas devotados e incapazes de reconhecer algo de valor – nem a santidade, a verdade ou a lei – e perseguidores de qualquer um que ousasse erguer a voz contra a ditadura dos judeus, assassinos de quem quer que guardasse para si o fruto de seu trabalho, seu pão, obtido por suas próprias mãos calejadas e com o suor de seu rosto. Eles despiram o camponês, roubaram o que tinha e, depois, obrigaram o camponês, submetido à fome e ao frio, a satisfazer todos os caprichos dos comunistas. Em um ano e meio, levaram o país à total ruína, à fome. E, o camponês, pressionado até o limite, pegou o porrete em suas mãos e enfrentou o canhão e as metralhadoras sem ser influenciado por ninguém, nem pelos oficiais, nem por chefes.

O panfleto faz, em seguida, uma advertência ao campesinato. Caso os camponeses não se rebelem: "[...] contra o jugo dos comunistas, em cerca de um ano terão morrido de fome e morrer de fome é bem pior do que morrer no combate [...]. Em oito dias, a fagulha da revolta se espalhou até as cidades de Tiumen, Irkutsk, Krasnoyarsk, Tobolsk e Kurgan. Os judeus comunistas não conseguiram apagar esse incêndio quando começou e, agora, ele não se apagará mais". O manifesto trazia como epígrafe o famoso *slogan* dos socialistas-revolucionários: "É lutando que conquistarás teus direitos."

A violência narrada não fica apenas no papel, ela se traduz em uma violência física inflamada: os insurgentes arrancam os olhos dos comunistas detidos a golpes de forcado e cortam suas mãos e pés a machadas. No dia 19 de fevereiro, o comandante de uma assembleia local (*buhrov*) do distrito de Ishim decide trocar a palavra "camaradas" por "cidadãos". No dia 22, o comandante do estado-maior do exército insurrecional do distrito de Ishim, Smirnov – não se trata de *Ivan* Smirnov, comandante encarregado da Sibéria e seu adversário –, decreta uma ordem muito cruel:

> Enquanto todo o campesinato siberiano se revolta contra o jugo dos comunistas e, forcado à mão, marcha contra estas bestas selvagens ávidas por sangue, alguns cidadãos do cantão de Sladkovski e parte do cantão de Ossovski ainda esperam para ver se esses vampiros comunistas não voltarão ao poder e até mesmo ajudam-nos, repassando certas informações. Aviso que não teremos um pingo de piedade com os inimigos do povo traba-

lhador. É preciso exterminar na hora as pessoas que se mostram contrárias ao Exército Popular, confiscar seus bens, fazer suas famílias reféns para, em caso de traição, executá-las também. A luta é até a morte. Não abriremos exceções para ninguém: ou se está ao lado do povo ou contra o povo.

No mesmo dia, o comandante das forças armadas soviéticas do setor de Mirkin, próximo a Tiumen, envia um telegrama desesperado ao escritório siberiano:

> A situação fica mais catastrófica a cada hora. As insurreições se multiplicam por todo o distrito. O destacamento de comunistas tem o total de 300 homens com 2 mil cartuchos e uma metralhadora de 300 tiros – ele está pronto para abandonar Tobolsk. Não sabemos deduzir exatamente a força dos inimigos, mas deve ser algo em torno de cinco mil homens, bem equipados. As mortes ocorrem na ordem de dezenas, uma dezena depois da outra. Os cantões estão se unindo. A cidade – com seu depósito de vinho e suas altas quantias de dinheiro – foi saqueada. Graças a um desertor, o inimigo está a par de nossa situação. Nunca antes na história soviética houve uma insurreição como essa. Precisamos resistir, mas não temos como: estamos sem munição, sem armamento. Faltam-nos alguns batalhões de infantaria e esquadrões de cavalaria. Nossos destacamentos estão quase cercados. Quinhentos comunistas morrerão à toa [...]. O inimigo está armado e é perigoso, pois a maioria dos insurgentes são batedores em esquis.* Mantemos nossas posições, um atirador dispõe de 20 a 25 cartuchos, apenas uma metralhadora e 4 tiras de munição. O inimigo trava batalhas de quatro a cinco horas como um exército regular.

Não raras vezes, os soldados do Exército Vermelho – camponeses e filhos de camponeses – repudiam fortemente a ideia de combater os insurgentes. Na metade de fevereiro, entre Tobolsk e Tiumen, 300 soldados passam para o lado dos insurgentes e levam consigo 500 carabinas, 200 granadas, 2 metralhadoras automáticas e 4 manuais. No início de março, ao sul de Tiumen, na região de Iarkov, duas companhias do regimento de Kazan se juntam aos rebeldes; os soldados de outras duas companhias, para não precisar lutar, decepam seus dedos.

Ainda em fevereiro, o exército popular do distrito de Ishim divulga um apelo patético aos "soldados do Exército Vermelho sem partido":

---

* N. T.: Combatentes que utilizavam esquis para se deslocar durante o inverno.

Irmãos, vocês vislumbram confusamente à distância o clarão do sangrento incêndio rebelde. Nas entranhas da poderosa e imensa Sibéria, o movimento insurrecional pega fogo e se espalha. Irmãos-soldados, saqueados, famintos, que seguram rios de suas lágrimas de sangue e serram os dentes de dor em sua alma, marchemos, armados de porretes, contra canhões e metralhadoras. Nosso sangue derramado forma rios, mas não se pode voltar no tempo, às nossas costas se abre o túmulo. Nesses minutos decisivos, imploramos que vocês não olhem esse terrível massacre do povo com indiferença. Os comunistas são sanguinários e esforçam-se para nos aniquilar. Contamos com vocês. Saibam disso: esta é a hora decisiva.

Embora poderosas a certa altura, essas revoltas camponesas permanecem no âmbito local ou regional, sem coordenação, centralização ou perspectiva política. Um partido poderia conduzi-las a um nível federal, mas os próprios socialistas-revolucionários estão divididos entre o apoio e a abstenção diante da revolta de Tambov.

Na outra extremidade do país, no Cáucaso, Stalin aproveita a situação para ajustar as contas com o governo menchevique de sua terra natal, a Geórgia, signatária de um pacto com Moscou para o reconhecimento de sua independência. Lenin tem ressalvas quanto à violação do pacto. Stalin e seu companheiro Ordzhonikidze organizam uma pequena revolta no norte do país no início de fevereiro de 1921. O 11º Exército, estacionado nas fronteiras, logo se precipita para a Geórgia a fim de apoiar a insurreição dita popular e metralha a guarda nacional diante de uma população cansada de três anos de guerra civil. No dia 26 de fevereiro, o Exército Vermelho conquista Tiflis e ali proclama a República Soviética da Geórgia.

Kronstadt

Desde o início de janeiro de 1921, a situação se tornou catastrófica na capital e fortaleza da revolução, a ilha de Kronstadt, que detém o controle de todo o golfo de Petrogrado. As cotas de pão diminuíram, algumas rações alimentares também foram reduzidas e até mesmo suprimidas. Para protestar contra essas decisões, 1.037 ferroviários e 3.700 operários das indústrias de construção naval do Báltico entram em greve – os primeiros, até dia 10, ao meio-dia, e os segundos até dia 11. Em solidariedade, os operários da indústria de Kabelny deflagram uma greve de três dias. O descontentamento se espalha nas unidades da guarnição. Soldados se recusam a fazer as tarefas obrigatórias para protestar contra a falta de calçados.

A insatisfação também cresce entre os marinheiros, motivada principalmente, segundo um relatório de um membro da Checa, Feldman, escrito no dia 10 de dezembro de 1920 – pelas informações que chegam de seus vilarejos:

> Todos, membros do Partido ou não, queixam-se das notícias que chegam de sua pátria [sic]: de um, confiscaram o último cavalo; o pai de outro, um idoso, foi jogado atrás das grades; a família de um terceiro teve toda sua colheita confiscada; a única vaca foi confiscada de um quarto – de quem o destacamento de requisição ainda roubou todas as roupas.

Feldman assinala, ainda, que 40% dos membros do Partido Comunista da frota do Báltico, ou seja, cerca de 5 mil homens, devolveram ou destruíram seu documento de filiação do Partido.

Enfim, a diminuição brutal das matérias-primas e do combustível impele o Soviete de Petrogrado, presidido por Zinoviev, a anunciar em 11 de fevereiro o fechamento de algumas fábricas, dentre as quais se encontra a de Putilov (antigo carro-chefe bolchevique), até dia 1º de março. Durante duas semanas, 27 mil operários se veem desempregados. No dia 21 de fevereiro, uma reunião de operários da fábrica de Trubochny critica o regime do partido único. A resposta do Soviete de Petrogrado é o fechamento da fábrica e uma nova inscrição individual de todos os operários e empregados. Em 24 de fevereiro, quase 300 operários dessa fábrica vão às ruas, acompanhados por operários de outras fábricas. Logo os manifestantes somam mais de 2 mil. O Soviete envia um destacamento de cadetes para dispersar a multidão; em seguida, declara lei marcial na cidade. No dia 28 de fevereiro, a Checa detém preventivamente e prende quase 200 militantes socialistas-revolucionários e mencheviques – inclusive Fyodor Dan, o principal dirigente menchevique.

A notícia sobre as agitações em Petrogrado logo chega a Kronstadt, onde estão aglomerados 17.700 homens, marujos e oficiais, mais de 3 a 4 mil empregados, sem contar a população civil de aproximadamente 30 mil homens e mulheres. Os marinheiros enviam uma delegação às fábricas em greve e, no dia 1º de março, às duas horas da tarde, realizam um grande comício na enorme Praça da Âncora, liderado pelo presidente do Soviete de Kronstadt, o comunista Vassiliev, na presença de Kalinin, presidente do Comitê Executivo Central dos Sovietes, e de Kuzmin, comissário da frota báltica. Marinheiros do navio Petropavlovsk prestam contas de sua delegação enviada a Petrogrado e, depois, Petrichenko, marinheiro do Petropavlovsk, lê o texto adotado na véspera pela tripulação de seu barco, em seguida retomado pela tripulação de outro encouraçado, o Sebastopol. Esse texto afirma que "os atuais sovietes não representam o desejo dos operários e dos camponeses" e propõe um programa com 15 reivindicações bastante similar ao da União do Campesinato Trabalhador de Tambov:

1. Realizar imediatamente a reeleição dos sovietes por meio do voto secreto.
2. Estabelecer a liberdade de expressão para todos os operários e camponeses, anarquistas e socialistas de esquerda [...].
4. Convocar uma reunião extrapartidária com operários, soldados vermelhos e marinheiros de Petrogrado, Kronstadt e da província de Petrogrado para, no máximo, dia 10 de março de 1921.
5. Libertar todos os presos políticos socialistas, assim como todos os operários, camponeses, soldados vermelhos e marinheiros presos após movimentos operários e camponeses [...].
8. Abolir imediatamente todas as barreiras[4] [...].
10. Abolir os destacamentos comunistas de choque de todas as unidades do exército e a polícia comunista nas fábricas e indústrias [...].
11. Conceder aos camponeses plena liberdade de ação sobre suas terras, assim como o direito de possuir cabeças de gado, desde que as adquiram por contra própria sem recorrer ao trabalho assalariado [...].
13. Autorizar o livre exercício dos ofícios manuais sem contratação de um trabalho assalariado.

Kalinin e Kuzmin criticam a proposta, adotada de forma quase unânime pelos quase 300 comunistas presentes. Em Moscou, Zinoviev informa Lenin e Trotski que a assembleia de marinheiros acabara de adotar um manifesto estilo "Centenas Negras [ou seja, ultrarreacionário] e socialista-revolucionário", sem, de fato, comunicar-lhes o conteúdo do texto. No dia seguinte, uma assembleia geral com cerca de 300 delegados das unidades militares, burocráticas e empresariais da ilha designa um Comitê Revolucionário Provisório. Sua plataforma é difundida sob a divisa "os sovietes sem comunistas"; estes não constam na frase original, mas ficam subentendidos na fórmula "sovietes livres".

No dia seguinte, um comunicado do governo, assinado por Lenin e Trotski, retomando os termos do telegrama de Zinoviev, denuncia essa resolução como sendo um texto de "Centenas Negras e socialistas-revolucionários" e insiste na presença do general de artilharia Kozlovski nas fileiras dos motins – ao que os insurgentes protestarão, pois o general teria sido indicado ao posto pelo próprio Trotski (na verdade, pelas divisões do Comissariado do Povo para a Guerra). No próximo dia, a Checa prende, em Oranienbaum, cidade vizinha, a alguns quilômetros de Kronstadt e Petrogrado, cerca de 20 marinheiros de Kronstadt enviados a Petrogrado e faz de reféns a família de Kozlovski e dos oficiais de Kronstadt, em troca dos dirigentes comunistas presos em Petrogrado.

O medo toma conta dos bolcheviques. O apelo aos insurgentes feito no dia 4 de março pelo Comitê de Defesa de Petrogrado, presidido por Zinoviev, denuncia a presença de oficiais brancos na insurreição e afirma de forma audaciosa: "A Sibéria e a Ucrânia estão totalmente a favor do poder soviético." E ameaça: "Kronstadt não tem pão ou combustível. Se insistirem, vamos caçá-los como caçamos perdizes" (frase que mais tarde será atribuída erroneamente a Trotski). Ainda menciona o destino dos soldados de Wrangel, refugiados em Constantinopla, onde "eles morrem como moscas, de fome e de doenças", o que é bem verdade. O apelo final para os insurgentes se renderem imediatamente, desarmarem-se e prenderem "os líderes criminosos, sobretudo os generais czaristas" e "passarem para o nosso lado" não surtirá nenhum efeito.

Alexander Iakovlev, ex-membro do Politburo do Partido Comunista da União Soviética sob o governo Gorbatchev, pondera na introdução de sua coletânea de documentos de arquivos sobre Kronstadt: se, por um lado, os operários de algumas fábricas de Petrogrado simpatizavam publicamente com os rebeldes, por outro, "a maioria dos habitantes de Petrogrado permanece indiferente aos acontecimentos de Kronstadt". O cansaço, após 40 meses de guerra civil, e as promessas de Zinoviev, que anuncia uma grande luta "contra a burocracia", pesam muito em sua moral.

Em Kronstadt, cerca de 900 de seus 2.680 militantes e estagiários abandonam o Partido Comunista. A maior parte deles é solidária aos insurgentes pelo estímulo de uma organização provisória criada por três comunistas, que os convidam a colaborar com o Comitê Revolucionário Provisório dos Insurgentes. Uma vez aniquilada a insurreição, os três serão fuzilados.

Insurreições camponesas e Exércitos Verdes

Então, Tukhachevsky telefona para o comandante de brigada Putna, em Gomel, na Bielorrússia, e, sem explicações, ordena que envie sua divisão para Petrogrado. Ela se encontra, no entanto, em um estado bastante deplorável:

> As unidades da divisão, geralmente espalhadas em vilarejos de camponeses não muito colaborativos com o poder soviético, encontravam-se em condições materiais e sanitárias de penúria extrema, sem falar das condições lamentáveis para o treinamento militar nas unidades e para a formação política. Embora houvesse a falta crônica de gorduras e de refeições quentes, os soldados recebiam 350 gramas de pão por dia. Dentre eles, 75% não tinham calçados, algo especialmente sofrido porque estávamos bem no início da primavera e do desgelo, e a metade deles não estava equipada [...]. Por causa da subnutrição crônica, os soldados vermelhos estavam tão esgotados que o tempo de exercícios militares nas unidades foi reduzido para três horas diárias, sendo depois quase completamente abolido. O exercício era realizado, sobretudo, pelos oficiais e suboficiais.

Os escritórios de Boris Savinkov, instalados do outro lado da fronteira, informados a respeito da missão atribuída à 27ª Divisão dita "de Omsk", inundavam-na de inúmeros panfletos.

Virovt Putna

Os *slogans* desses panfletos eram quase idênticos aos divulgados em Kronstadt, à exceção de que apenas alguns incitavam claramente o *pogrom* contra os judeus. Eu ordenava que esses panfletos não fossem escondidos dos soldados vermelhos; os instrutores de assuntos políticos receberam a missão de mostrá-los aos soldados em suas reuniões e explicar seu significado e os interesses aos quais respondiam [...]. No dia 5 de março, recebi a ordem para colocar a 79° Brigada de Atiradores à disposição do 7° Exército, sem qualquer pista sobre quais seriam suas tarefas. Minhas várias tentativas de receber explicações, a fim de saber como preparar as tropas, ficaram sem resposta.

Os soldados e seu comandante sabiam apenas que, ao ir para o sul, serviriam a Tukhachevsky. Putna pede 150 contêineres de víveres, recebe apenas 14; dos 15 mil pares de calçados requisitados, recebe somente 5.800, e o resto se torna uma promessa vaga. As consequências não demoram a ser sentidas:

Na ida, as tropas pareciam partir em um bom estado de espírito. Mas, na prática, as condições insalubres de transporte – os soldados estavam amontoados em vagões, em um estado higiênico deplorável, e desnutridos, e, por causa do número diminuto de refeitórios, receberam pouca alimentação quente –, ainda havia a agitação contrarrevolucionária à qual as tropas foram submetidas em paradas nas estações e que se tornaram mais intensas conforme se aproximavam do golfo da Finlândia, e, finalmente, os rumores hostis espalhados pela população do distrito onde as tropas foram alocadas após o desembarque, tudo isso desmoralizou os soldados de forma significativa.

Em suma, a população – na grande maioria camponesa ou de origem camponesa – apoiava amplamente os insurgentes.

Entre os soldados vermelhos, espalhou-se o boato de que os marujos haviam se revoltado exclusivamente por não aguentarem os excessos e os atos arbitrários, inclusive do ponto de vista revolucionário, das autoridades locais de Kronstadt. Dizia-se ainda que nenhuma força poderia invadir Kronstadt, pois o gelo em torno da ilha e dos fortes já havia quebrado; e que a primeira tentativa das unidades de cadetes de tomar a fortaleza de assalto havia terminado em uma fragorosa derrota e incontáveis perdas. Essa última versão, exagerada em proporções inacreditáveis, tinha algum fundamento, pois o resultado da primeira tentativa, tímida, de tomar Kronstadt de assalto, em 8 de março, fora um fracasso.

Insurreições camponesas e Exércitos Verdes

Em 5 de março, Trotski lançara um ultimato aos motins com data de expiração para o dia 7. Já no dia 8, data da abertura do 10º Congresso do Partido Bolchevique, cumprindo sua promessa, Tukhachevsky enviou um exército de 20 mil homens ao assalto da ilha fortificada. Os soldados, cobertos por casacões brancos, avançaram em uma tempestade de neve pelos quilômetros de gelo que separavam Kronstadt do continente - 8 quilômetros até Oranienbaum no sul e 18 até Sestroretsk no norte, seguidos por destacamentos da Checa destinados a estimular seu moral vacilante pela ameaça de suas metralhadoras. Kronstadt dispunha de 135 canhões e 68 metralhadoras, mais 28 canhões dos dois encouraçados Petropavlovsk e Sebastopol. Em diversos pontos, os obuses quebram o gelo e várias centenas de assaltantes sucumbem afogados e congelados. Uma unidade de cadetes passa para o lado dos rebeldes.

Os emigrados brancos, desmoralizados após a debandada de Wrangel, ficam entusiasmados ao saber da revolta dos marinheiros. O programa dos insurgentes não importa para esses emigrados, majoritariamente monarquistas, o que conta é a possível queda dos bolcheviques. Em consonância com o que diz o general branco Von Lampe, eles acreditam na viabilidade de somente dois tipos de governos na Rússia: o dos bolcheviques ou o dos monarquistas. A ação de alguma terceira força só pode servir como um degrau para estes subirem ao poder. O velho revolucionário Burtsev, cujo jornal *A causa comum* é financiado pelos serviços de segurança franceses, escreve: "A luta contra os bolcheviques é nossa causa em comum." O Centro Nacional que, em 1919, devia constituir um governo branco em Petrogrado, caso Yudenich saísse vitorioso, arrecada fundos para socorrer insurgentes, multiplica as intervenções junto aos governos estrangeiros francês e finlandês. Wrangel, com seus cinco mil soldados estacionados em Bizerta, anuncia estar pronto para voltar à ativa - mas Kronstadt está a muitos quilômetros da Tunísia!

O líder dos socialistas-revolucionários de direita, Victor Chernov, envia aos insurgentes uma mensagem solene enquanto "presidente da Assembleia Constituinte" e "oferece reforços de homens e de suprimentos fornecidos pelas cooperativas russas no estrangeiro. Informem-nos o que e de quanto precisam. Estou pronto para ir pessoalmente atendê-los, colocando minhas forças e minha autoridade a serviço da revolução do povo". O Comitê Revolucionário, no dia seguinte, "agradece Chernov por sua proposta, mas declina dela

História da guerra civil russa

por ora esperando uma melhor definição da conjuntura. Nesse meio tempo, tudo será ponderado". Não há dúvida de que essa "definição esperada" é a esperança, logo frustrada, de ver a revolta se espalhar para o continente.

No dia 10 de março, quase 300 delegados do Congresso do Partido Bolchevique – o equivalente a um quarto de seus membros – partem para Kronstadt a fim de enquadrar e tentar convencer soldados, cada dia mais cansados, reservados ou hostis, a combater os motins. Nessa data, eles sofreram 14 baixas e tiveram 4 feridos; mas, em 1º de março, Kronstadt tinha apenas mais 15 dias de suprimentos (considerando uma ração diária de 225 gramas de pão) e sofria com a falta dramática de medicamentos e de material médico mais básico. Os insurgentes acreditavam estar dando o sinal para o levante dos operários de Petrogrado, puxando uma revolta geral. Assim, eles recriminam, no boletim do dia 11 de março, os "comunistas que vivem na abundância e os comissários que estão cada dia mais gordos":

> Camaradas operários! Kronstadt luta por vocês, pelos que passam fome, pelos que tremem de frio, maltrapilhos e sem abrigo.
>
> Enquanto os bolcheviques continuarem no poder, uma vida melhor não nos espera [...].
>
> Camaradas camponeses! Foi de vocês que o poder bolchevique mais roubou e a quem mais enganou. Onde está a terra que vocês haviam recuperado das mãos dos proprietários depois de ter sonhado com isso durante séculos? Ela está em poder dos comunistas ou sendo explorada pelos *sovkhozes* [...]. Camaradas! Os de Kronstadt levantaram a bandeira da revolta na esperança de receberem a resposta de dezenas de milhares de operários e de camponeses a seu apelo.

Porém, esse apelo não encontra eco. O moral dos insurgentes esmorece muito mais por causa desse silêncio e do esgotamento das reservas de pão, de combustível, de munição e de obuses, do que pelos desgastes muito superficiais provocados pelos bombardeios diários da força aérea governamental. Em 26 de março, os atiradores da 27ª Divisão de Omsk de Putna se amotinam e convocam seus camaradas a "ir a Petrogrado combater os judeus". Essa rebelião é abafada. Outros destacamentos hesitam ou cedem.

O conjunto das revoltas de Kronstadt, Tambov, Tobolsk e Tiumen, que deixa o regime pendurado por um fio, convence Lenin de que a continuidade do comunismo de guerra levará à queda do regime e força-o a retomar e desen-

Insurreições camponesas e Exércitos Verdes

volver as propostas de Larin, Trotski e outros, outrora rejeitadas por ele, assim como tantas concessões aos *kulaks*. No 10º Congresso, ele insiste no isolamento do Partido Bolchevique no poder enquanto "o campesinato está cada vez mais insatisfeito com a ditadura do proletariado" e que "uma efervescência e um descontentamento são observados entre os operários sem partido [...], eles fazem das palavras democracia e liberdade seu mote, inclinando-se para a derrubada do poder dos sovietes". Ele continua: "Enquanto a revolução não eclodir em outros países, precisaremos de décadas para sair desse conflito." Uma mudança política é necessária: paralelamente à aniquilação da revolta pelo Exército Vermelho, Lenin leva à votação a substituição da requisição pelo imposto em espécie. Subtraída a quantia do imposto, o camponês ficaria livre para vender o excedente. É o esboço da Nova Política Econômica (NEP). Um delegado da Sibéria brada: "Bastará espalhar essa notícia por toda Sibéria para pôr fim na agitação camponesa." Esse anúncio acaba com a motivação e a reivindicação fundamental dos insurgentes e reanima a confiança dos soldados do Exército Vermelho. Nesse mesmo dia, os rebeldes de Kronstadt percebem que seus depósitos de farinha estão vazios. A fome, responsável ao longo da história por derrubar fortalezas, é eminente.

Tukhachevsky reúne cerca de 50 mil homens e lança o ataque decisivo contra Kronstadt na madrugada do dia 16 para 17 de março, às três horas da manhã. A cidade cai na manhã do dia 18 após ferozes combates corpo a corpo, travados com baionetas. O confronto deixou quase 10 mil mortos e feridos no Exército Vermelho, mais de 2 mil mortos e feridos entre os insurgentes – destes, 6.700 fugiram pelo gelo em direção à Finlândia antes do assalto final, antes de serem desarmados e aprisionados pelos finlandeses.

O presidente do Comitê Revolucionário Provisório, Petrichenko, estava entre eles. No dia 30 de março, este faz um "comunicado" a um grupo revolucionário desconhecido, situado em Paris. Nele, pede a união de todos os adversários dos comunistas, sem exceção:

> Os 8 mil homens da guarnição de Kronstadt[5] ardem de desejo de continuar a luta contra os comunistas sob o *slogan*: "Todo o poder aos sovietes livremente eleitos" [...]. Esse *slogan* deve unir todos contra o inimigo comum: os comunistas, pois a Rússia inteira pôde constatar ao longo desses três anos e meio de luta que nenhum partido sozinho poderá ganhar deles. Para realizar esse desejo, o de se engajar no combate contra os comunistas, a guarnição de Kronstadt precisa de todo tipo de ajuda.

A repressão é brutal: no dia 20 de março, a Checa fuzila 167 marujos do Petropavlovsk; no dia seguinte, mais 32 e outros 29 do Sebastopol; em 24 de março, ainda alveja 27 marinheiros. E, enfim, em 1º e 2 de abril, o tribunal revolucionário julga 64 insurgentes e condena 23 à pena capital. No todo, 2.103 insurgentes foram condenados à morte e fuzilados.

Em maio, Petrichenko e seus camaradas propõem ao general Wrangel uma aliança baseada em um programa de seis pontos:

1. terra para os camponeses;
2. sindicatos livres para os operários;
3. independência completa para os Estados fronteiriços;
4. liberdade de ação para os fugitivos de Kronstadt;
5. supressão das dragonas de todos os uniformes militares;
6. "todo o poder aos sovietes e não aos partidos."

Todos esses pontos, sobretudo o terceiro e o quinto, deveriam desagradar, e muito, Wrangel, partidário feroz da Grande Rússia una e indivisível e de uma ordem militar rígida. Mas Petrichenko garante que "todo o poder aos sovietes" não passa de uma "jogada política conveniente" até a queda dos comunistas. Após a liquidação destes, ele propõe uma ditadura militar – sob a fachada de "temporária", é claro – que reduziria as outras propostas a pó. Porém, Wrangel desdenha da oferta e a Checa prende e fuzila os mensageiros de Petrogrado dessa aliança precária, que cai por terra.

Uma última labareda

De 10 a 16 de março de 1921, os bolcheviques organizam na província de Tambov uma conferência camponesa visando à separação da massa dos camponeses dos insurgentes. Os camponeses que abandonam a luta e convidam os camponeses insurgentes a interrompê-la criticam, ao mesmo tempo, vivamente o regime. Antonov-Ovseenko destaca um duplo descontentamento:

> Eles estão descontentes, em primeiro lugar, com a política do abastecimento [agitações dos agentes e dos destacamentos de requisição] e com o descuido geral em relação ao campo ("eles deixam o trigo apodrecer", "eles fazem o gado morrer", "eles mesmos possuem terras, mas não sabem

utilizá-las", "a atividade de transporte acaba com os cavalos", "usam os cavalos à toa em trabalhos sem planejamento" etc.).

Em segundo lugar, está a insatisfação com as manobras dos administradores locais e de alguns responsáveis ("vejam bem, os decretos são bons em teoria, mas, na hora de pôr em prática, eles mudam os decretos", "eles aceitam propinas", "eles se acham bons demais para o campo"), o sentimento é de que o poder dos sovietes não é orgânico, que não emergiu do lugar, mas um poder imposto de fora, um poder que comanda por meio dos sovietes e dos comitês executivos locais e, ainda por cima, não raras vezes, de modo irracional.

Em Tiumen, no dia 17 de março, a execução de reféns pelas autoridades locais provoca um levante esmagado após três horas de combates sangrentos. A repressão é implacável: 125 insurgentes são fuzilados por um tribunal. Os comunistas da cidade, hostis a essa decisão, afirmam que os juízes estavam bêbados. Duas semanas depois, a cidade cai nas mãos dos rebeldes. No entanto, a partir da última semana de março, a insurreição da Sibéria ocidental começa a recuar.

No dia 25 de março, o principal estado-maior do exército popular de Tobolsk difunde um panfleto eufórico aos "cidadãos siberianos". Segundo ele, no passado os comunistas escondiam com cuidado os levantes no Altai, nas regiões de Tomsk, Ienissei e outras, e simulavam um estado de normalidade:

> Mas, ao que tudo indica, hoje em dia é impossível esconder a verdade e agora os comunistas não acobertam mais sua situação frágil. Agora, os próprios comunistas escrevem sobre a revolta siberiana, o desenvolvimento do movimento dos *partisans* na própria Rússia e a tomada da poderosa fortaleza marítima de Kronstadt pelo povo insurgente com a ajuda dos marujos e de tropas que passaram para o lado do povo.
>
> Até o momento, todavia, os comunistas se recusam absolutamente a compreender as coisas e ousam afirmar que não foi o povo, esgotado, que se revoltou, mas generais, oficiais superiores, mencheviques e socialistas-revolucionários. Eles ainda escondem que foi o povo inteiro quem se sublevou, esse povo que eles veem como gado e submisso. Os comunistas acreditam ainda que se pode despojar, saquear e fuzilar e que o povo não se revoltará para defender seus direitos humanos.
>
> Nós, povo insurgente, sabemos perfeitamente por que marchamos e aonde queremos chegar. Temos todos um único pensamento e apenas um objetivo: aniquilar o inimigo comunista [...].

Queremos instaurar um poder soviético de verdade em contraposição a esse poder comunista, que existiu até agora sob a aparência de um poder soviético. Queremos que todo mundo possa respirar livremente, que cada um possa ter o trabalho desejado, que possa dispor de seus bens sem restrições, que ninguém tenha o direito de tirar de uma pessoa o que ela conseguiu conquistar com o suor de seu trabalho, que cada um possa dispor do que ganhou com suas mãos calejadas de trabalhador. Queremos a liberdade de crença: que seja ortodoxo quem quiser, tártaro, quem quiser, e que não seja imposta a todos nós, à força, a crença na comuna. Em suma: queremos uma vida livre, sem nenhuma coibição ou violência, sem requisições.

Na sequência, o panfleto aponta que, nos territórios liberados dos comunistas, a população elegeu novos sovietes a partir novas bases e, uma vez livre a província, um soviete provincial será eleito e, assim que a Sibéria for libertada, um soviete siberiano, diferente dos sovietes anteriores "[...] onde governavam apenas comunistas desconhecidos que nomeavam outros comunistas".

Cidadãos, foram vocês quem escolheram Indenbaum como comissário do abastecimento da província? Vocês o conheciam antes disso? Com seus destacamentos de requisição, ele pilhou toda a província, arruinando muitos de seus habitantes, fuzilando ou jogando na prisão tantos outros.

Nossa gente capturou esse bandido, julgou-o e condenou-o à morte por todos seus crimes contra o povo, e os *partisans* fuzilaram-no.

O panfleto, evocando os "cadáveres de nossas crianças mortas" e o "incêndio de nossas casas", enumera, então, atrocidades atribuídas aos comunistas, pede aos camponeses de toda parte que se sublevem para ajudar os insurgentes a "aniquilar o inimigo definitivamente" e se encerra com três *slogans*. O primeiro deles proclama: "Viva o poder soviético sem comunistas!"

Em 23 de março, o Comitê Executivo Central dos Sovietes substitui oficialmente a requisição dos alimentos pela livre troca dos produtos, o direito de vender e comprar trigo e forragem para uso próprio nas regiões onde o plano de requisição tiver sido 100% cumprido, caso da região de Tiumen. No dia 3 de abril, o Comitê Executivo do soviete da província se apressa em divulgar essa decisão e decreta:

Insurreições camponesas e Exércitos Verdes

1) A liberdade de troca, compra, venda e transporte do trigo, grãos, forragem e batatas. 2) Para garantir a plena liberdade de circulação, retirada dos destacamentos de barreira no conjunto do território da província, ferrovias, vias fluviais e rotas de transporte.

Embora o comitê tenha proibido os indivíduos ou grupos de comprarem trigo, forragem ou batatas para revender a terceiros, a principal reivindicação do campesinato é atendida e, mesmo com sua desconfiança nas palavras e promessas, a motivação das insurreições camponesas acaba perdendo força. Ainda assim, na província de Tiumen, grupos de requisição, saudosos do poder que o comunismo de guerra lhes dava sobre os camponeses, continuam tentando impor sua própria lei, caracterizada como "lei do Partido", em nome de interesses pessoais.

A agonia

Sem sua motivação, a insurreição fica mais obstinada ainda. Dois textos dão uma ideia da ferocidade da luta: um relatório do chefe da milícia e do Politburo do distrito de Tobolsk, Vassiliev, ao chefe da província sobre as exigências dos insurgentes, datado de 16 de abril, e outro datado de 18 de abril de 1921, escrito por um comandante da 26ª Divisão de atiradores, Kassianov, que mandou executar, a tiros ou a golpes de sabre, quase todos os prisioneiros.

Kassianov enumera uma série de assaltos difíceis a vilarejos e acrescenta:

> Não foram feitos prisioneiros e desconheço o número de feridos dos adversários [...] os bandos perderam muitos homens e cavalos. Nós os cercamos por três lados. Muitos deles se renderam, mas não fizemos prisioneiros. Nós os julgamos no local como já queríamos fazer. [...] A partir daí, trabalhamos para capturar os bandidos em fuga em suas casas: apanhamos, matamos ou enviamos os capturados ao regimento; enfim, há mais bandidos mortos do que indo para o regimento.

As verdadeiras ordens determinavam o envio dos prisioneiros ao posto de comando do regimento. Kassianov desdenha disso com evidente satisfação. É um comportamento típico de *partisan* ansioso por se afirmar como líder de seu território.

No dia 28 de março, na região de Tiumen, um grupo de insurgentes propõe o início de negociações ao comandante do 1º Batalhão do 343º Regimento. Ao final de um diálogo tenso, os insurgentes suspendem a negociação e declaram: "Desde o começo, não importa a situação, nós venceremos; apesar de seus canhões, tanques, aviões e tudo mais. Nós iniciamos esse combate, nós lutaremos até o fim."

No dia 7 de abril, o Exército Vermelho toma de assalto Tobolsk e captura 5 mil *partisans*. Um pequeno grupo foge para o norte. Um destacamento de 40 cavaleiros vermelhos, comandado por Platon Loparev (organizador em 1919 do movimento de *partisans* contra Kolchak na província de Tiumen, condenado à morte por Stalin em 1938), faz uma incursão incrível de quase mil quilômetros em cinco dias. Por acaso, ele se depara com os insurgentes reunidos no povoado de Samarova e seu estado-maior – e captura quase todos, apesar da inferioridade numérica gritante do grupo de Loparev. O presidente do soviete insurgente de Tobolsk e 200 rebeldes desmoralizados também são capturados. No dia seguinte, uma tropa de várias centenas de insurgentes tenta retomar o vilarejo e liberar seus camaradas, mas seu comandante, o ex-oficial de Kolchak, Sviatoch, morre no assalto. Essa morte desmotiva os rebeldes; eles recuam.

Enquanto isso, a insurreição de Tambov agoniza. Entre 20 de março e 12 de abril, mais de 7 mil insurgentes, inclusive um regimento inteiro com todo seu armamento, rendem-se ao Exército Vermelho. Comandando as tropas, Tukhachevsky chega à região dia 12 de maio. O comandante constituíra uma armada de 120 mil homens, dos quais 57 mil estavam prontos para o combate, e, nesse mesmo dia, ele publica o decreto n. 130, cujo objetivo era aterrorizar os insurgentes e seus aliados civis. Ele os incita a depor as armas ao prometer, em troca, a garantia de vida e acrescenta:

> É preciso, sem exceção, prender as famílias dos bandidos que não se apresentarem, confiscar seus bens e reparti-los entre os camponeses fiéis ao poder soviético [...]. Se o bandido não se apresentar, nem se render, as famílias presas serão deportadas para regiões afastadas da República.

O comitê provincial da União do Campesinato Trabalhador reage a essa ordem n. 130 com um decreto no qual ordena a prisão das famílias dos soldados vermelhos e dos empregados dos sovietes como reféns e o confisco de seus bens. Segundo Antonov-Ovseenko, "[...] essa ordem é executada em

Insurreições camponesas e Exércitos Verdes

algumas regiões com a maior crueldade: as famílias de soldados vermelhos são degoladas às dezenas, como se não fosse nada, e, em alguns lugares, os cidadãos também; às vezes, as unidades de soldados vermelhos pedem para não tocar nas famílias dos bandidos, temendo o terror branco". Os camponeses simpáticos aos insurgentes se recusam a delatá-los, apesar da execução de várias dezenas de reféns. Um mês mais tarde, em 11 de junho, Tukhachevsky edita a ordem do dia n. 171 - especialmente severa, com impressão e divulgação em 30 mil exemplares –, que anuncia a proximidade da liquidação da revolta. Para quebrar a resistência dos camponeses que, tendo parentes entre os insurgentes, não querem dizer seus nomes para não serem feitos reféns, ordena-se o "fuzilamento na hora, sem julgamento, dos cidadãos que se recusarem a dizer seus nomes" e acrescenta que as comissões políticas designadas podem:

> Nos vilarejos onde houver armas escondidas, optar pela prisão de reféns e seu fuzilamento caso se neguem a entregar as armas.
>
> Se armas escondidas forem encontradas, fuzilar na hora, sem julgamento, o primogênito da família.
>
> Prender e deportar para fora da província a família que tiver escondido um bandido em sua casa, confiscar seus bens e fuzilar sem julgamento o primogênito dessa família.
>
> Considerar como foras da lei as famílias que escondem seus parentes ou bens dos bandidos e fuzilar na hora, sem julgamento, o primogênito dessa família.
>
> Em caso de fuga de uma família de bandidos, repartir seus bens entre os camponeses fiéis ao poder soviético, incendiar ou demolir as casas abandonadas.
>
> Executar esta ordem do dia com rigor e sem piedade.

A insurreição se desmantela aos poucos. No dia 2 de junho, o Exército Vermelho toma a última localidade importante da região, Obdorsk - atualmente conhecida como Salekhard –, futura estação final de uma linha ferroviária de 1.200 quilômetros, construída pelos detentos do Gulag a mando de Stalin e que jamais será utilizada. Um grupo de insurgentes se refugia na China. Alguns cadetes estudantes de química propõem a Tukhachevsky o uso de gases asfixiantes para forçar os insurgentes a sair das florestas onde

235

se escondem. Tukhachevsky aceita, com a ressalva, feita para acalmar os protestos suscitados no Exército Vermelho, de que: "Em todas as operações nas quais gases asfixiantes forem utilizados, é preciso tomar medidas exaustivas para salvar o gado que se encontra em seu raio de ação". Essa reserva inviabiliza tal aplicação, haja vista a clara impossibilidade de separar, nas florestas, os insurgentes de seu gado...

Tukhachevsky leva a questão ao Conselho Militar da República, que, em uma deliberação do dia 19 de junho, recomenda grande prudência. Os gases jamais serão usados. Na verdade, a revolta é abafada em quatro dias: acuados, perseguidos, os insurgentes são reduzidos a um destacamento de 1.200 homens. Em 20 de junho, o dia seguinte à deliberação do Conselho, suspende-se a aplicação das medidas de exceção da ordem do dia n. 171.

No Soviete de Moscou, em junho de 1921, o vice-presidente da Checa lê um relatório acusando o partido dos SR de estar envolvido nas insurreições camponesas da Sibéria, Tambov e Voronej e convidando-o a responder a essas acusações. Como todos os SR do Soviete de Moscou estão ou presos ou em fuga, é difícil obter uma resposta. Um deles, Yuri Podbielski, natural de Tambov, é preso pela Checa no dia 20 de maio e considerado um dos principais organizadores do "levante dos bandidos, *kulaks* e desertores nas províncias de Tambov e Voronej". Em resposta a essa acusação, ele envia de sua cela uma carta aberta a Leon Kamenev, presidente do Soviete de Moscou. Nessa carta, ele rejeita como fantasioso o título que a Checa lhe atribui de "mandatário do Comitê Central do Partido SR em Tambov para a direção do levante". Relembra que, durante a insurreição, havia passado a maior parte do tempo em Moscou, onde trabalhara, sob dois pseudônimos, primeiro no Comissariado do Povo para a Agricultura e depois na Instrução Pública. Durante esse período, Podbielski diz ter feito "uma pequena viagem a Tambov e a Voronej por motivos pessoais", tendo passado dois dias em Tambov e quatro em Voronej, no outono de 1920. Ele destaca que expressou "na imprensa, uma opinião claramente negativa sobre a atividade do próprio Antonov e sobre sua pessoa", referindo-se a seu artigo publicado no n. 6 (de 1921) do periódico mensal clandestino dos SR, *A Rússia revolucionária*:

> Independentemente do que pensam sobre meu artigo, é reflexo de uma lógica muito fraca qualificar de "dirigente" e "inspirador" de Antonov um homem que caracterizou, como eu fiz, o próprio Antonov como "ex-

Insurreições camponesas e Exércitos Verdes

propriador típico dos anos 1905-1909",[6] de "franco-atirador da guerra de *partisans*" e o seu movimento por "guerrilha", de "guerra de *partisans*", "absurda", "desordenada", vazia, sem palavras de ordem, ideias, nem programas etc. Quanto aos materiais apreendidos em minha casa, eles contêm comentários sobre inúmeros atos de crueldade praticados na luta tanto pelos *partisans* de Antonov quanto pelas tropas soviéticas. O mais "aterrorizante" é o relato de um habitante de Tambov contando sua entrada no "estado-maior" de um regimento de Antonov, o que viu ali e seus protestos na sede do "estado-maior" contra os horrores cometidos pelos *partisans* de Antonov. Eis todos os materiais que serviram de base à Checa para "estabelecer" que o "Comitê Central dos SR dirigiu, por meio de seu representante, o levante dos *kulaks*", bandidos e desertores nas províncias de Tambov e Voronej.

Na conferência do outono de 1920 dos SR de direita, segundo Podbielski, divulgou-se um relatório sobre o levante de Antonov, mas não se evocou, de forma alguma, uma participação dos SR nesse movimento. Quanto à União do Campesinato Trabalhador, criada pelos SR e liquidada pela Checa antes de Antonov fundar a sua, ela "não tinha nada em comum com a organização de Antonov". Antes de exigir a divulgação de sua carta ao soviete de Moscou, ele ainda acrescenta:

> Não é na atividade do Partido SR, mas na política de "distribuição dos mantimentos imposta até hoje ao campesinato trabalhador" que se deve buscar as causas do movimento prolongado de guerrilha dos camponeses de Tambov. Antonov não teria se mantido um só dia no campo sem a atividade dos destacamentos punitivos com os quais a "gente de Antonov" sofria menos do que o campesinato comum, totalmente inocente. Sob o regime da caução solidária sangrenta, às vezes vilarejos inteiros respondiam por um contato involuntário e inevitável com os destacamentos de Antonov que passavam por lá. O incêndio dos vilarejos (Koptevo, Verkhne Spasskoie, Khitrovo), o confisco de todos os bens dos camponeses, as execuções em massa e outras medidas desse tipo irritaram os camponeses e forneceram novos *partisans* aos destacamentos de Antonov.

A repressão da revolta desperta um profundo mal-estar em muitas unidades do Exército Vermelho. Antonov-Ovseenko destaca a magnitude da deserção e a brutalidade da repressão. Por toda a província de Tambov, de 1º de junho a 2 de julho, "1.748 bandidos e 2.452 desertores foram capturados; renderam-se de forma voluntária 1.449 bandidos – dos quais 400 armados – e 6.672 desertores; ou seja, um total de 12.301 [sic] homens fora de combate. Foram feitas reféns 3.430 pessoas, 913 famílias". Além disso, "confiscou-se 150 propriedades, 85 casas foram queimadas e demolidas". Apenas uma semana depois, ele indica que: "16 mil bandidos e desertores foram tirados de combate, 500 propriedades foram confiscadas e 250 casas, queimadas e demolidas. Mais de 300 famílias de bandidos foram liberadas após a rendição de seus familiares criminosos". Antonov-Ovseenko enfatiza que:

> Apenas nos distritos de Tambov e de Kirsanov foi necessário instalar o terror vermelho em proporções massivas [...]. No distrito de Tambov, de 1º de junho a 1º de julho, 59 bandidos com suas armas, 906 desarmados e 1.445 desertores se renderam por vontade própria. Foram tirados de combate 1.445 bandidos e 1.504 desertores. O número de famílias feitas reféns foi de 549; 295 propriedades foram definitivamente confiscadas; 80 casas, demolidas, e 60, queimadas; 591 bandidos e 70 reféns foram fuzilados [...]. Cinco mil reféns estão presos em campos de concentração.

Se o resultado militar é um sucesso, o balanço político nem tanto. Inclusive, Antonov-Ovseenko afirma: "O estado de espírito da maioria do campesinato está vigilante e descrente, [...] o espírito de oposição cresce entre os operários, a organização do Partido está enfraquecida, esgotada, fatigada". Além do mais, "os ferroviários continuam servindo de pivô para a organização contrarrevolucionária" e, por fim, "a agricultura da província de Tambov está em um estado lamentável". Por todas essas razões, ele não descarta a eclosão de novas revoltas.

Aliás, apesar de ter sofrido um baque, a revolta ainda não fora esmagada. Em 28 de junho, um destacamento da brigada de Kotovsky cai em uma emboscada. Os insurgentes se apoderam de suas cinco autometralhadoras. Kotovsky contra-ataca; os insurgentes, sem esperança, sacrificam seus cavalos e se suicidam. No dia 8 de julho, a brigada de Kotovsky investe contra um grupo de 500 insurgentes: metade é morta a golpes de sabre, cerca de 50 prisioneiros fogem. Os outros são capturados e fuzilados no local.

É preciso um estratagema digno de faroeste para liquidar de vez a insurreição. Em meados de julho, Alexandre Antonov, gravemente ferido na cabeça, confia o comando dos 3 a 4 mil insurgentes remanescentes ao camponês

Matiukhin. Em maio, Dzerjinski havia infiltrado agentes da Checa no estado-maior de Antonov. Eles fingem terem sido enviados pelos dirigentes SR a fim de convidar os delegados de Antonov para um congresso clandestino – e inventado – do partido na periferia de Moscou. Três delegados são enviados ao congresso por Antonov; um deles é Etkov, membro de seu estado-maior. Após algumas horas do congresso fictício, a Checa prende os três delegados e os conduz à Lubianka, onde lhes apresenta duas opções: a colaboração com a Checa ou o fuzilamento. Dois recusam-se a colaborar e são fuzilados; já Etkov dispõe-se a ajudar. Então, ele é enviado mais uma vez a Tambov para o estado-maior de Antonov. Ele informa que Matiukhin recebeu uma proposta de colaboração de um atamã revoltado do sul, Frolov, de quem os insurgentes de Tambov jamais ouviram falar. Kotovsky e cerca de 50 de seus cavaleiros, disfarçados de cossacos, apresentam-se a Matiukhin como Frolov e seu estado-maior, acompanhados de delegados de Makhno e de outros anarquistas. Os chefes insurgentes organizam um banquete. A vodca é servida em abundância, e em seguida começa a reunião do estado-maior dos insurgentes e dos homens de Kotovsky, de quem Tukhachevsky faz um relato pitoresco.

Kotovsky e Etkov fazem o discurso de abertura. Na sequência,

> O chefe da brigada, Borissov, lê um relatório fictício sobre o congresso panrusso[7] dos *partisans* em Moscou. Depois dele, é a vez de representantes fictícios do regimento de Makhno e de organizações anarquistas do Don e do Cáucaso tomarem a palavra. A exaltação dos chefes dos bandidos continua aumentando: eles vão destruir o Exército Vermelho de ocupação, libertar os prisioneiros dos campos de concentração etc.

Em um discurso inflamado, Matiukhin promete à assistência: ele fará toda a província de Tambov se revoltar outra vez e destruir "a comuna ávida por sangue", liberar o campo de concentração onde estão presos *partisans* de Antonov e suas famílias e, em um futuro não muito distante, reunir um exército de 10 mil homens. Nesse meio tempo, Kotovsky é informado de que, do lado de fora, os insurgentes não voltaram a seus quartéis, alguns deles nem mesmo desselaram os cavalos; o nervosismo dos homens sugere que suspeitam da verdade. Kotovsky decide impedir seus chefes de se juntarem a eles, matando todos no local. Ao primeiro tiro disparado por Kotovsky, todos seus companheiros deverão seguir sua deixa. Simultaneamente, os soldados deverão matar os líderes que se encontram no lado de fora.

Kotovsky se levanta subitamente e grita: "Chega de palhaçada, matem essa corja..." e atira três vezes em Matiukhin. A cada disparo, sua pistola emperra. Era uma Nagan 20 com cartuchos novos. Atordoado em um primeiro momento, Matiukhin protege seu rosto com as mãos, os outros bandidos logo pegam seus revólveres, mas uma salva de tiros de nossos homens mata alguns deles; os outros fogem, metem-se embaixo das mesas e bancos, atirando a torto e a direito. [...] Matiukhin e alguns outros bandidos conseguem pular pela janela e correm para se proteger em um galpão de madeira, de onde iniciam um tiroteio. Matiukhin e seus companheiros recusam a rendição, nossos soldados colocam fogo no galpão e eles são queimados ali. Aproximadamente 60 insurgentes escapam do regimento de cavalaria que havia cercado o vilarejo; um esquadrão parte em sua perseguição e mata 43 a golpes de sabre.

Na verdade, Matiukhin consegue escapar do galpão e será morto em uma escaramuça em setembro. Até o fim daquele ano, uma dúzia de destacamentos de *partisans* continua suas incursões nos vilarejos e povoados. Eles evitam qualquer combate direto com as forças regulares, mas semeiam a inquietação, o medo, a desordem entre os comunistas e a população.

No início de julho de 1921, os "insurgentes do regimento insurrecional do exército popular" da região de Tiumen divulgam um amargo e desesperado "Apelo aos comunistas":

Saudações a vocês, camaradas comunistas! Como estão? Camaradas, antes de mais nada, queremos informá-los de que seria sábio não acertar, selvagemente, suas contas com as famílias de *partisans*, senão – damos a nossa palavra de honra – os *partisans* reduzirão vocês e suas famílias a pó. Nossa repressão será tão fulminante que não haverá notícias na História de outras piores. Em poucas palavras, como se diz popularmente, faremos picadinho de vocês. Estamos cheios de poupá-los e perdoá-los por sua selvageria.

A seguir, o apelo anuncia a aproximação de uma época na qual "desaparecerão os ladrões comunistas" e prossegue:

Quando capturamos seus camaradas, contentamo-nos em desarmá-los e deixá-los ir. Mas vocês não. Todo *partisan* no qual colocam as mãos – e não apenas um *partisan*, mas qualquer um que diga uma palavra que os contrarie – vocês golpeiam até a morte com seus sabres. É vergonhoso, é repugnante agir dessa forma, camaradas. É chegada a hora de pararem com isso e acabarem com todos seus saques e fuzilamentos. Basta, chega. A sede sanguinária de vocês nunca é saciada. Vocês precisam sempre arrancar até as últimas migalhas de pão do camponês e tudo o que ele conquistou com seu suor e seu sangue. Viva a vida sem comunistas! Viva o Exército Popular.

Insurreições camponesas e Exércitos Verdes

Simultaneamente, os comunistas do distrito de Ishim distribuem um "Apelo aos insurgentes" de cunho muito político:

Sete anos de uma guerra exaustiva definitivamente destruíram nossa economia, sobretudo nossa agricultura. A guerra tomou tudo do camponês e não lhe deu nada em troca.

Primeiro o czar, depois o governo provisório ignoraram o restabelecimento da economia.

Os operários e os camponeses russos, que haviam instaurado seu poder em outubro de 1917, também foram compelidos pela força das circunstâncias a dar pouquíssima atenção a esse problema tão importante.

O combate sem trégua, acirrado, à contrarrevolução exigiu o rápido abastecimento de nosso exército e da população trabalhadora, demandou com frequência a tomada à força do trigo dos camponeses, a quem restava uma ração de subsistência.

Eram medidas indispensáveis em nome do bem da revolução.

Hoje, esse momento difícil se foi. O poder soviético passou da fase de combate à contrarrevolução – já derrotada – para a de trabalho pacificador, para a de restabelecimento de nossa economia. Ele volta sua atenção, em primeiro lugar, para a melhora da economia camponesa. Toda uma série de decretos emitidos nos últimos tempos atesta esse ímpeto do poder soviético em manifestar tal ajuda ao campesinato. A repartição, cujos efeitos sobre a economia camponesa foram tão nefastos, foi suprimida. Não é o caso de retomá-la. Ela foi substituída pelo imposto em espécie, que pesa menos para os camponeses e viabiliza uma grande possibilidade de melhorar, da forma mais completa, sua economia. O livre comércio dos produtos agrícolas também está autorizado. Por tudo isso, vocês podem ver como o governo soviético está engajado em colaborar com o campesinato e ansioso para ajudá-lo com todas suas forças.

Dessa forma, se outrora a insatisfação do campesinato com o poder soviético, seus decretos e seus atos, tinha algum fundamento, agora não tem mais. Suprimiu-se tudo o que descontentava o campesinato, todas as suas exigências foram atendidas. Vocês conseguiram tudo que sempre quiseram.

Dessa forma, o apelo afirma que a insistência dos insurgentes em combater, "ataca[ndo] a população pacífica, pilha[ndo] e mata[ndo] os militantes do Partido e dos sovietes", não tem qualquer fundamento ou sentido. Também declara: "Camaradas, é impossível continuar desse jeito" e oferece "uma última chance" aos insurgentes: o cessar-fogo.

241

Deponham imediatamente as armas e voltem para casa para realizar esse trabalho pacífico. Vocês devem fazer isso nas duas semanas entre o dia 5 e 20 de julho [...].

Esse chamado promete "total segurança e a devolução dos bens imobiliários a todos os que depuserem as armas". Estes serão acolhidos "com palavras de perdão destinadas a irmãos perdidos que voltaram a si". Ainda afirma: "Uma vez expirado esse prazo, será tarde demais! A República será implacável com todos aqueles que não tiverem se manifestado e irá considerá-los inimigos malditos! Aproveitem essa última chance!" Amplamente divulgado, esse apelo contribui para a liquidação da revolta.

Em 1926, Tukhachevsky, que comandou a repressão da maioria das insurreições camponesas, explica sua gênese e oscilações desta forma:

> Durante a guerra civil, o campesinato estava em constante hesitação. Ora defendia sua terra dos grandes proprietários de terra, nas fileiras do Exército Vermelho ou nas do Exército Verde [...], ora, ao contrário, defendia seus próprios interesses, violados pelas requisições de alimentos, passando para o lado dos Brancos e combatia o Exército Vermelho [...]. Mas o primeiro contato com os interesses e a política dos proprietários de terra reconduzia o campesinato para o lado soviético. Assim, enquanto um perigo direto ameaçava a terra expropriada dos grandes proprietários, o campesinato defendia o poder soviético, mesmo considerando a política de abastecimento pesada. Mas assim que a guerra acabava, que o campesinato se sentia dono da terra da qual se apossara, ele se engajava em uma luta econômica e política contra o poder soviético, e, em alguns lugares, declarava-lhe até a guerra. Foi o que aconteceu em Tambov e durante um tempo na Sibéria, na Ucrânia e em outros lugares.

Notas

1 O que é muito improvável.
2 O que é bastante provável.
3 Ao invés de fazê-lo sobre a colheita realizada de fato.
4 Nas estradas, essas barreiras serviam para o confisco de mantimentos.
5 Esse número arredonda a quantia de 6.700 sobreviventes para cima.
6 Refere-se a ataques a bancos ou apreensões do Tesouro.
7 Ou seja, de toda a Rússia.

Os últimos sobressaltos

A guerra civil chega à sua reta final. O saldo é aterrador: o Exército Vermelho perdeu 980 mil homens, dos quais dois terços sucumbiram à falta de medicamentos, à fome, ao frio, à gangrena, ao tifo, à disenteria, a feridas mal curadas ou totalmente abertas, envoltas em seus *portianki*, espécie de meia de pano, àquela altura imundos. A maioria dos 3 milhões de mortos civis pereceu pelos mesmos motivos. Quatro milhões e meio de órfãos, infestados de piolhos, vagueiam pelas cidades em ruínas. O país está exangue. A fome espreita e atacará sem piedade nos meses seguintes. Uma seca atroz castiga todo o baixo Volga durante o verão de 1921. Chove apenas sete milímetros de junho a agosto. A seca desencadeia uma fome que espalha o tifo e deixa quase 4 milhões de mortos. Uma onda de calor dá uma pincelada macabra nesse quadro dos últimos episódios da guerra civil.

Os dois loucos furiosos do extremo oriente siberiano: Semionov e Ungern

Dentre todos os aventureiros da guerra civil, não há dúvidas de que os mais ferozes foram o atamã Semionov e Ungern, "o barão sanguinário".

Semionov, grande beberrão, que se dizia descendente direto de Gengis Khan, assolou a região entre o lago Baikal e Vladivostok durante três anos com o apoio dos japoneses. Ungern descontou sua fúria um pouco mais a oeste da região fronteiriça da Mongólia até o fim de 1921, fazendo reinar ali um terror sanguinário. Wrangel pintou um retrato preciso desse personagem bizarro, ferido várias vezes na Guerra Russo-Japonesa (1904-1905) e na guerra de 1914, mas que, em suas palavras, "ridicularizava completamente a disciplina externa e a educação militar: em farrapos, sujo, sempre dormia ao ar livre, junto aos cossacos de sua companhia, comia direto da panela dos soldados [...]. Ungern tinha orgulho de sua crueldade". Esse partidário de uma monarquia universal sonha em reconstituir o império de Gengis Khan. Enquanto espera, ele massacra todos aqueles que cruzam seu caminho. Na pequena capital de Dauria, no extremo oriente siberiano, ele faz reinar o terror com a ajuda de seus assistentes-carrascos, dentre os quais um tal de Sipailo, que reivindica para si o título de "famoso estrangulador de Urga e de Transbaikalia". As punições corporais são comuns: o culpado por um ato de indisciplina pode ser açoitado até a morte, chegando ao ponto de tiras de sua carne se desprenderem do corpo e caírem no chão.

A sede sanguinária de Ungern não conhece limites. Em uma carta ao general mongol Zhang Kongyu, ele escreve:

> Um guerreiro tem o dever de conter os revolucionários, não importa a nacionalidade deles, pois não passam de espíritos malignos que assumiram uma forma humana e desejam acabar com os reis, colocar irmão contra irmão, filho contra pai, e apenas espalham o mal no mundo dos homens.

Ao falar dos judeus, ele especifica que "não deve sobrar nem homens nem mulheres capazes de procriar". Em sua última campanha, Ungern emite a ordem n. 15 estipulando: "O extermínio dos comissários, comunistas e judeus com suas famílias. Confisco de todos seus bens." Ainda precisa:

> Ao combater os devastadores criminosos e os corrompedores da Rússia, deve-se lembrar que a decadência dos modos e a prostituição absoluta dos corpos e das almas não nos permitem manter os antigos valores. Não há outra punição possível além desta: a pena de morte. As bases da justiça mudaram. "A justiça e a misericórdia" estão mortas! Eis que é chegado o momento da "justiça e da crueldade mais impiedosa". O mal vindo à Terra para apagar o princípio divino das almas deve ser erradicado.

Os últimos sobressaltos

Barão Ungern

O fim

Em abril de 1922, a divisão de Tambov do GPU – como a Checa fora rebatizada – descobre onde estava escondido Alexandre Antonov, debilitado por acessos de malária, e a quem se atribui esta frase vingativa: "Espero que a sorte me traga um fósforo com o qual incendiarei tudo." Em 24 de junho, os chequistas descobrem a localização exata de Antonov e de seu irmão, disfarçados de trabalhadores temporários. Um grupo de chequistas, formado sobretudo por antigos companheiros insurgentes de Antonov que, portanto, estão familiarizados com ele, cerca sua casa e depois a incendeia. Os dois homens escapam por uma janela, mas logo são mortos. A guerra civil parece definitivamente terminada...

Mas não para todos. Passados dois anos, o GPU atrai Boris Savinkov para a URSS fazendo-o crer na existência de uma organização clandestina antissoviética pronta para engajar um combate sob sua liderança. Ele é capturado e, um ano depois, suicida-se na prisão da Lubianka. No dia 6 de agosto de 1925, um ex-arrendatário de Odessa, Meier Zaider, assassina com um tiro de revólver Kotovsky por motivos desconhecidos. Julgado em 1926, ele será condenado a dez anos de prisão e liberado três anos mais tarde por seu "comportamento exemplar". Ainda em 1925, Frunze morre devido a complicações de uma pequena cirurgia, feita contra sua vontade, imposta pelo Politburo sob ordem de Stalin. Apesar de os médicos saberem que seu coração não resistiria à anestesia, Stalin coloca a operação para votação do Politburo, que dá um parecer favorável. O caminho fica livre para a nomeação do adjunto dócil de Stalin, Vorochilov, para o posto de Comissário do Povo para a Defesa.

Em 1928, Wrangel morre subitamente no exílio. Em 1934, Makhno, reduzido à miséria, morre em um hospital de Paris em decorrência dos ferimentos da guerra civil e da tuberculose contraída no campo de trabalhos forçados. Ele deixa suas memórias inacabadas, interrompidas em outubro de 1918. A maioria dos bolcheviques sucumbe vítima da contrarrevolução stalinista, exceto seus enaltecedores Vorochilov e Budionny, marechais de Stalin, que manda fuzilar Tukhachevsky, Yakir, Primakov, Putna, Iakovlev, Kakurin e outros, depois ordena o assassinato de Trotski em 1940. Em 1941, ele retirará do comando Budionny e Vorochilov. Não restavam dúvidas sobre a incompetência custosa e fatal dos dois, mas eles morrerão só mais tarde, cobertos de honrarias e medalhas. O efêmero presidente do igualmente efêmero Comitê Revolucionário de Kronstadt de 1921, Petrichenko, detido pelas autoridades finlandesas em 1941, que o entregam à Inteligência Soviética em 1945, morre no Gulag em 1947. O atamã Krasnov forma uma legião cossaca auxiliar da Wehrmacht em 1942; capturado pelos soviéticos em 1945, ele é enforcado dois anos depois. O general Denikin, refugiado nos Estados Unidos, falece de causas naturais em sua cama, após ter terminado a redação de mais de duas mil páginas de memórias, divididas em volumes. As palavras de abertura do terceiro volume soam estranhas, tratando-se do chefe do Exército Voluntário:

> Com o passar do tempo, a História nos revelará as raízes do bolchevismo, esse fenômeno gigantesco e aterrador, que esmagou a Rússia e estremeceu o mundo. Caberá a ela definir as causas longínquas e próximas da catástrofe, escondidas no passado histórico do país, no espírito de seu povo e nas condições sociais e econômicas de sua existência. Na cadeia dos acontecimentos que chocaram os contemporâneos por seu caráter totalmente

Os últimos sobressaltos

inesperado, sua perversidade cruel e sua inconsequência caótica, a História encontrará uma conexão estreita, uma coerência severa, quem sabe uma necessidade trágica [...].

Mas aqueles que fazem a história assim como aqueles que a escrevem não podem se descolar completamente dos laços tecidos pelas tradições e ideias de sua época, nação, sociedade, classe. O tempo das agitações encontrará seu Karamzin,[1] com sua abordagem nacional e histórica, e seu Jaurès, que, na introdução de sua obra fundamental, *L'Histoire de la Révolution française* [A História da Revolução Francesa], despindo-se dos véus obrigatórios da objetividade, afirma: "É do ponto de vista socialista que devemos relatar, aos operários, aos camponeses, os acontecimentos do povo."

Ainda se espera o surgimento de um Karamzin e um Jaurès da História da guerra civil e não há dúvidas de que demorarão a chegar.

A ferocidade da guerra civil que assolou a Rússia durante três anos tem múltiplas causas. Ao enviar milhões de homens para a carnificina ou para os horrores das trincheiras, a Primeira Guerra Mundial destituiu a vida individual de qualquer valor. O conflito acumulou no coração de suas vítimas um ódio sem fim por aqueles que elas culpavam pelo combate. Além disso, a guerra potencializou o ódio secular dos camponeses russos por seus senhores e o dos soldados-camponeses russos por seus oficiais, que lhes levavam à rédea curta.

Enfim, ela opôs dois sistemas de propriedade irreconciliáveis: a propriedade privada e a propriedade coletiva dos meios de produção. A queda da União Soviética em 1991 parece ter atestado a vitória do primeiro sistema, mergulhando dezenas de milhões de homens e mulheres no desemprego, na miséria e no medo do amanhã. Quase todas as conquistas sociais ligadas à coletivização dos meios de produção – adquiridas apesar da ausência completa de liberdades políticas e sindicais, imposta pelos quadros da burocracia dirigente – foram extintas, assim como setores inteiros da indústria. O jornalista americano Paul Klebnikov, redator da revista *Forbes*, assassinado em Moscou em 2004, resumira em algumas linhas o balanço dessa política: "A introdução do livre mercado [...] se traduziu por um declínio econômico implacável [...]. O país foi saqueado e destruído pelos novos proprietários." O petróleo, maná procurado desde então graças à alta vertiginosa de seu barril, beneficia apenas estes últimos.

Essa privatização-pilhagem destrutiva relegou dezenas de milhões de russos, sem contar habitantes de outras ex-repúblicas soviéticas, a viverem parcialmente de uma economia natural ou seminatural – marginalizadas, como outrora, pois à margem dos circuitos monetários e da lógica de mercado. O sociólogo Simon Kordonsky escreve na edição de 12 de fevereiro de 2001 da revista *Novy Mir*:

> Atualmente, na Rússia, há mais de 50 milhões de lares e quase 40 milhões de parcelas de terrenos junto a *dachas*, a hortas individuais, nas quais as pessoas cultivam batatas, legumes, criam vacas, cabras, porcos, aves. Assim, quase toda a população gera uma economia auxiliar, para garantir sua existência e se preparar para o inverno.

Dessa forma, o restabelecimento da propriedade privada na Rússia compele 75% da população a cultivar após o trabalho, ou no lugar do trabalho perdido, pequenos pedaços de terra ou de jardim. O grande retrocesso, traduzido neste arcaico "retorno à terra", transforma milhões de professores, funcionários e operários em metades ou quartos de camponeses. O saldo aterrador sugere que vivemos apenas mais um episódio passageiro da guerra travada entre os dois sistemas desde 25 de outubro de 1917.

Nota

[1] Grande historiador da monarquia russa.

Cronologia

1917

27 de agosto:	O general Kornilov tenta dar um golpe de Estado.
25 de outubro:	Os bolcheviques derrubam o governo provisório. O 2º Congresso dos Sovietes forma um novo governo provisório: o Conselho do Comissariado do Povo, presidido por Lenin.
27 de outubro:	O Partido dos Socialistas-Revolucionários (SR) exclui os SR de esquerda remanescentes no Congresso dos Sovietes, que então formam um partido próprio.
29 de outubro:	Contraofensiva de Krasnov a Petrogrado.
30 de outubro:	Os Brancos fuzilam 300 soldados vermelhos no Kremlin.
5 de novembro:	O atamã Dutov proíbe a circulação do jornal dos bolcheviques em Oremburgo.
7 de dezembro:	Criação da Checa, acrônimo para "Comissão Extraordinária de Luta contra a Contrarrevolução, a Especulação e a Sabotagem".

Os soldados vermelhos tomam Kiev.

13 de dezembro:	O exército contrarrevolucionário, chamado de "Exército Voluntário", formado no sul pelo general Alexeiev, toma Rostov do Don. Dutov, atamã dos cossacos de Oremburgo (sul de Ural), cria um comitê de salvação pública com os SR de direita.
18 de dezembro:	O governo soviético reconhece a independência da Finlândia.
25 de dezembro:	Constituição oficial no sul da Rússia do exército contrarrevolucionário, batizado de Exército Voluntário.

1918

5 de janeiro:	Os soldados vermelhos, comandados pelo coronel Muraviev, ocupam Poltava, cidade ucraniana.
16 de janeiro:	Levante operário e formação de um governo revolucionário provisório na Finlândia, comandado por sociais-democratas de esquerda. Em Kiev, os operários do arsenal se insurgem contra a Rada e seu exército, liderada por Symon Petliura. O Exército Vermelho entra no Don, perseguindo o Exército Voluntário, cujo chefe, o general Kaledin, comete suicídio. Início da retirada do Exército Voluntário em direção a Kuban, episódio conhecido como "marcha de gelo".
21 de janeiro:	O exército de Petliura fuzila todos os insurgentes derrotados do arsenal.
26 a 27 de janeiro:	Os soldados vermelhos tomam Kiev.
27 de janeiro:	A Rada ucraniana assina o acordo de paz com a Alemanha e a Áustria.
30 de janeiro:	Decreto de Krylenko desmobilizando o Exército russo.
1º de fevereiro:	Executando o decreto sobre a adoção do calendário gregoriano pela Rússia, o dia 1º de fevereiro do antigo calendário se torna dia 14 de fevereiro no novo calendário.

Cronologia

24 de fevereiro:	Apelo escrito por Trotski – mas incorporado às obras completas de Lenin – anunciando que "a pátria socialista está em perigo".
3 de março:	Assinatura do tratado de paz entre a Rússia soviética e as potências centrais (Alemanha e Império Austro-Húngaro).
10 de março:	A divisão alemã de Von der Goltz desembarca em Turku, na Finlândia, para ajudar o governo branco de Svinhufvud a esmagar a revolução finlandesa.
13 de março:	Trotski é nomeado comissário do povo para a Guerra e presidente do Conselho Superior de Guerra, mais tarde transformado em Comitê Militar Revolucionário da República (CMRR).
14 de março:	Os tropas austríacas ocupam Odessa.
15 de março:	Os SR de esquerda se desvinculam do governo soviético, as tropas turcas ocupam Trebizonda.
16 a 21 de março:	A Reichswehr ocupa Kiev, depois Nicolaev, Znamenka, Kremenchuk.
31 de março:	Morre o general Kornilov. Denikin é nomeado comandante em chefe do Exército Voluntário.
5 de abril:	As tropas japoneses desembarcam em Vladivostok.
6 de abril:	Os soldados brancos finlandeses tomam Tammerfors (atual Tampere).
7 de abril:	A Reichswehr ocupa Kharkov.
13 de abril:	A Reichswehr ocupa Odessa, que o Exército Vermelho havia retomado momentaneamente em 26 de março.
20 de abril:	A Reichswehr invade a Crimeia.
28 de abril:	A Reichswehr dispersa a Rada central ucraniana e, no dia seguinte, coloca o atamã Skoropadski para governar a Ucrânia.
29 de abril:	Os soldados brancos finlandeses tomam Vyborg e derrotam os insurgentes.

História da guerra civil russa

8 de maio:	A Reichswehr ocupa Rostov do Don.
16 a 18 de maio:	Levante dos SR de direita em Saratov. No extremo oriente da Sibéria, em Chita, o atamã cossaco Semionov e o barão Ungern proclamam um governo provisório do território da Transbaikalia, localizada a leste do lago Baikal.
17 a 20 de maio:	Os anarquistas maximalistas derrubam o Soviete de Samara.
27 a 30 de maio:	Levante dos legionários tchecoslovacos que, em seis dias, apoderam-se de Cheliabinsk, Omsk, Penza e, depois, no dia 8 de junho, Samara.
14 de junho:	Os mencheviques e os SR de direita são excluídos dos sovietes.
Metade de junho:	Formação de um Exército Branco do norte (Arkhangelsk- Murmansk).
17 de junho:	Levante dos SR de direita em Tambov.
20 de junho:	Assassinato do dirigente bolchevique Volodarsky por um SR de direita em Petrogrado.
1º de julho:	Destacamentos ingleses e franceses desembarcam em Murmansk.
5 de julho:	Os legionários tchecoslovacos se apoderam de Ufá.
6 e 7 de julho:	Assassinato do embaixador alemão Von Mirbach por dois SR de esquerda. Levante dos SR de esquerda, abafado dia 7, à noite, em Moscou. No dia 6 eclode uma insurreição dos SR de direita, esmagada após 15 dias de combates, em Iaroslavl.
16 de julho:	Execução do czar Nicolau II e de sua família em Ekaterinburgo.
22 de julho:	Os legionários tchecoslovacos tomam Simbirsk, a cidade natal de Lenin e de Kerensky.
25 de julho:	Os legionários tchecoslovacos tomam em Ekaterinburgo.
2 de agosto:	Levante antibolchevique em Arkhangelsk, onde se instaura um governo SR – de direita – do norte da Rússia.

Cronologia

6 de agosto:	Os legionários tchecoslovacos tomam Kazan, a leste de Moscou.
7 de agosto:	Levante antibolchevique em Ijevsk, em Ural, onde os insurgentes compõem um "exército popular" de 25 mil homens.
15 de agosto:	As tropas turcas tomam Bacu, onde os comissários do povo se entregam para os ingleses.
23 a 26 de agosto:	O atamã cossaco Krasnov ataca Tsaritsyn. Seu assalto é repelido após quatro dias de combates.
30 de agosto:	O chefe da Checa de Petrogrado, Uritski, é morto por um terrorista SR. Em Moscou, um SR de direita fere Lenin com dois tiros.
6 de setembro:	Após os atentados do dia 30 de agosto, proclamação do "terror vermelho".
10 de setembro:	O Exército Vermelho retoma Kazan e, no dia 12, Simbirsk.
20 de setembro:	Os ingleses fuzilam 26 comissários do povo de Bacu.
23 de setembro:	Em Ufá, a conferência governamental composta dos SR de direita indica um "diretório" governamental.
9 de novembro:	A revolução na Alemanha derruba a monarquia e proclama a república.
13 de novembro:	Moscou anula o Tratado de Brest-Litovski.
18 de novembro:	Em Omsk, o almirante Kolchak prende o diretório dominado pelos SR e se proclama "governante supremo" da Rússia.
30 de novembro:	Formação em Moscou do Conselho do Trabalho e da Defesa, presidido por Lenin, para coordenar o conjunto das decisões sobre a guerra civil.
6 de dezembro:	Um destacamento francês desembarca em Odessa.
9 de dezembro:	O Exército Vermelho entra em Minsk (Bielorrússia).
14 de dezembro:	Fuga do atamã Skoropadski, abandonado pelos alemães que deixam a Ucrânia. As tropas do nacionalista ucraniano Petliura entram em Kiev.
24 de dezembro:	As tropas do almirante Kolchak, que ultrapassaram o Ural alguns dias antes, tomam Perm, o que lhes abre o caminho de Moscou.

Historia da guerra civil russa

1919

3 de janeiro:	O Exército Vermelho entra em Kharkov.
15 de janeiro:	Em Berlim, os corpos francos, sob o comando do social-democrata Noske, assassinam os comunistas alemães Karl Liebknecht e Rosa Luxemburgo.
28 de janeiro:	Comandado por Denikin, o Exército Voluntário toma Vladikavkaz, como desdobramento do assalto que lançara uma semana antes no Cáucaso do Norte.
6 de fevereiro:	O Exército Vermelho entra em Kiev.
11 de fevereiro:	O Exército polonês invade a Bielorrússia e toma Brest-Litovsk.
2 a 6 de março:	Congresso de fundação da Internacional Comunista, em Moscou.
16 de março:	As tropas de Kolchak tomam Ufá, ao sul do Ural. O general Yudenich lança uma ofensiva a Petrogrado.
6 de abril:	O Exército Vermelho entra em Odessa.
3 de maio:	Início da contraofensiva do Exército Vermelho a Kolchak no *front*.
4 de maio:	Prosseguindo sua ofensiva, o Exército Voluntário toma Lugansk.
12 de maio:	O atamã Grigoriev se volta contra o Exército Vermelho e lança um apelo de combate contra os bolcheviques e os judeus.
15 de maio:	As tropas de Yudenich tomam Gdov, localizada a 50 quilômetros de Petrogrado, e dois dias depois, Jamburgo, a 40 quilômetros.
27 de maio:	O Exército Vermelho repele Yudenich e suas tropas se dispersam.
9 de junho:	O Exército Vermelho retoma Ufá das tropas de Kolchak.
25 a 30 de junho:	O Exército Voluntário se apodera de Kharkov, Ekaterinoslav e Tsaritsyn.

Cronologia

1º de julho:	O Exército Vermelho retoma Perm das tropas de Kolchak.
27 de julho:	Makhno mata Grigoriev.
9 de agosto:	Os poloneses retomam a ofensiva na Bielorrússia e se apoderam de Minsk.
17 a 23 de agosto:	O Exército Voluntário toma Kherson, Nicolaev e depois Odessa.
26 de setembro:	O exército insurrecional de Makhno, cercado por vários regimentos do Exército Voluntário, tem uma vitória esmagadora sobre os Brancos em Peregonovka.
6 de outubro:	O Exército Voluntário toma Voronej.
11 a 16 de outubro:	Yudenich, em sua segunda ofensiva a Petrogrado, toma Jamburgo e, na sequência, Tsarskoie Selo.
12 e 13 de outubro:	O Exército Voluntário se apodera de Tchernigov e, depois, de Orel. Simultaneamente, uma onda de insurreições camponesas cresce em sua retaguarda.
19 de outubro:	O Exército Vermelho começa sua contraofensiva ao Exército Voluntário e retoma Orel no dia seguinte.
21 de outubro:	O Exército Vermelho repele as tropas de Yudenich nas colinas de Pulkovo; cinco dias depois, retoma Tsarskoie Selo.
24 e 25 de outubro:	O Exército Vermelho retoma Voronej de Denikin, depois Tobolsk.
30 de outubro a 7 de novembro:	Sucessivamente, o Exército Vermelho retoma de Yudenich as cidades de Petropavlovsk, Luga, Gatchina, Gdov.
14 de novembro:	A oeste, o Exército Vermelho retoma Jamburgo e, na Sibéria, Omsk.
17 de novembro:	O Exército Vermelho retoma Kursk ao sul.
11 e 12 de dezembro:	O Exército Vermelho retoma Kharkov, depois Poltava.
16 de dezembro:	O Exército Vermelho reassume o controle de Kiev.

Historia da guerra civil russa

23 de dezembro:	Na Sibéria, os Vermelhos retomam Tomsk.
26 de dezembro:	No sul, o Exército Vermelho retoma Lugansk e Slaviansk.
27 de dezembro:	Uma insurreição em Irkutsk derruba Kolchak.

1920

3 de janeiro:	O Exército Vermelho retoma Tsaritsyn.
8 de janeiro:	O Exército Vermelho retoma Krasnoyarsk. É o fim da "frente oriental".
2 de fevereiro:	No sul, o Exército Vermelho reconquista o controle de Kherson e Nicolaev.
7 de fevereiro:	O Exército Vermelho entra em Odessa. No leste, Kolchak é executado.
19 de fevereiro:	Levante bolchevique em Arkhangelsk, onde as tropas vermelhas entram depois de dois dias.
13 de março:	O Exército Vermelho alcança Murmansk. A "frente norte" não existe mais.
17 de março:	O Exército Vermelho chega em Iekaterinodar, no sul.
26 de março:	Após a derrota do Exército Voluntário, Denikin nomeia o barão Wrangel comandante em chefe das forças armadas do sul da Rússia e, no dia seguinte, foge para o exterior; simultaneamente, o Exército Vermelho entra em Novorossisk, porto da emigração dos Brancos derrotados.
25 de abril:	O Exército polonês invade a Ucrânia, tomando Jitomir e Berdychiv; depois, no dia 28, Mogilev (sede do quartel-general czarista durante a guerra).
6 de maio:	O exército polonês se apodera de Kiev.
1ª quinzena de maio:	Insurreição do grupo camponês anarquista de Bobrov, o antigo chefe dos *partisans* no Altai.
6 de junho:	Wrangel, posicionado na Crimeia, lança uma ofensiva à Táurica no norte.

Cronologia

12 de junho:	O Exército Vermelho retoma Kiev. Antes de deixar a cidade, os poloneses explodem a igreja São Vladimir, a estação, o reservatório d'água e a usina elétrica.
Junho a julho:	No Altai, formação de um exército insurrecional popular na região de Barnaul, comandado pelo antigo *partisan* Plotnikov.
11 de julho:	As tropas vermelhas retomam Minsk.
14 de julho:	O Exército Vermelho entra em Vilnius.
1º de agosto:	O Exército Vermelho retoma Brest-Litovsk. Formação de um destacamento de *partisans* insurrecionais na região média do Ob, no Altai.
13 de agosto:	O Exército Vermelho chega a 30 quilômetros de Varsóvia.
14 a 17 de agosto:	"Milagre do Vístula" ou a derrota do Exército Vermelho quando estava muito perto de tomar Varsóvia.
21 de agosto:	Levante dos camponeses do distrito de Kirsanov (província de Tambov).
2 de setembro:	Proclamação da República Soviética de Bucara.
28 de setembro:	As tropas de Wrangel tomam Mariupol.
12 de outubro:	Armistício entre a União Soviética e a Polônia.
21 de outubro:	O Exército Vermelho toma Chita, última praça-forte do atamã Semionov no extremo oriente siberiano.
7 a 9 de novembro:	Após dois dias de assalto, o Exército Vermelho toma as posições fortificadas do estreito de Perekop e esmaga o exército de Wrangel.
12 a 16 de novembro:	Wrangel, com a ajuda da marinha francesa, evacua seu exército da Crimeia. O Exército Vermelho se apodera de Simferopol, Sebastopol e Querche.
2 de dezembro:	O Exército Vermelho toma Erevã. Proclamação da República Socialista Soviética da Armênia.

1921

31 de janeiro:	Revolta camponesa no distrito de Ishim (Sibéria Ocidental).
11 de fevereiro:	O Exército Vermelho entra na Geórgia.
2ª quinzena de fevereiro:	Onda de greves em várias fábricas de Petrogrado.
26 de fevereiro:	O Exército Vermelho toma Tiflis. Proclamação da República Socialista Soviética da Geórgia.
28 de fevereiro:	Resolução dos marinheiros do Petropavlovsk e do Sebastopol em Kronstadt exigindo o fim do poder do Partido Comunista.
2 de março:	Os insurgentes de Kronstadt formam um comitê revolucionário provisório.
15 de março:	O 10º Congresso do Partido Comunista suprime as requisições, que são substituídas por um imposto em espécie, dando ao camponês o direito de vender livremente o excedente de sua colheita; proibição das divisões dentro do Partido.
18 de março:	A insurreição de Kronstadt é sufocada e a paz entre a Rússia Soviética e a Polônia é assinada.
7 de abril:	O Exército Vermelho retoma Tobolsk dos camponeses revoltados, cujo levante é esmagado nos dias seguintes.
16 a 20 de junho:	Derrota dos últimos destacamentos de camponeses insurgentes de Tambov.
28 de agosto:	Makhno e uma dezena de seus *partisans* se refugiam no Romênia.
Setembro:	Na Sibéria, captura e julgamento do barão de Ungern, condenado à morte e fuzilado.

Dados biográficos dos atores principais

Alexandre Antonov (1889-1922)
   Natural de Tambov, ele se filia ao Partido Socialista-Revolucionário em 1905, organiza várias "expropriações" (ataques à mão armada a bancos ou a organismos estatais); é condenado à morte em 1909, pena convertida em trabalhos forçados perpétuos. Libertado pela Revolução de Fevereiro, organiza um pequeno grupo de camponeses rebeldes em agosto de 1919, sendo nomeado chefe do estado-maior do exército insurgente de Tambov em novembro de 1920. É assassinado no momento de sua prisão pela Checa em junho de 1922.

Vladimir Antonov-Ovseenko (1883-1938)
   Menchevique em 1903, ele se junta aos bolcheviques em 1917. Membro do Comitê Revolucionário do Soviete de Petrogrado, organiza a tomada do Palácio de Inverno, sede do governo provisório. Comanda os primeiros destacamentos de soldados vermelhos no sul a partir de dezembro de 1917, depois as tropas vermelhas do *front* ucraniano de janeiro a junho de 1919. Preside o Comitê Executivo dos Sovietes de Tambov de abril de 1920 a abril de 1921. Ele organiza politicamente a repressão da revolta camponesa. Apoia a oposição de esquerda em 1923, abandona-a e alia-se a Stalin em 1928. Cônsul russo em Barcelona em 1936, chamado de volta por Stalin em 1937, é fuzilado em 1938.

Alexandre Barmine (1910-194?)
   Filia-se ao Partido Comunista e engaja-se no Exército Vermelho na Ucrânia em 1919. É comissário político de um batalhão, depois de um regimento. É desmobilizado em 1923, com o grau de comandante de brigada. A partir desse ano, exerce diversas funções diplomáticas em Teerã, Paris, Bruxelas. Nomeado primeiro-secretário da embaixada soviética em Atenas, recusa-se a voltar para Moscou em dezembro de 1937. Em 1939, publica um livro de memórias intitulado *Vinte anos a serviço da URSS*.

Semion Budionny (1883-1973)
   Comandante da 1ª Divisão de Cavalaria Vermelha, tema de *A cavalaria vermelha*, livro escrito por Babel. Muito próximo a Stalin e a Vorochilov, adere ao Partido Bolchevique em 1919, torna-se marechal em 1935, vice-Comissário do Povo para Defesa em 1939, membro do Comitê Central do Partido Comunista de 1939 a 1952.

História da guerra civil russa

Gueorgui Burintchekov

Comandante da 85ª Brigada de Atiradores, depois comandante das tropas soviéticas do governo (província) de Tiumen.

Anton Denikin (1872-1947)

Neto de servo emancipado, Denikin sai da academia militar em 1899. Nomeado general em 1911, comanda a luta na Galícia contra as tropas austro-húngaras durante a guerra de 1914. Nomeado adjunto do chefe do estado-maior em fevereiro de 1917, depois comandante em chefe das tropas da Frente Ocidental pelo governo provisório no final de maio do mesmo ano. Em agosto de 1917, é detido por sua participação no complô do general Kornilov, com quem foge em novembro e forma o Exército Voluntário no sul da Rússia. Após a morte de Kornilov em fevereiro de 1918, ele assume seu comando até ser exonerado em março de 1920. Emigrado, escreve memórias intituladas *Sobre o tempo das agitações*. Após a chegada de Hitler ao poder na Alemanha em 1933, pronuncia-se pela defesa do Exército Vermelho contra a agressão previsível da União Soviética pelo Führer, que ele considera "o pior inimigo da Rússia e do povo russo". Morre em 1947 nos Estados Unidos.

Serguei Efron (1893-1941)

Jovem oficial, casado com a poetisa Marina Tsvetaieva. Serve no Exército Voluntário do general Denikin, emigra para França em 1920, torna-se um agente da GPU. Em 1937, participa, seguindo suas ordens, do assassinato do agente soviético Ignace Reiss (Ludwig), que rompera com Stalin e unira-se à IV Internacional; em seguida, ele retorna à URSS, onde é preso e fuzilado.

Fedor Fomin

Chequista. Em 1964, publica suas memórias intituladas *Notas de um velho chequista*.

Mikhail Frunze (1885-1926)

Bolchevique a partir de 1904, é um dos organizadores da greve de 72 dias de Ivanovo-Voznesensk dirigida pelo primeiro soviete fundado na Rússia. É preso várias vezes – inclusive, em uma delas é condenado à morte por "resistência armada", antes de ser perdoado –, mas consegue escapar em todas as ocasiões. Preside o 1º Congresso dos Sovietes da Bielorrússia em 1917. Comanda o 12º Exército Vermelho, que derrota o exército de Wrangel em novembro de 1920. Em janeiro de 1925, ele substitui Trotski como Comissário do Povo para Guerra. Morre no ano seguinte devido a complicações de uma operação inútil de uma úlcera estomacal já curada, imposta pelo Politburo sob ordem de Stalin. Essa morte suspeita se torna tema de uma novela famosa do escritor Boris Pilniak: *O conto da lua acesa*.

Roman Gul (1896-1986)

Oficial do Exército Voluntário, participa da "marcha de gelo", é capturado em Kiev pelos petliuristas em dezembro de 1918, depois evacuado pelo Reichswehr na Alemanha. A partir daí, começa a escrever suas memórias sobre os exércitos brancos – *A marcha de gelo*, *O cavalo vermelho* –, assim como estudos sobre Dzerjinski, Savinkov, Azef, Bakunin, Budionny, Tukhachevsky. Detido e aprisionado pelos nazistas no início de 1933, depois liberado, emigra para França, em seguida para os Estados Unidos em 1950, onde morre em 1986.

Serguei Gussev (1874-1933)

Em 1895, membro da União de Luta pela Emancipação da Classe Operária de Petrogrado, fundada por Martov e Lenin. Bolchevique a partir de 1903. Responsável pelo Comitê Bolchevique de Petrogrado no ano de 1905. De 1918 a 1922, membro dos comitês militares revolucionários de vários exércitos. Adjunto de Frunze no massacre ao exército de Wrangel na Crimeia em novembro de 1920. É eleito para o comitê executivo da III Internacional em 1928.

Dados biográficos dos atores principais

Iona Yakir (1896-1937)

Nasceu em Kichinev, a cidade do grande *pogrom* de 1903. Após haver se filiado ao Partido Bolchevique em abril de 1917, ele organiza em sua cidade natal um destacamento do Exército Vermelho para enfrentar os ocupantes romenos em janeiro de 1918. Exerce diversas funções de comando na guerra civil, no *front* sul ucraniano. Comandante em chefe das tropas do distrito militar da Ucrânia de 1925 a 1937, ano de sua prisão. Acusado de fazer um complô (imaginário) com os nazistas, é condenado à morte em um processo que correu a sete chaves em 11 de junho de 1927 e fuzilado.

Konstantin Iakovlev (1886-1938)

Bolchevique desde 1905, Iakolev exerce várias funções militares no Exército Vermelho ao longo do ano de 1918. Foi o encarregado pela transferência da família do czar para Ekaterinburgo. Junta-se ao comitê da Assembleia Constituinte dos SR de direita no outono de 1918, refugia-se em Harbin, no norte da China. Usando o codinome de Stoianovitch, ele toma parte na atividade do Partido Comunista da China, retorna à URSS em 1927 e logo é preso. Condenado a cinco anos de trabalho forçado, é enviado ao campo das ilhas Solovetsky, onde participa como deportado na construção do canal mar Branco-mar Báltico. Ele é anistiado, liberado e tem seus direitos civis restaurados graças a isso em 1933. É preso novamente em 1937, condenado à morte e fuzilado em 1938.

Irina Kakhovskaia (1888-1969)

Em 1906, ela é membro dos Socialistas-Revolucionários maximalistas, que multiplicam os atentados contra os dignatários czaristas. Filia-se ao partido SR logo depois da Revolução de Fevereiro, fazendo parte dos SR de esquerda a partir de novembro de 1917 e sendo eleita para seu comitê central. Exilada em 1921 em Kaluga, na Rússia europeia, escreve suas *Memórias de uma revolucionária* em 1923, é exilada em 1925 perto de Samarcanda; em 1928, em Tashkent; e, enfim, em 1930 em Ufá, ao sul de Ural, onde a GPU reagrupa antigos dirigentes dos SR de esquerda. Em 1937, é sentenciada a dez anos em campo de prisioneiros, liberada em 1947, presa novamente em 1949 e condenada então a pagar uma pena simples de exílio perto de Krasnoyarsk, na Sibéria. Em 1955, é autorizada a viver na região de Kaluga, onde morre em 1969.

Nicolas Kakurin (1883-1936)

Oficial do exército czarista de 1917 a 1919, Kakurin serve no exército nacionalista da pequena República Popular da Ucrânia Ocidental (Galícia) que se desmancha em 1920. Então, se junta ao Exército Vermelho, tornando-se adjunto de Tukhachevsky, chefe das tropas da Frente Ocidental (Polônia). Publica uma história da guerra civil em 1925. É preso em junho de 1930 sob suspeita de participar de um complô dos militares, sendo condenado a dez anos de prisão em fevereiro de 1932. Morre no cárcere em julho de 1936.

Alexandre Kolchak (1874-1920)

Marinheiro de formação, Kolchak participa da guerra contra o Japão e da Primeira Guerra Mundial. É nomeado almirante em 1916. Entre 1916 e 1917, comanda a frota do mar Negro. Logo após a eclosão da Revolução de Outubro, ele se exila, depois desembarca em Omsk, na Sibéria, em outubro de 1918. Na metade de novembro, Kolchak derruba o diretório siberiano de Omsk dos SR e assume a totalidade do poder para, em suas palavras, "varrer o bolchevismo da Rússia, exterminá-lo e destruí-lo". Ele se proclama regente supremo da Rússia e reconhece as dívidas externas russas, ou seja, uma soma de 12 bilhões de rublos dourados. Após ter controlado durante alguns meses toda a Sibéria e o Ural, ele é feito prisioneiro no final de dezembro de 1919, condenado à morte por um tribunal revolucionário e fuzilado em 7 de fevereiro de 1920.

História da guerra civil russa

Grigori Kotovsky (1881-1925)

Militante bolchevique, chefe de grupos de *partisans* no sul, na Ucrânia, depois chefe de esquadrão no Exército Vermelho. É assassinado em 1925.

Piotr Krasnov (1869-1947)

Major-general durante a guerra de 1914, comanda diversas unidades, brigadas e depois divisões da cavalaria de cossacos do Don. Em outubro de 1917, comanda uma unidade de cossacos responsável por derrubar o governo dos comissários do povo. Capturado e liberado, retorna ao Don, onde é eleito atamã do grande exército do Don em 1918, parcialmente financiado e equipado pelo estado-maior da Reichswehr, que ocupa a Ucrânia. Em setembro de 1919, ele luta no Exército Branco do Norte. Depois, emigra e escreve suas memórias. Em junho de 1941, comanda a seção cossaca do Ministério do Reich para os Territórios Ocupados do Leste; em março de 1944, torna-se comandante em chefe das tropas cossacas auxiliares da Wehrmacht. Aprisionado pelos ingleses, é entregue à URSS, condenado à morte e enforcado em janeiro de 1947.

Vladimir Mai-Maievski (1867-1920)

Major-general durante a Primeira Guerra Mundial, Mai-Maievski comanda várias divisões de infantaria e o primeiro corpo de guarda. No Exército Voluntário, comanda a 3ª Divisão, o grupo dos exércitos do Don, depois assume os governos de Ekaterinoslav e de Kharkov. Morre em Sebastopol durante a evacuação do exército de Wrangel.

Nestor Makhno (1889-1934)

Pastor desde a infância, militante anarquista em sua primeira juventude. É condenado a trabalhos forçados em 1909, sendo liberado pela Revolução de Fevereiro. Em 1918, ele forma um exército camponês anarquizante no sul da Ucrânia, na região de Gulai-Pole, combate os Brancos, os nacionalistas ucranianos, chamados de "petliuristas", e o Exército Vermelho. Com este, ele faz por três vezes acordos provisórios antes de ser derrotado pelas tropas vermelhas em novembro de 1920. Foge da Rússia em agosto de 1921. Morre de tuberculose em Paris.

Serguei Mejeninov (1890-1937)

Capitão do exército czarista, Mejeninov entra para o Exército Vermelho em agosto de 1918. Chefe do estado-maior do 4º Exército, depois comandante em chefe do 3º e, mais tarde, do 12º Exército. Em março de 1933, é nomeado chefe-adjunto do estado-maior do Exército Vermelho. É detido e morto em 1937.

Filipp Mironov (1872-1921)

Cossaco do Don, coronel no exército czarista, ele se junta ao governo soviético na primavera europeia de 1918, formando a divisão de cossacos vermelhos de Mironov. Rebela-se em agosto de 1920. É detido, condenado à morte, anistiado. Depois assume o comando da 2ª Divisão de Cavalaria Vermelha que combate Wrangel. É condecorado, depois preso por uma denúncia caluniosa, acusado de traição, condenado à morte e fuzilado.

Stepan Petrichenko (1892-1947)

Marinheiro desde 1912, secretário em 1920 no encouraçado Petropavlovsk em Kronstadt. Presidente do Comitê Revolucionário Provisório de Kronstadt (2 a 17 de março de 1921). Emigra para Finlândia após o extermínio da insurreição. É preso pelas autoridades finlandesas a partir do ataque da URSS pela Wehrmacht em junho de 1941, depois elas entregam-no para a polícia política soviética em 1945. Ele é sentenciado a dez anos de trabalhos forçados, morrendo no campo de Solokolamsk, na região de Perm, em 1947.

Yuri Podbielski (1887-?)

Membro dos SR desde 1904, Yuri Podbielski participou da revolta dos camponeses de Tambov e foi preso pela Checa em 5 de maio de 1921. Excluído da lista inicial de réus no julgamento

Dados biográficos dos atores principais

dos SR de direita (junho-agosto de 1922), ele aparece entre os réus no julgamento de insurgentes Tambov em novembro de 1923, sendo condenado a cinco anos de prisão; depois de liberto, foi exilado na Sibéria e, em seguida, em Tashkent. Desde 1936, seu paradeiro é desconhecido.

Virovt Putna (1893-1937)

Educador durante a guerra de 1914, adere ao Partido Bolchevique em 1917. Junta-se ao Exército Vermelho em abril de 1918. Torna-se comandante de regimento, de brigada e de divisão. A partir de dezembro de 1919, comanda a 27ª Divisão de Marcha, referida como de "Omsk", que ele conduz a Kronstadt em março de 1921 para esmagar a rebelião. Em 1923, ele apoia a oposição de esquerda, classificada de "trotskista". Preso em abril de 1937, é condenado à morte em 11 de junho do mesmo ano em um processo que correu a sete chaves, no qual chefes militares eram acusados de conspirar com os nazistas. Ele é fuzilado.

Vitali Primakov (1897-1937)

Nascido na região de Chernigov, na Ucrânia, filia-se ao Partido Bolchevique em janeiro de 1914. Em fevereiro de 1915, é condenado ao exílio vitalício na Sibéria em decorrência de sua atividade revolucionária. Durante a guerra civil, ele organiza esquadrões, regimentos e uma divisão de cavalaria vermelha na Ucrânia. Em 1923, ele apoia a oposição de esquerda. Casa com a ex-companheira de Maiakovski, Lily Brik. Detido em 1936, é torturado durante vários meses e sentenciado à morte em 11 de junho de 1937, em um processo que correu a sete chaves acusando chefes militares de conspirar com os nazistas.

Larissa Reisner (1895-1926)

Intelectual revolucionária. Junta-se ao Partido Bolchevique em 1918. Nomeada comissária do 5º Exército na região de Kazan, ela se casa com Raskolnikov, comandante da Frota do Mar Cáspio, depois a do Báltico, e o acompanha no Afeganistão de 1921 a 1923. Parte para Alemanha em 1923, onde escreve as obras *Hamburgo sobre as barricadas* e depois *O front*, em 1924. Debilitada pela malária, ela morre de tifo em 1926.

Arkadi Rosengoltz (1889-1938)

Filia-se ao Partido Bolchevique em 1905. Membro do Comitê Militar Revolucionário da República entre 1918 e 1919 e novamente entre 1923 e 1924. Comissário do Povo para o Comércio Exterior na década de 1930. Detido em 1937, está entre os 21 acusados do terceiro processo de Moscou, em março de 1938, ao lado de Bukharin, Rykov, Racovski. É condenado à morte e fuzilado.

Boris Savinkov (1879-1925)

Adere ao Partido Socialista-Revolucionário (SR) em 1903. É um dos dirigentes de sua organização de combate, estando encarregado dos atentados contra os dignatários do regime. Em 1917, torna-se adjunto militar do presidente do governo provisório de Kerensky. A partir do início de 1918, forma diversas organizações antibolcheviques. Emigra em 1920. Atraído para URSS pela GPU, é preso em 1924, sentenciado à morte, pena reduzida para dez anos de prisão. Interno em Lubianka, ele se suicida – conforme a versão oficial – em maio de 1925.

Konstantin Sokolov (1882-1927)

Membro do Partido Constitucional-Democrata desde 1905, torna-se redator-chefe de seu jornal, o *Retch*, em 1917. Eleito presidente do comitê central do partido em junho de 1918, junta-se ao general Denikin no sul; membro da Conferência Especial (órgão político do Exército Voluntário) de setembro de 1918 a dezembro de 1919, dirige o serviço de inteligência do Exército Voluntário (Osvag). Emigra em 1920 para Sófia.

Mikhail Tukhachevsky (1893-1937)

Suboficial na guerra de 1914, adere ao Partido Comunista em 1918, comanda os *fronts* leste, sul e depois oeste durante as guerras civis. Encabeça o Exército Vermelho na guerra contra a Polônia

História da guerra civil russa

de março a agosto de 1920. Na primavera europeia de 1921, organiza a liquidação da revolta de Kronstadt, depois a revolta camponesa de Tambov. Vice-comissário do Povo para a Defesa a partir de 1931. É preso em maio de 1937, acusado de ser chefe de um complô (inventado) com os nazistas, condenado à morte no processo fechado de 11 de junho e fuzilado.

Leon Trotski (1879-1940)

Membro do Partido Operário Social-Democrata Russo (POSDR) desde sua fundação em 1898, oscila entre os bolcheviques e os mencheviques de 1903 a 1917. Em 1905, ele comanda de fato o Soviete de Petersburgo; preso e sentenciado ao exílio perpétuo, ele acaba fugindo. Junta-se a Lenin e aos bolcheviques em agosto de 1917. Preside o Soviete de Petrogrado em setembro-outubro de 1917. Primeiro Comissário do Povo para Negócios Estrangeiros, depois, a partir de março de 1918, Comissário do Povo para Guerra e presidente do Comitê Militar Revolucionário da República, que coordena as operações militares. Membro do Politburo do Partido Comunista desde sua fundação em 1919. Funda a oposição de esquerda a Stalin em 1923, é excluído do Comissariado para Guerra em 1925, então do Politburo e do Partido Comunista em 1927; exilado em Alma-Ata em 1928, expulso da URSS em 1929, funda a Oposição de Esquerda Internacional nesse mesmo ano, e depois, a IV Internacional em 1938. É assassinado por um agente de Stalin no México, em agosto de 1940.

Roman Ungern (1886-1922)

Barão báltico, oficial do exército czarista na guerra de 1914, assola o sudeste da Sibéria e da Mongólia com o apoio intermitente dos japoneses, que desembarcaram 50 mil homens na região de Vladivostok em maio de 1918, até sua prisão e condenação à morte em 1922.

Ioakim Vatsetis (1873-1938)

Coronel de um regimento de fuzileiros letões no exército czarista. Em julho de 1918, organiza a liquidação da insurreição dos SR de esquerda, nomeado comandante em chefe das forças armadas soviéticas em setembro de 1918, substituído em julho de 1919 por Serguei Kamenev. Preso e fuzilado em 1938.

Kliment Vorochilov (1881-1969)

Bolchevique desde 1903, Vorochilov é bastante próximo a Stalin. É favorável à criação de um exército de camponeses enquadrado por oficiais comunistas e hostil ao exército regular composto de ex-oficiais czaristas que Trotski deseja organizar. Comanda o grupo dos delegados do 10º Congresso que participa do assalto a Kronstadt em março de 1921. É Comissário do Povo para Defesa de 1925 a 1940, depois vice-presidente do Conselho dos Comissários do Povo – mais tarde rebatizado de Conselho dos Ministros – de 1940 a 1953. Membro do Politburo do Partido de 1926 a 1930, depois de 1966 a 1969, após a derrubada de Khrushchov.

Piotr Wrangel (1878-1928)

Barão e general báltico, Wrangel participa da Guerra Russo-Japonesa (1904-1905) e da guerra de 1914, comanda vários destacamentos do Exército Voluntário organizado no sul pelo general Denikin em 1918, substitui-lhe no comando desse exército em março de 1920, primeiro rebatizando-o de Exército do Sul da Rússia e depois de Exército Russo da Crimeia. Ele instaura um governo na Crimeia, que é derrubado pelo Exército Vermelho em novembro de 1920. Emigrado, funda a União Militar Russa. Morre em Belgrado em 1928.

Vladimir Zatonsky (1888-1938)

Menchevique durante muito tempo, ele se associa ao Partido Bolchevique em março de 1917. Ao longo da guerra civil, foi membro do Conselho Militar Revolucionário dos 12º, 13º, 14º e 6º Exércitos; delegado no 10º Congresso do Partido Bolchevique em março de 1921, ele participa da liquidação da insurreição em Kronstadt. Em 1925, é nomeado secretário do Comitê Central, depois Comissário do Povo para Inspeção Operária. É preso e fuzilado em 1938.

Glossário dos principais grupos, movimentos e instituições

Assembleia Constituinte
Assembleia eleita pelo sufrágio universal em novembro de 1917, reunida em 5 de janeiro de 1918 e dissolvida no dia seguinte pelo governo soviético (bolcheviques, SR de esquerda).

Atamã
Chefe cossaco eleito para comandar uma unidade militar cossaca.

Basmachi
Insurgentes nacionalistas da Ásia Central.

Batko
Em ucraniano, significa "pai". É empregado em sinal de respeito.

Bolchevique
Ver "O cenário e os personagens".
Em março de 1918, o Partido Bolchevique muda seu nome para Partido Comunista, mas com frequência os dois nomes são usados de forma intercambiável.

Cadete
1. Nome abreviado do Partido Constitucional-Democrata a partir de suas iniciais em russo (KD).
2. Cadete ou *junker* (sem ligação com o significado anterior).

Centenas Negras ou Centúrias Negras
Organizações criadas no início do século XX por nacionalistas russos a fim de desencadear *pogroms*. Por extensão, nome dado a qualquer organização racista responsável pela execução de *pogroms*.

Checa (rebatizada de GPU em março de 1922)
Iniciais da Comissão Extraordinária de Luta contra a Contrarrevolução, a Especulação e a Sabotagem, criada em 7 (ou no dia 20, seguindo o calendário gregoriano) de dezembro de 1917 e presidida por Félix Dzerjinski.

Comitê Central
Organismo responsável por dirigir os partidos localizados fora do território russo. O Comitê Central do Partido Bolchevique passa de uma dezena para cerca de 30 membros entre 1917 e 1922. A partir de março, um Politburo assume seus poderes entre suas sessões.

Comitê Executivo Central
Organismo executivo dirigente dos sovietes; teoricamente, assume a direção do Estado.

Comitê de Salvação da Pátria e da Revolução
Organização antibolchevique criada por Boris Savinkov, ex-dirigente da organização de combate do Partido Socialista-Revolucionário, depois adjunto do chefe do governo provisório, Alexandre Kerensky.

Comuna(s)
Fazenda coletiva ou estatal, protótipo dos futuros *sovkhozes* (fazendas estatais) e *kolkhozes* (fazendas coletivas).

Conselho dos Comissários do Povo
Nome do governo formado em 26 de outubro de 1917 pelos bolcheviques no final e em nome do 2º Congresso dos Sovietes.

Conselho Superior de Guerra (rebatizado mais tarde de Conselho Militar da República)

Conselho fechado presidido por Trotski, encarregado de organizar e gerir o Exército Vermelho e de organizar e planejar as operações militares com o estado-maior.

Cossaco

Camponês-soldado das regiões do sul da Rússia (Don, Kuban) que se beneficiava de isenções e privilégios diversos; principal força de ordem do regime czarista desde o século XIX.

Duma

1. Assembleia parlamentar promulgada em 1905 pelo manifesto do czar Nicolau II (17 de outubro), finalmente dissolvida durante o verão de 1917.
2. A duma municipal equivale a um conselho municipal.

Exército Camponês Revolucionário e Exército Popular

Nomes dados por seus dirigentes a vários Exércitos Verdes insurgentes antibolcheviques.

Exército Voluntário

Exército contrarrevolucionário (ou Branco) formado a partir de dezembro de 1917 no sul da Rússia pelos generais Alexeiev, Kornilov e Denikin.

Governo provisório

Governo formado logo após a derrubada da monarquia czarista no começo de março de 1917, presidido pelo príncipe Lvov de março a maio, depois por Alexandre Kerensky até sua queda em 25 de outubro de 1917.

Grande Rússia una e indivisível

Lema dos monarquistas russos, que significava o não reconhecimento da independência da Finlândia, da Ucrânia, dos países bálticos de qualquer outra parte não russa do antigo império czarista.

Haidamak

Membro dos destacamentos de cavalaria organizados pela Rada central ucraniana dirigida pelo socialista Vinnichenko, depois pelo atamã Skoropadski e mais tarde pelo dirigente nacionalista ucraniano Petliura.

Komsomol
Nome da organização das Juventudes Comunistas e de seus membros.

Kulak
Camponês rico, ou considerado como tal, por oposição ao camponês pobre (*bedniak*) e médio (*seredniak*).

Lumpen (ou lumpemproletariado)
Indivíduo à margem do processo de produção.

Menchevique
Ver "O cenário e os personagens".

Mujique
Palavra russa tradicional para se referir ao camponês.

Mussavatista
Membro do Mussavate, partido nacionalista azerbaidjano.

Nova Política Econômica (NEP)
Adotada pelo 10º Congresso do Partido Comunista (março de 1921), ela substitui a requisição forçada dos principais gêneros agrícolas por um imposto em espécie, depois restabelece a propriedade privada das pequenas empresas.

Partido Constitucional-Democrata (ou Cadete)
Partido fundado em 1905, favorável a uma monarquia constitucional, dirigido por Pavel Miliukov. Logo após a Revolução de Outubro, associa-se aos diversos Exércitos monarquistas ou Brancos.

Partido Operário Social-Democrata Russo (POSDR)
Ver "O cenário e os personagens".
Fundado em 1898, durante seu segundo congresso, em 1903, é dividido entre bolcheviques, comandados por Lenin, e mencheviques, liderados por Martov.

Partido Socialista Popular
Pequena formação próxima aos socialistas-revolucionários ou SR de direita.

Petliurista
Partidário do chefe nacionalista ucraniano Symon Petliura.

Glossário dos principais grupos, movimentos e instituições

Politburo
Organismo com cinco membros, depois com sete, formado em 1919 para dirigir o Partido Comunista entre duas reuniões do Comitê Central. Reunia-se no mínimo uma vez por semana.

Rada
Assembleia nacional ucraniana, de maioria socialista (mencheviques e SR), que proclama a independência da Ucrânia em janeiro de 1918, assina uma paz à parte com a Alemanha, que a derruba em abril do mesmo ano para colocar no poder o atamã Skoropadski.

Reichswehr
Nome dado às forças armadas alemãs desse período.

Socialistas-Revolucionários (SR)
Ver "O cenário e os personagens".

Sotnia
Esquadrão de cossacos.

Sovietes
Conselhos eleitos a partir de março de 1917 pelos operários em suas fábricas, pelos camponeses em seus vilarejos e pelos soldados em suas unidades (depois do Tratado de Brest-Litovski, assinado em março de 1918, apenas os sovietes de operários e de camponeses continuarão existindo).

Tachanka
Pequena atrelagem leve e rápida, equipada com uma ou mais metralhadoras, utilizada pelo exército de Makhno.

Ulanos
Cavaleiros da Reichswehr.

União do Campesinato Trabalhador (UCT)
Espécie de sindicato camponês criado pela iniciativa dos SR na região de Tambov em 1920.

Zaporogue
"Zaporogue" significa "muito mais que rápido". Designa os cossacos instalados na margem esquerda do Dnieper, próximos ao mar de Azov. Um

História da guerra civil russa

quadro do pintor russo Repin retrata-os escrevendo uma resposta insolente ao sultão de Constantinopla, que pretendia impor-lhes sua suserania. Apollinaire transforma o episódio em um poema:

Mais criminoso do que Barrabás
Torto como um quasímodo
Qual Belzebu és tu vindo de lá,
Alimentado de imundices e lodo
Não iremos aos teus sabás

Peixe podre de Tessalônica
Longo colar dos sonos degradados
Olhos arrancados de forma agônica
Tua mãe deu um peido molhado
E tu nasceste desta diarreia crônica.

Carrasco de Podólia, Amante
Das feridas das úlceras das cascas
Focinho de porco rabo de ruminante
Tuas riquezas, guarde todas
Para pagar teus ajudantes.

O autor

Jean-Jacques Marie é um dos maiores especialistas franceses em URSS e em comunismo. Formado em Letras Clássicas e em História, também se diplomou em russo no Institut National des Langues et Civilisations Orientales (Universidade Sorbonne Paris Cité). Colabora regularmente com as revistas *L'Histoire* e *La quinzaine littéraire*. Tem diversas obras publicadas, entre elas biografias de Stalin, Lenin e Trotski.